서울대 한국어+

Student's Book

서울대학교 언어교육원 지음

장소원 | 이소영 | 김풀잎 | 이영환

6A

서울대학교출판문화원

머리말

《서울대 한국어+》는 한국어 학습자들이 한국어 능력을 효과적으로 향상할 수 있도록 서울대학교 언어교육원의 축적된 한국어 교육 경험을 녹여 낸 교재입니다. 이 시리즈를 통해 한국어 학습자들은 한국어의 표현 영역인 말하기, 쓰기 기술과 이해 영역인 듣기, 읽기 기술을 단계적이고 주도적으로 발전시킬 수 있습니다.

《서울대 한국어+ Student's Book 6A》는 1,000시간의 한국어 정규 과정을 이수했거나 그에 준하는 한국어 능력을 가진 일반 목적의 성인 한국어 학습자들을 위한 교재로서, 200시간의 정규 과정을 통해 한국어 숙달도 6급 수준의 한국어를 학습할 수 있게 구성한 교재입니다. 이 교재는 사회적, 추상적인 주제에 대해 정확하고 유창하게 의사소통을 하고 전문적인 분야에서도 다양한 일을 잘 수행할 수 있도록 만들어졌습니다.

각 단원은 사회, 경제, 정치, 과학, 문학 등 고급 학습자들에게 필요한 주제를 중심으로 구성되었습니다. 해당 주제와 관련된 어휘를 다양한 활동과 함께 제시함으로써 학습자들이 어휘를 사용하며 익힐 수 있도록 유도하였습니다. 또한 고급 학습자 수준에 맞는 유용한 문법과 표현을 선정하여 텍스트와 함께 제시하였으며 학생들이 편리하게 사용할 수 있도록 문법과 표현을 별도의 책으로 제공하기로 하였습니다.

각 단원은 그 단원의 주제를 심층적으로 다루는 두 과로 구성하여 각각 듣기와 말하기, 읽기와 쓰기에 초점을 두었습니다. 듣기와 읽기 단계에서는 다양한 장르의 담화를 접하면서 담화 구조와 표현을 익히도록 하였으며 중심 내용 파악하기, 개요 파악하기, 세부 내용 파악하기, 추론하기 등의 다양한 문제를 풀도록 구성하였습니다. 말하기와 쓰기 단계에서는 듣기, 읽기 단계에서 노출되었던 담화 구조와 표현을 명시적으로 제시하고 실제적인 담화를 생성할 수 있도록 하여 이해 영역과 표현 영역이 긴밀하게 연계되도록 집필하였습니다.

　이 책이 나오기까지 정말 많은 분들의 수고가 있었습니다. 서울대학교 국어국문학과 장소원 교수님은 《서울대 한국어+》 1~6급 교재의 기획, 교재 개발을 위한 사전 연구와 집필, 출판에 이르는 전체적인 과정을 총괄해 주셨고, 6급 교재의 집필을 총괄한 이소영 교수님을 비롯해서 김풀잎, 이영환 선생님은 오랜 기간 원고 집필뿐 아니라 편집, 출판 작업을 꼼꼼하게 진행해 주셨습니다. 또한 6급 교재 전권의 감수를 맡아 주신 안경화 교수님, 최은규 교수님, 한재영 교수님의 도움이 없었다면 지금과 같은 책의 완성도를 기대하기 어려웠음을 잘 알고 있습니다. 깊이 감사드립니다. 그리고 영어 번역을 맡아 주신 이소명 번역가님과 멋진 삽화 작업으로 빛나는 책을 만들어 주신 ㈜예성크리에이티브 분들, 녹음을 담당해 주신 성우 이상운, 조경아 선생님께도 감사드립니다. 2022년 가을 학기에 새 교재의 시범 단원으로 수업을 하신 후 소중한 의견을 주신 6급 정규반의 안효경, 정영미 선생님께도 진심으로 감사의 말씀을 드립니다. 마지막으로 학술 도서와 전혀 성격이 다른 한국어 교재의 출판을 결정하고 물심양면으로 지원해 주신 서울대학교출판문화원 이경묵 원장님과, 밤낮을 가리지 않고 고생을 감수하신 편집진 분들께 깊이 감사드립니다.

2023년 12월
서울대학교 언어교육원 원장
장윤희

일러두기

《서울대 한국어+ Student's Book 6A》는 1단원부터 8단원까지 8개의 단원으로 구성되었으며 각 단원은 두 개의 과로 나누어진다. 각 단원의 1과는 '들어가기, 주제 어휘, 듣기, 말하기', 2과는 '들어가기, 주제 어휘, 읽기, 쓰기'로 구성된다. 각 과는 각각 4시간 수업용이다.

해당 단원의 주제 및 각 과의 세부 주제와 함께 첫 번째 과에서 초점을 둔 듣기와 말하기, 두 번째 과에서 초점을 둔 읽기와 쓰기의 목표를 제시하였다.

들어가기

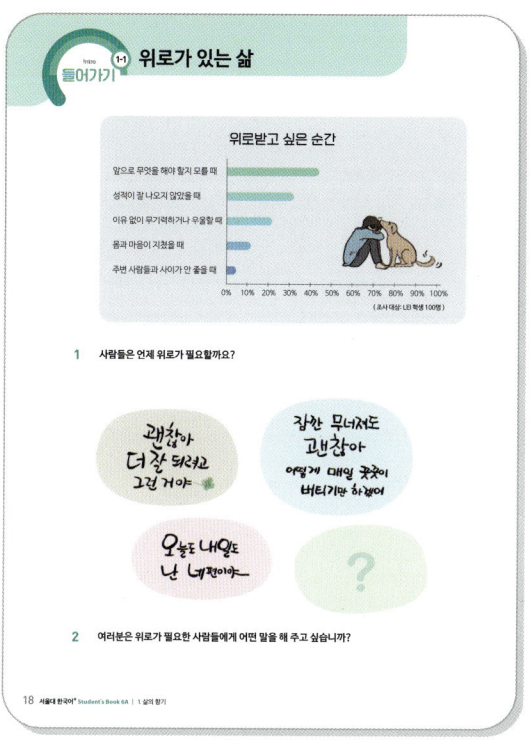

그림, 사진, 인포그래픽 등 여러 시각 자료와 함께 질문을 제시하여 해당 과의 주제에 대해 생각해 볼 수 있도록 구성하였다. 학습자는 질문에 대한 답을 생각해 보면서 배경지식을 활성화하고 학습 주제와 목표를 이해할 수 있다.

주제 어휘

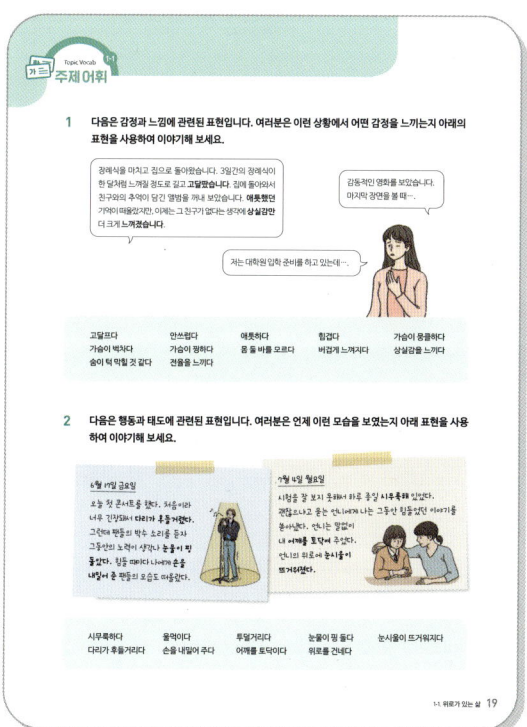

주제별로 선정된 목표 어휘를 시각 자료, 질문, 문제 등과 함께 제시하여 학습자가 맥락을 통해 어휘의 의미를 추측하고 어휘를 사용하여 이야기할 수 있도록 구성하였다.

듣기

'들어 보세요', '이야기해 보세요'로 구성되어 있다.

준비
듣기 전 단계로, 들을 내용을 예측할 수 있는 질문 또는 시각 자료를 제시하여 학습자의 배경지식을 활성화한다.

듣기
여러 주제와 관련된 대화, 강연, 대담, 발표 등 실제적이고 다양한 종류의 구어 텍스트를 제시하여 의사소통 능력 향상에 도움을 주고자 하였다. 중심 내용 파악하기, 세부 내용 파악하기, 추론하기, 전략 익히기 등 다양한 유형의 문제를 제시하여 학습자 스스로 이해 수준을 점검해 볼 수 있게 하였다.

문법과 표현
듣기 텍스트에서 사용된 목표 문법과 표현을 명시적으로 제시하였다.

이야기해 보세요
듣기 후 단계로 듣기 주제와 연계된 질문을 제시하여 학습자들이 자유롭게 대화하며 배운 내용을 심화할 수 있도록 하였다.

말하기

'준비해 보세요', '표현을 연습해 보세요', '이야기해 보세요'로 구성되어 있다.

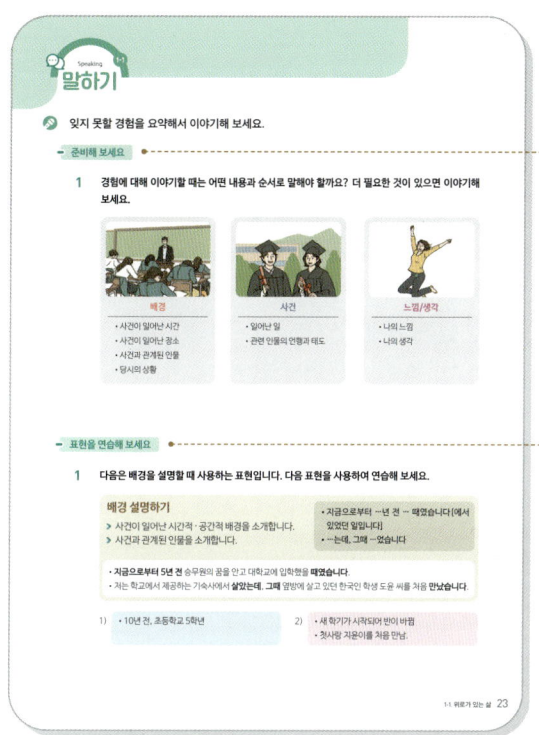

준비해 보세요
주어진 질문에 대답함으로써 다음 단계인 '표현을 연습해 보세요'를 준비할 수 있도록 하였다.

표현을 연습해 보세요
소개하기, 설명하기, 발표하기 등 목표 기능을 수행하기 위한 표현을 담화 구조에 맞춰 익히고 연습하도록 하였다.

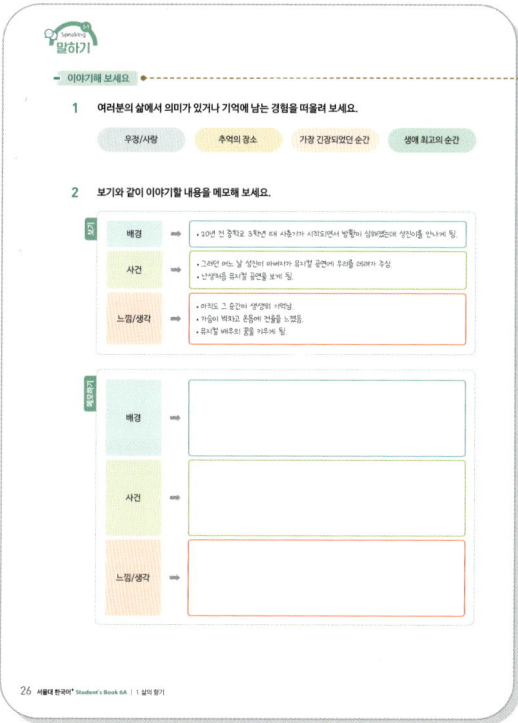

이야기해 보세요
앞서 익힌 담화 기능 표현과 담화 구조에 대한 지식을 활용하여 직접 말할 내용을 메모하고 이야기해 보도록 구성하였다.

읽기

'읽어 보세요', '이야기해 보세요'로 구성되어 있다.

준비
읽기 전 단계로, 읽을 내용이나 장르를 예측할 수 있는 질문 또는 시각 자료를 제시하여 학습자의 배경지식을 활성화한다.

읽기
여러 주제와 관련된 설명문, 칼럼, 기사, 수필 등 고급 학습자 수준에 맞는 실제적이고 다양한 종류의 문어 텍스트를 제시하여 의사소통 능력 향상에 도움을 주고자 하였다. 중심 내용 파악하기, 개요 파악하기, 세부 내용 파악하기, 추론하기, 전략 익히기 등 다양한 유형의 문제를 제시하여 학습자 스스로 이해 수준을 점검해 볼 수 있게 하였다.

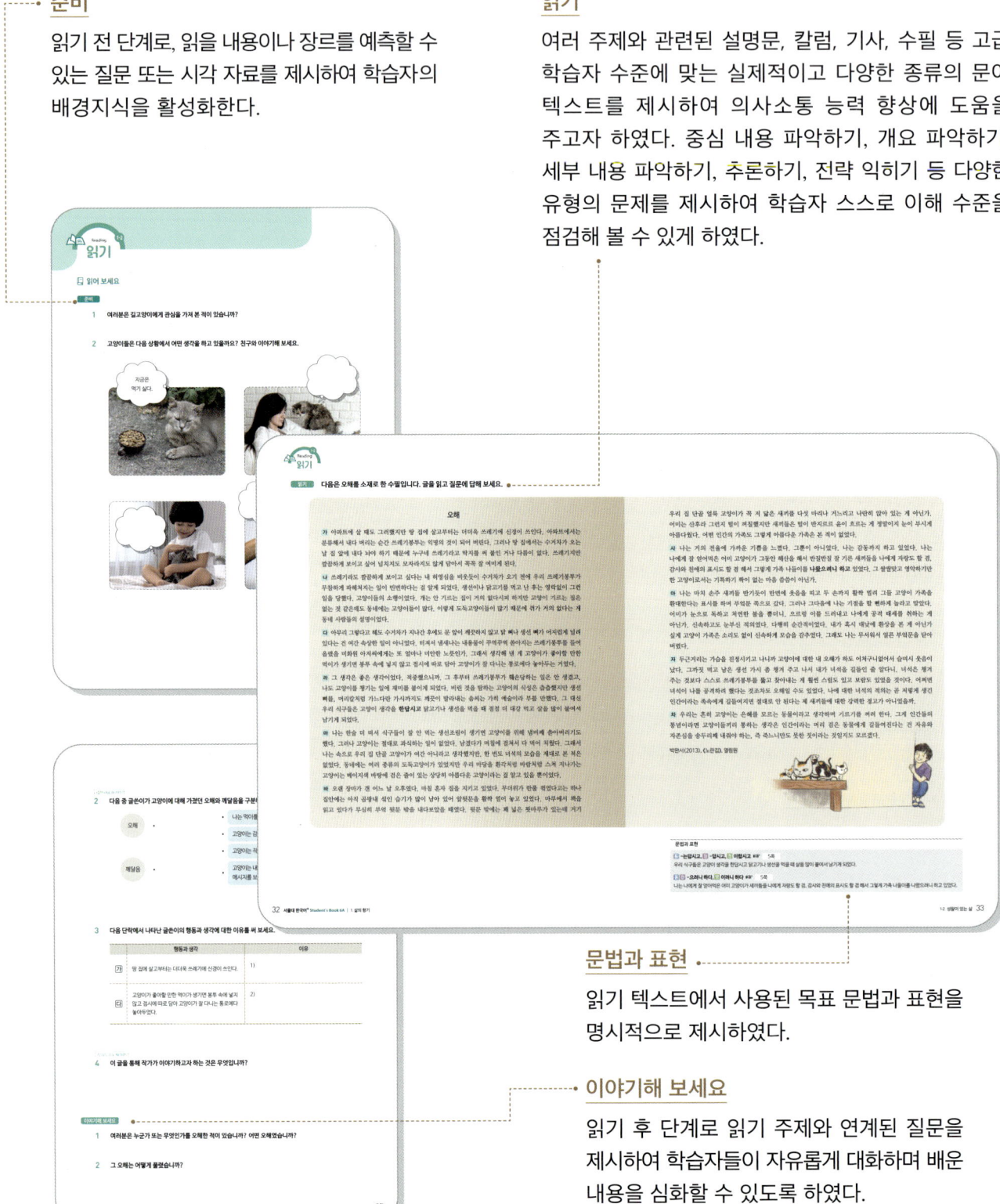

문법과 표현
읽기 텍스트에서 사용된 목표 문법과 표현을 명시적으로 제시하였다.

이야기해 보세요
읽기 후 단계로 읽기 주제와 연계된 질문을 제시하여 학습자들이 자유롭게 대화하며 배운 내용을 심화할 수 있도록 하였다.

쓰기

'준비해 보세요', '(표현을) 연습해 보세요', '써 보세요'로 구성되어 있다.

준비해 보세요

주어진 질문에 대답함으로써 다음 단계인 '(표현을) 연습해 보세요'를 준비할 수 있도록 하였다.

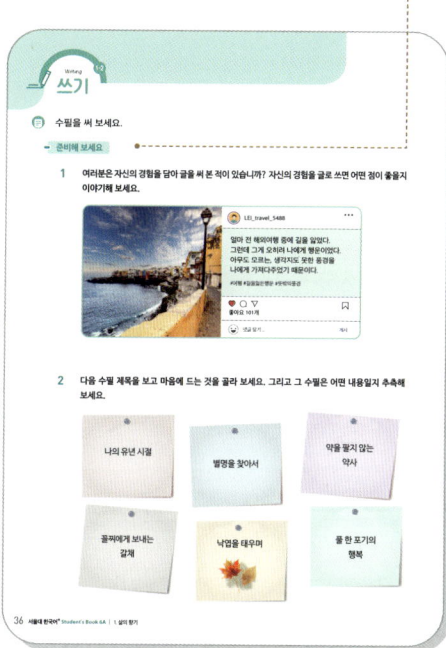

(표현을) 연습해 보세요

정의하기, 사례 제시하기, 요약하기, 묘사하기 등 목표 기능을 수행하기 위한 표현을 담화 구조에 맞춰 익히고 연습하도록 하였다.

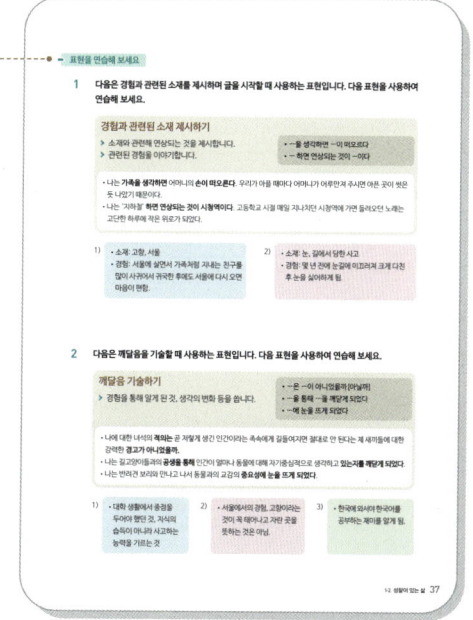

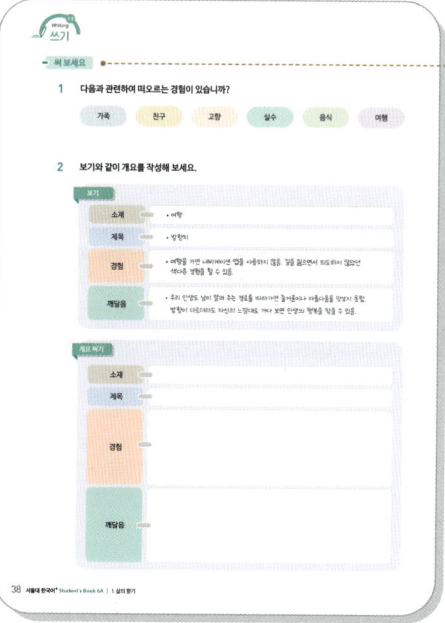

써 보세요

앞서 익힌 담화 기능 표현과 담화 구조에 대한 지식을 활용하여 개요를 작성하고 글을 완성하도록 하였다.

어휘

각 과에 나타난 어휘의 뜻과 예문, 영어 번역을 제시하고 있다. 필요한 경우 한자와 발음도 함께 제공하였다.

부록

부록은 '듣기 지문', '모범 답안', '어휘 색인'으로 구성되어 있다.

듣기 지문
'들어 보세요'의 텍스트를 제공한다.

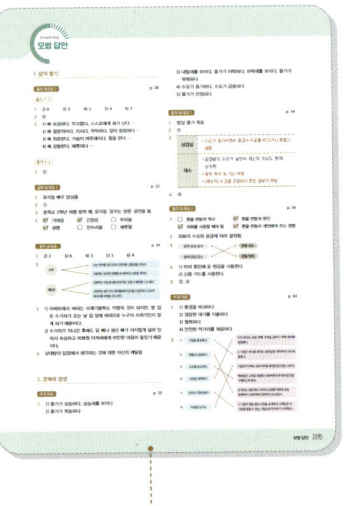

모범 답안
각 과의 '주제 어휘', '들어 보세요', '읽어 보세요' 문제에 대한 모범 답안을 제공한다.

어휘 색인
각 과의 어휘를 가나다순으로 정리하여 제공한다.

		머리말	• 2
		일러두기	• 4
		교재 구성표	• 12

1단원	삶의 향기	1-1. 위로가 있는 삶	• 18
		1-2. 성찰이 있는 삶	• 28
2단원	경제와 경영	2-1. 물가와 환율	• 52
		2-2. 윤리 경영	• 62
3단원	한국의 언어	3-1. 한국어의 이해	• 84
		3-2. 한국의 문자	• 92
4단원	소통과 언론	4-1. 디지털 시대의 소통	• 112
		4-2. 언론의 변화	• 124
5단원	예술과 삶	5-1. 우리 삶 속의 예술	• 146
		5-2. 삶의 공간과 흔적	• 156
6단원	지역의 문화와 방언	6-1. 한국의 지역 문화	• 178
		6-2. 한국어의 다양한 모습	• 188
7단원	심리학의 이해	7-1. 마음의 이해	• 208
		7-2. 집단 속의 자아	• 218
8단원	한국의 경제 성장과 민주화	8-1. 한강의 기적	• 238
		8-2. 한국의 민주화 과정	• 248

		부록	• 271

교재 구성표

단원 제목		주제 어휘	기능별 활동
1. 삶의 향기	1-1. 위로가 있는 삶	• 감정과 느낌 • 행동과 태도	듣기 라디오 사연을 듣고 태도 및 감정 추측하기
	1-2. 성찰이 있는 삶	• 생각과 사고 • 행동과 태도	읽기 박완서의 수필 〈오해〉를 읽고 작가의 의도 파악하기
2. 경제와 경영	2-1. 물가와 환율	• 물가 • 환율	듣기 물가에 대한 뉴스를 듣고 원인 파악하기
	2-2. 윤리 경영	• 공정 무역 • 마케팅	읽기 공정 무역에 대한 위키 백과를 읽고 정보 찾기
3. 한국의 언어	3-1. 한국어의 이해	• 문법 용어 • 한국어의 특징	듣기 한국어에 대한 생각을 나누는 대화를 듣고 내용 파악하기
	3-2. 한국의 문자	• 문자의 유형 • 한글의 창제 원리와 특성	읽기 한글의 과학성에 대한 글을 읽고 내용 파악하기
4. 소통과 언론	4-1. 디지털 시대의 소통	• 소통 방식 • 미디어 이용	듣기 사회 현상에 대한 뉴스를 듣고 조사 결과 파악하기
	4-2. 언론의 변화	• 언론과 미디어 • 맞춤형 정보	읽기 행복 뉴스에 대한 기사문을 읽고 내용 파악하기

기능별 활동		문법과 표현
듣기	말하기	• 동-는 터라, 형-은 터라, 명인 터라 • 형-기 짝이 없다
라디오 인터뷰를 듣고 감정 추측하기	경험 요약하여 말하기	
쓰기		• 동-는답시고, 형-답시고, 명이랍시고 • 동형-으려니 하다, 명이려니 하다
수필 쓰기		
듣기	말하기	• 명과 맞먹다 • 동-자
환율에 대한 정보 오락 프로그램을 듣고 원인과 결과 파악하기	사회적 현상에 대한 인과 관계 설명하기	
읽기	쓰기	• 명은 물론이거니와 • 명이라면
코즈 마케팅에 대한 잡지 기사문을 읽고 개념 파악하기	설명하는 글 쓰기	
듣기	말하기	• 동-기 일쑤(이)다 • 동-는다든지 동-는다든지 하다, 형-다든지 형-다든지 하다
한국어의 특징에 대한 강의를 듣고 내용 파악하기	모국어의 특징 설명하기	
쓰기		• 명으로 보다 • 동-자면
요약하는 글 쓰기		
듣기	말하기	• 명을 불문하고 • 동-는 게 고작이다
디지털 시대에 대한 라디오 대담을 듣고 내용 파악하기	조사 결과 설명하기	
읽기	쓰기	• 동-기에는 • 동-은 후에야 (비로소)
맞춤형 뉴스에 대한 칼럼을 읽고 내용 파악하기	기사문 쓰기	

단원 제목		주제 어휘	기능별 활동
5. 예술과 삶	5-1. 우리 삶 속의 예술	• 예술의 기능 • 공공 예술	듣기
			공공 예술에 대한 인터뷰를 듣고 내용 파악하기
	5-2. 삶의 공간과 흔적	• 묘사 • 인상	읽기
			건축물에 대한 글을 읽고 인상 파악하기
6. 지역의 문화와 방언	6-1. 한국의 지역 문화	• 지역 문화 • 지형	듣기
			제주도 지역 문화에 대한 방송 프로그램을 듣고 정보 찾기
	6-2. 한국어의 다양한 모습	• 지역 방언	읽기
			한국의 지역 방언에 대한 보고서를 읽고 내용 파악하기
7. 심리학의 이해	7-1. 마음의 이해	• 심리학 • 인간의 행동	듣기
			심리학 개론 강의를 듣고 내용 정리하기
	7-2. 집단 속의 자아	• 과학적 실험 연구 과정 • 인간의 행동	읽기
			동조 현상에 대한 심리 칼럼을 읽고 실험 내용 정리하기
8. 한국의 경제 성장과 민주화	8-1. 한강의 기적	• 무역 • 산업 • 경제 상황	듣기
			무역의 날 특집 뉴스를 듣고 정보 찾기
	8-2. 한국의 민주화 과정	• 정치 제도 • 민주화 과정	읽기
			역사 에세이 〈흔들리며 피운 꽃〉을 읽고 역사적 사건 파악하기

기능별 활동		문법과 표현
듣기	말하기	• 명을 명으로 삼다 • 형-으면서(도)
온라인 전시 해설을 듣고 내용 파악하기	예술 작품 소개하기	
읽기	쓰기	• 형-기(가) 이를 데 없다 • 동형-으리라
건축물에 대한 글을 읽고 글쓴이의 생각 파악하기	묘사하는 글 쓰기	
듣기	말하기	• 동형-을지언정 • 동-는지라, 형-은지라, 명인지라
지역 문화에 대한 발표를 듣고 정보 찾기	발표하기	
쓰기		• 동-는 까닭에, 형-은 까닭에, 명인 까닭에 • 명에서 비롯되다
보고서 쓰기		
듣기	말하기	• 명은 고사하고 • 동-으려다가도
심리 현상에 대한 발표를 듣고 질의응답 정리하기	발표 후 질의응답하기	
읽기	쓰기	• 동형-을지라도, 명일지라도 • 동-느냐에 달려 있다, 형-으냐에 달려 있다, 명에 달려 있다
사회적 태만에 대한 심리 칼럼을 읽고 개요 파악하기	실험의 내용과 결과 분석하여 글 쓰기	
듣기	말하기	• 동-는 통에, 명 통에 • 동형-을망정
한국의 경제사를 다룬 다큐멘터리를 듣고 발전 과정 파악하기	발전 과정 설명하고 평가하기	
쓰기		• 동-는 한편 • 동-는 한이 있어도
역사적 사건에 관한 글 쓰기		

1 삶의 향기

1-1 위로가 있는 삶

1-2 성찰이 있는 삶

1-1 위로가 있는 삶

- **듣기 1** 라디오 사연을 듣고 태도 및 감정 추측하기
- **듣기 2** 라디오 인터뷰를 듣고 감정 추측하기
- **말하기** 경험 요약하여 말하기

1-2 성찰이 있는 삶

- **읽기** 박완서의 수필 〈오해〉를 읽고 작가의 의도 파악하기
- **쓰기** 수필 쓰기

Intro 들어가기 1-1 위로가 있는 삶

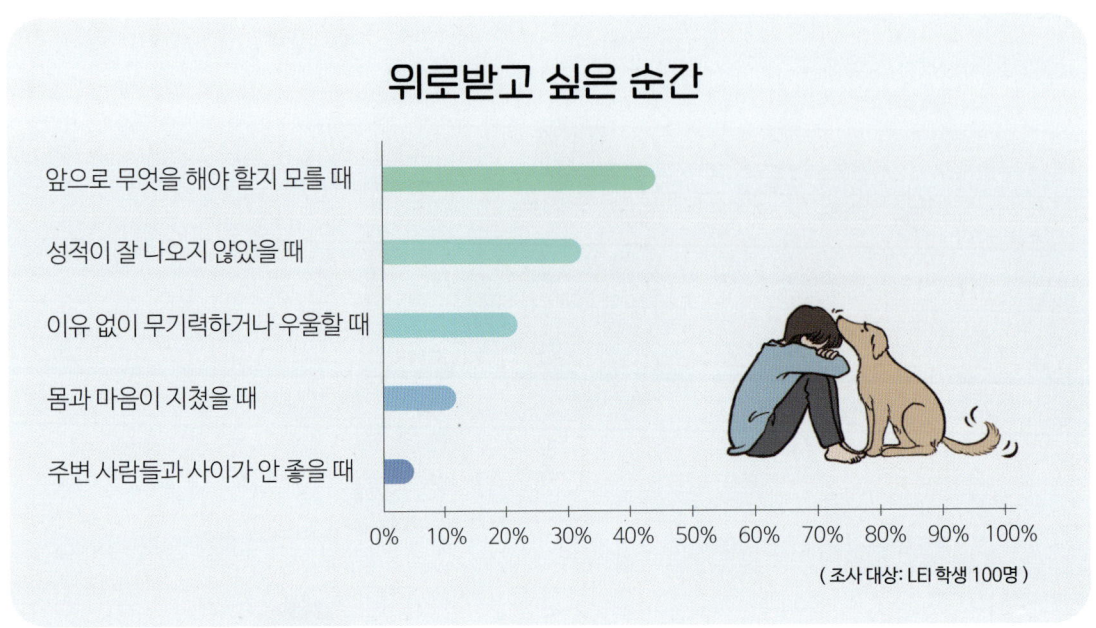

1   사람들은 언제 위로가 필요할까요?

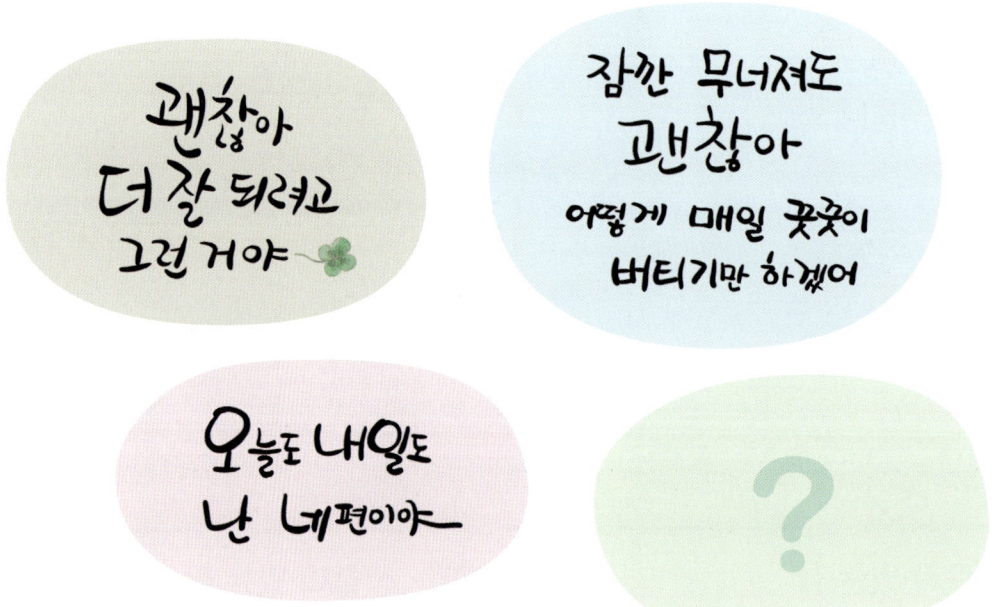

2   여러분은 위로가 필요한 사람들에게 어떤 말을 해 주고 싶습니까?

주제 어휘 (Topic Vocab 1-1)

1 다음은 감정과 느낌에 관련된 표현입니다. 여러분은 이런 상황에서 어떤 감정을 느끼는지 아래의 표현을 사용하여 이야기해 보세요.

> 장례식을 마치고 집으로 돌아왔습니다. 3일간의 장례식이 한 달처럼 느껴질 정도로 길고 **고달팠습니다**. 집에 돌아와서 친구와의 추억이 담긴 앨범을 꺼내 보았습니다. **애틋했던** 기억이 떠올랐지만, 이제는 그 친구가 없다는 생각에 **상실감만** 더 크게 **느껴졌습니다**.

> 감동적인 영화를 보았습니다. 마지막 장면을 볼 때….

> 저는 대학원 입학 준비를 하고 있는데….

고달프다	안쓰럽다	애틋하다	힘겹다	가슴이 뭉클하다
가슴이 벅차다	가슴이 찡하다	몸 둘 바를 모르다	버겁게 느껴지다	상실감을 느끼다
숨이 턱 막힐 것 같다	전율을 느끼다			

2 다음은 행동과 태도에 관련된 표현입니다. 여러분은 언제 이런 모습을 보였는지 아래 표현을 사용하여 이야기해 보세요.

6월 17일 금요일
오늘 첫 콘서트를 했다. 처음이라 너무 긴장돼서 **다리가 후들거렸다**. 그런데 팬들의 박수 소리를 듣자 그동안의 노력이 생각나 **눈물이 핑 돌았다**. 힘들 때마다 나에게 **손을 내밀어 준** 팬들의 모습도 떠올랐다.

7월 4일 월요일
시험을 잘 보지 못해서 하루 종일 **시무룩해** 있었다. 괜찮으냐고 묻는 언니에게 나는 그동안 힘들었던 이야기를 쏟아냈다. 언니는 말없이 내 **어깨를 토닥여** 주었다. 언니의 위로에 **눈시울이 뜨거워졌다**.

시무룩하다	울먹이다	투덜거리다	눈물이 핑 돌다	눈시울이 뜨거워지다
다리가 후들거리다	손을 내밀어 주다	어깨를 토닥이다	위로를 건네다	

듣기 Listening 1-1

🎧 들어 보세요 1

준비

1. 최근 여러분이 친구나 가족에게 받은 메시지 중 기억에 남는 것이 있으면 소개해 보세요.

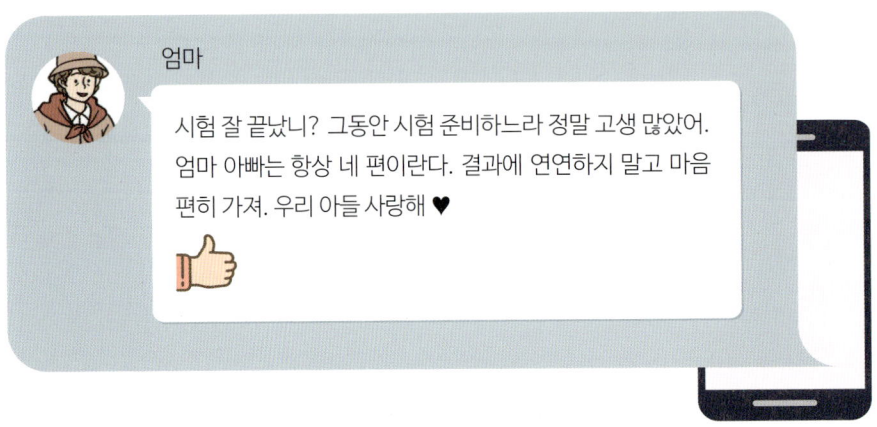

듣기 1-1 다음은 라디오 방송에서 청취자의 사연을 소개하는 코너입니다. 잘 듣고 질문에 답해 보세요.

중심 내용 파악하기

1. 일이 일어난 순서대로 그림에 번호를 써 보고 내용을 요약해서 이야기해 보세요.

세부 내용 파악하기

2 사연을 보낸 여자에 대한 설명으로 맞는 것을 고르세요.

① 여자는 지금 서울에서 직장에 다니고 있다.
② 여자의 동생은 서울에서 취직을 준비하는 중이다.
③ 여자는 고향에 와서 부모님을 만나고 서울로 돌아갔다.
④ 여자의 부모님이 운영하는 가게는 지금 사정이 좋지 않다.

추측하기

3 여자의 심정은 어땠을지 추측해 보세요.

상황	심정
집안 사정을 알았을 때	1)
불합격 문자를 받았을 때	2)
열차 안에서 승무원의 방송을 들었을 때	3)
어머니께 문자를 받았을 때	4)

듣기 1-2 다음은 위의 라디오 사연을 듣고 청취자들이 보낸 응원의 메시지입니다. 잘 듣고 질문에 답해 보세요.

태도 파악하기

1 다음 중 사연을 듣고 메시지를 보낸 청취자의 태도가 아닌 것을 고르세요.

① 공감하고 있다.　　② 충고하고 있다.
③ 격려하고 있다.　　④ 위로를 건네고 있다.

확장 활동하기

2 여러분도 박민경 씨에게 보내고 싶은 메시지를 써 보세요.

문법과 표현

동 -는 터라, 형 -은 터라, 명 인 터라 ☞ 4쪽
지난 설에도 취업 준비 때문에 고향에 내려가지 못한 터라 면접이 끝난 후 무작정 고향 가는 기차에 몸을 실었다.

형 -기 짝이 없다 ☞ 4쪽
아픈 무릎을 이끌고 식당 일에 아르바이트까지 하시는 엄마를 생각하니 속상하기 짝이 없었다.

들어 보세요 2

준비

1. 여러분이 오랫동안 기억하는 첫 순간은 언제입니까? 그때의 느낌을 이야기해 보세요.

듣기 다음은 라디오 방송에서 초대 손님을 인터뷰하는 코너입니다. 잘 듣고 질문에 답해 보세요.

중심 내용 파악하기

1. 누구를 인터뷰하고 있습니까?

세부 내용 파악하기

2. 남자에 대한 설명으로 맞는 것을 고르세요.

　① 사춘기 시절에 방황했다.
　② 부모님이 최근에 돌아가셨다.
　③ 어릴 때 피아니스트가 되고 싶었다.
　④ 현재 뮤지컬 '러브레터' 공연을 하고 있다.

3. 남자가 뮤지컬 배우의 꿈을 갖게 된 계기는 무엇입니까?

4. 남자가 첫 뮤지컬 공연을 할 때 가졌던 감정에 해당하는 것을 모두 고르세요.

　☐ 기대감　　☐ 긴장감　　☐ 부러움　　☐ 설렘　　☐ 안쓰러움　　☐ 애틋함

이야기해 보세요

1. 여러분이 꿈을 이루어 나가는 과정에서 가장 힘이 된 일은 무엇이었는지 이야기해 보세요.

Speaking 1-1 말하기

💬 잊지 못할 경험을 요약해서 이야기해 보세요.

준비해 보세요

1 경험에 대해 이야기할 때는 어떤 내용과 순서로 말해야 할까요? 더 필요한 것이 있으면 이야기해 보세요.

배경
- 사건이 일어난 시간
- 사건이 일어난 장소
- 사건과 관계된 인물
- 당시의 상황

사건
- 일어난 일
- 관련 인물의 언행과 태도

느낌/생각
- 나의 느낌
- 나의 생각

표현을 연습해 보세요

1 다음은 배경을 설명할 때 사용하는 표현입니다. 다음 표현을 사용하여 연습해 보세요.

배경 설명하기
▶ 사건이 일어난 시간적·공간적 배경을 소개합니다.
▶ 사건과 관계된 인물을 소개합니다.

- 지금으로부터 …년 전 … 때였습니다 [에서 있었던 일입니다]
- …는데, 그때 …었습니다

- **지금으로부터 5년 전** 승무원의 꿈을 안고 대학교에 입학했을 **때였습니다**.
- 저는 학교에서 제공하는 기숙사에서 **살았는데, 그때** 옆방에 살고 있던 한국인 학생 도윤 씨를 처음 **만났습니다**.

1) • 10년 전, 초등학교 5학년

2) • 새 학기가 시작되어 반이 바뀜
   • 첫사랑 지윤이를 처음 만남.

2 다음은 사건을 설명할 때 사용하는 표현입니다. 다음 표현을 사용하여 연습해 보세요.

사건 설명하기

▶ 일어난 일을 시간 순서대로 이야기합니다.

- 그러던 어느 날
- 그러자
- 그 후에
- 그렇게 …이 흘러 마침내

- **그러던 어느 날** 제가 감기에 걸려서 매우 아팠습니다. **그러자** 도윤 씨는 제가 부탁하지도 않았는데 감기약과 체온계를 사 와서 저를 정성껏 간호해 주었습니다. **그 후에** 건강을 챙기라며 비타민도 사다 주었습니다.
- **그렇게 2년이 흘러 마침내** 승무원 시험에 합격했고 기사님께 그 소식을 전했습니다. 기사님은 저보다 더 좋아하시며 저의 마지막 등굣길을 안전하게 데려다주셨습니다.

1)
- 나는 미술 시간에 준비물을 챙겨 오지 않음.
- 지윤이는 자기 크레파스를 같이 쓰자고 함.
- 지윤이와 단짝이 됨.

2)
- 8년 후 고등학교를 졸업, 지윤이와 연인이 됨.

3 다음은 경험에 대한 느낌/생각을 나타낼 때 사용하는 표현입니다. 다음 표현을 사용하여 연습해 보세요.

느낌/생각 나타내기

▶ 사건 당시의 감정, 느낌을 묘사합니다.
▶ 경험 후 느낀 점, 사건을 겪으며 든 생각 등을 이야기합니다.

- …는데, 아직도 그 순간이 생생히 기억납니다 [잊히지 않습니다]
- 그 순간 하도 …어서 …었습니다
- …다고 다짐했습니다 [생각하게 되었습니다]

- 저는 중학생 때 난생처음 뮤지컬 공연을 **봤는데, 아직도 그 순간이 생생히 기억납니다**.
- 첫 무대에 대한 기대와 설렘, 무대의 막이 오르기를 기다리며 느꼈던 숨이 턱 막힐 것 같은 긴장감이 아직도 잊히지 않습니다. **그 순간 하도** 긴장이 **되어서** 다리가 **후들거렸습니다**.
- 기사님의 말씀을 듣고 왠지 가슴이 뭉클해졌습니다. 이후 저는 어떻게 시작될지 알 수 없는 작은 인연들에게 밝은 목소리로 먼저 인사를 **건네야겠다고 다짐했습니다**.

1)
- 어느 날 지윤이가 나에게 좋아한다고 고백함.

2)
- 가슴이 두근거렸음, 심장이 멈출 것 같았음.

3)
- 지윤이와 결혼하겠음.

4 다음 그림을 보고 어떤 일이 있었는지 이야기해 보세요.

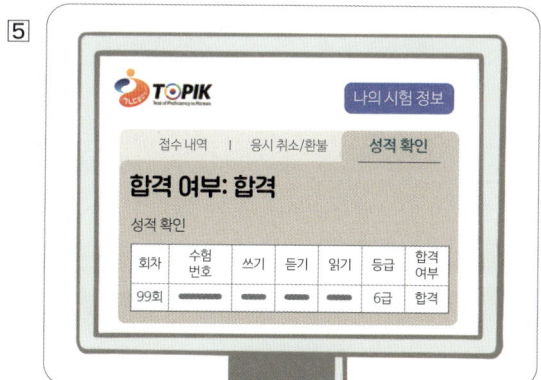

말하기 1-1

- 이야기해 보세요

1 여러분의 삶에서 의미가 있거나 기억에 남는 경험을 떠올려 보세요.

- 우정/사랑
- 추억의 장소
- 가장 긴장되었던 순간
- 생애 최고의 순간

2 보기와 같이 이야기할 내용을 메모해 보세요.

[보기]

배경	➡	• 20년 전 중학교 3학년 때 사춘기가 시작되면서 방황이 심해졌는데 성진이를 만나게 됨.
사건	➡	• 그러던 어느 날 성진이 아버지가 뮤지컬 공연에 우리를 데려가 주심. • 난생처음 뮤지컬 공연을 보게 됨.
느낌/생각	➡	• 아직도 그 순간이 생생히 기억남. • 가슴이 벅차고 온몸에 전율을 느꼈음. • 뮤지컬 배우의 꿈을 키우게 됨.

[메모하기]

배경	➡	
사건	➡	
느낌/생각	➡	

3 메모한 내용을 바탕으로 여러분의 경험을 이야기해 보세요.

> 보기
>
> **배경** 지금으로부터 20년 전 중학교 3학년 때였습니다. 사춘기가 시작되면서 방황이 심해졌습니다. 친구들에게 괜히 시비를 걸고 며칠씩 무단결석을 하기도 했습니다. 그러던 중 만난 친구가 성진이에요. 학교에서 유명한 문제아였던 저에게 성진이는 먼저 손을 내밀어 주었습니다.
>
> **사건** 그러던 어느 날 성진이 아버지는 할머니와 둘이 사는 제가 안쓰러우셨는지 저와 성진이를 뮤지컬 '꿈꾸는 정원' 공연에 데려가 주셨습니다. 아저씨는 저에게 공연 시디도 선물해 주셨습니다.
>
> **느낌/생각** 그 공연은 제가 난생처음 본 뮤지컬 공연이었는데, 아직도 그 순간이 생생히 기억납니다. 가슴이 벅차고 온몸에 전율을 느꼈습니다. 아저씨가 사 주신 시디를 듣고 또 들으면서 뮤지컬 배우의 꿈을 키웠습니다.

1-2 성찰이 있는 삶

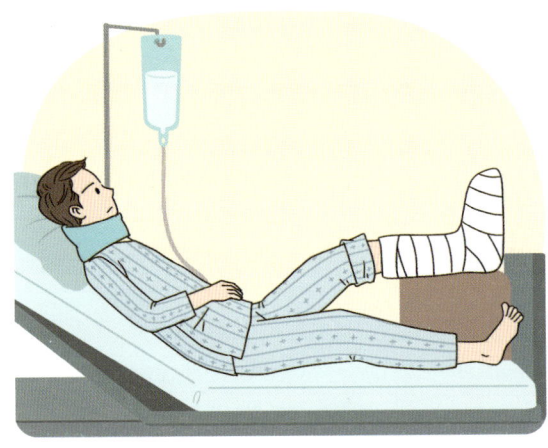

1   여러분의 인생관이나 가치관에 영향을 준 사건이 있습니까? 이야기해 보세요.

주제 어휘

1 다음은 생각과 사고에 관련된 표현입니다. 다음 글을 읽고 아래 표현의 의미를 이야기해 보세요.

2000년대 초반부터 저자가 쓴 글들을 모아 엮은 책이다. 이 책에 수록된 〈오해〉는 길고양이들과의 경험을 **회고하면서** 자신의 삶을 **돌이켜 보고 성찰하는** 작가의 삶에 대한 태도를 엿볼 수 있는 글이다.

독자 리뷰

lme | 20△△-02-21**

작가님의 글을 읽으면서 항상 제 입장에서만 생각했던 저 자신을 **반성하게** 됩니다. 다른 사람들이 왜 그런 행동을 했는지 그들의 입장에서 생각해 보니 **오해가 풀리고** 미움도 사라집니다.

ssy | 20△△-10-17**

이 가을, 작가님의 책을 읽으며 깊은 **사색에 잠깁니다**.

hh*n | 20△△-11-10

늘 **깨달음을 주는** 글 써 주셔서 감사합니다.

woo11 | 20△△-12-17**

이 책을 학생들에게 추천하고 싶습니다. 독서는 **사고하는** 힘을 키워 주며 **인식의 폭을 넓히고** 인생을 **구상하는** 데 도움을 줍니다.

구상하다	반성하다	사고하다	성찰하다	회고하다
깨달음을 주다	돌이켜 보다	사색에 잠기다	오해가 풀리다	인식의 폭을 넓히다

2 다음은 행동과 태도에 관련된 표현입니다. 이런 행동이나 태도를 보인 경험을 이야기해 보세요.

한국에 처음 도착했을 때 홈스테이 아주머니가 공항에서 기다리고 계셨어요. **웃음을 띠며** 반갑게 맞아 주시던 아주머니의 모습을 아직도 잊을 수가 없어요.

마을 주민들이 이런 날씨에 산에 오르는 것은 위험하다고 **경고했지만**, **오기를 부리고** 산에 올라갔다가 사고를 당했어요.

동생이 중학생이 되더니 가족들에게 **쌀쌀맞게** 대해요. 내가 말을 하면 **비웃고** 심지어 부모님과 마주치는 것도 **꺼려요**. 어떻게 해야 할까요?

경고하다   꺼리다   비웃다   쌀쌀맞다   오기를 부리다   웃음을 띠다

읽기

읽어 보세요

준비

1. 여러분은 길고양이에게 관심을 가져 본 적이 있습니까?

2. 고양이들은 다음 상황에서 어떤 생각을 하고 있을까요? 친구와 이야기해 보세요.

지금은 먹기 싫다.

오해

가 아파트에 살 때도 그러했지만 땅 집에 살고부터는 더더욱 쓰레기에 신경이 쓰인다. 아파트에서는 분류해서 내다 버리는 순간 쓰레기봉투는 익명의 것이 되어 버린다. 그러나 땅 집에서는 수거차가 오는 날 집 앞에 내다 놔야 하기 때문에 누구네 쓰레기라고 딱지를 써 붙인 거나 다름이 없다. 쓰레기지만 깔끔하게 보이고 싶어 넘치지도 모자라지도 않게 담아서 꼭꼭 잘 여미게 된다.

나 쓰레기라도 깔끔하게 보이고 싶다는 내 허영심을 비웃듯이 수거차가 오기 전에 우리 쓰레기봉투가 무참하게 파헤쳐지는 일이 빈번하다는 걸 알게 되었다. 생선이나 닭고기를 먹고 난 후는 영락없이 그런 일을 당했다. 고양이들의 소행이었다. 개는 안 기르는 집이 거의 없다시피 하지만 고양이 기르는 집은 없는 것 같은데도 동네에는 고양이들이 많다. 이렇게 도둑고양이들이 많기 때문에 쥐가 거의 없다는 게 동네 사람들의 설명이었다.

다 아무리 그렇다고 해도 수거차가 지나간 후에도 문 앞이 깨끗하지 않고 닭 뼈나 생선 뼈가 어지럽게 널려 있다는 건 여간 속상한 일이 아니었다. 터져서 냄새나는 내용물이 꾸역꾸역 쏟아지는 쓰레기봉투를 들어 올렸을 미화원 아저씨에게는 또 얼마나 미안한 노릇인가. 그래서 생각해 낸 게 고양이가 좋아할 만한 먹이가 생기면 봉투 속에 넣지 않고 접시에 따로 담아 고양이가 잘 다니는 통로에다 놓아두는 거였다.

라 그 생각은 좋은 생각이었다. 적중했으니까. 그 후부터 쓰레기봉투가 훼손당하는 일은 안 생겼고, 나도 고양이를 챙기는 일에 재미를 붙이게 되었다. 비린 것을 탐하는 고양이의 식성은 측은했지만 생선 뼈를, 머리칼처럼 가느다란 가시까지도 깨끗이 발라내는 솜씨는 가히 예술이라 부를 만했다. 그 대신 우리 식구들은 고양이 생각을 **한답시고** 닭고기나 생선을 먹을 때 점점 더 대강 먹고 살을 많이 붙여서 남기게 되었다.

마 나는 한술 더 떠서 식구들이 잘 안 먹는 생선조림이 생기면 고양이를 위해 냄비째 쏟아버리기도 했다. 그러나 고양이는 절대로 과식하는 일이 없었다. 남겼다가 며칠에 걸쳐서 다 먹어 치웠다. 그래서 나는 속으로 우리 집 단골 고양이가 여간 아니라고 생각했지만, 한 번도 녀석의 모습을 제대로 본 적은 없었다. 동네에는 여러 종류의 도둑고양이가 있었지만 우리 마당을 환각처럼 바람처럼 스쳐 지나가는 고양이는 베이지색 바탕에 검은 줄이 있는 상당히 아름다운 고양이라는 걸 알고 있을 뿐이었다.

바 오랜 장마가 갠 어느 날 오후였다. 마침 혼자 집을 지키고 있었다. 무더위가 한풀 꺾였다고는 하나 집안에는 아직 곰팡내 섞인 습기가 많이 남아 있어 앞뒷문을 활짝 열어 놓고 있었다. 마루에서 책을 읽고 있다가 무심히 부엌 뒷문 밖을 내다보았을 때였다. 뒷문 밖에는 꽤 넓은 툇마루가 있는데 거기 우리 집 단골 얼룩 고양이가 꼭 저 닮은 새끼를 다섯 마리나 거느리고 나란히 앉아 있는 게 아닌가. 어미는 산후라 그런지 털이 꺼칠했지만 새끼들은 털이 반지르르 윤이 흐르는 게 정말이지 눈이 부시게 아름다웠다. 어떤 인간의 가족도 그렇게 아름다운 가족은 본 적이 없었다.

사 나는 거의 전율에 가까운 기쁨을 느꼈다. 그뿐이 아니었다. 나는 감동까지 하고 있었다. 나는 나에게 잘 얻어먹은 어미 고양이가 그동안 해산을 해서 반질반질 잘 기른 새끼들을 나에게 자랑도 할 겸, 감사와 친애의 표시도 할 겸 해서 그렇게 가족 나들이를 **나왔으려니 하고** 있었다. 그 쌀쌀맞고 영악하기만 한 고양이로서는 기특하기 짝이 없는 마음 씀씀이 아닌가.

아 나는 마치 손주 새끼들 반기듯이 만면에 웃음을 띠고 두 손까지 활짝 벌려 그들 고양이 가족을 환대한다는 표시를 하며 부엌문 쪽으로 갔다. 그러나 그다음에 나는 기절을 할 뻔하게 놀라고 말았다. 어미가 눈으로 독하고 처연한 불을 뿜더니, 으르렁 이를 드러내고 나에게 공격 태세를 취하는 게 아닌가. 신속하고도 눈부신 적의였다. 다행히 순간적이었다. 내가 혹시 대낮에 환상을 본 게 아닌가 싶게 고양이 가족은 소리도 없이 신속하게 모습을 감추었다. 그래도 나는 무서워서 얼른 부엌문을 닫아 버렸다.

자 두근거리는 가슴을 진정시키고 나니까 고양이에 대한 내 오해가 하도 어처구니없어서 슬며시 웃음이 났다. 그까짓 먹고 남은 생선 가시 좀 챙겨 주고 나서 내가 녀석을 길들인 줄 알다니. 녀석은 챙겨 주는 것보다 스스로 쓰레기봉투를 뚫고 찾아내는 게 훨씬 스릴도 있고 보람도 있었을 것이다. 어쩌면 녀석이 나를 공격하려 했다는 것조차도 오해일 수도 있었다. 나에 대한 녀석의 적의는 곧 저렇게 생긴 인간이라는 족속에게 길들여지면 절대로 안 된다는 제 새끼들에 대한 강력한 경고가 아니었을까.

차 우리는 흔히 고양이는 은혜를 모르는 동물이라고 생각하며 기르기를 꺼려 한다. 그게 인간들의 통념이라면 고양이들끼리 통하는 생각은 인간이라는 머리 검은 동물에게 길들여진다는 건 자유와 자존심을 송두리째 내줘야 하는, 즉 죽느니만도 못한 짓이라는 것일지도 모르겠다.

박완서, 《노란집》, 열림원, 2013

문법과 표현

동 -는답시고, 형 -답시고, 명 이랍시고 ☞ 5쪽
우리 식구들은 고양이 생각을 한답시고 닭고기나 생선을 먹을 때 살을 많이 붙여서 남기게 되었다.

동 형 -으려니 하다, 명 이려니 하다 ☞ 5쪽
나는 나에게 잘 얻어먹은 어미 고양이가 새끼들을 나에게 자랑도 할 겸, 감사와 친애의 표시도 할 겸 해서 그렇게 가족 나들이를 나왔으려니 하고 있었다.

중심 내용 파악하기

1 일이 일어난 순서대로 그림에 번호를 써 보고 내용을 요약해서 이야기해 보세요.

세부 내용 파악하기

2 다음 중 글쓴이가 고양이에 대해 가졌던 오해와 깨달음을 구분해 보세요.

오해 •
- 나는 먹이를 줌으로써 고양이를 길들였을 것이다.
- 고양이는 감사와 친애를 표시하려고 나왔을 것이다.
- 고양이는 직접 음식을 찾아 먹는 것을 더 좋아할 수도 있다.

깨달음 •
- 고양이는 내가 아닌 새끼들에게 인간을 조심하라고 경고의 메시지를 보냈을 수도 있다.

3 다음 단락에서 나타난 글쓴이의 행동과 생각에 대한 이유를 써 보세요.

	행동과 생각	이유
가	땅 집에 살고부터는 더더욱 쓰레기에 신경이 쓰인다.	1)
다	고양이가 좋아할 만한 먹이가 생기면 봉투 속에 넣지 않고 접시에 따로 담아 고양이가 잘 다니는 통로에다 놓아두었다.	2)

작가의 의도 파악하기

4 이 글을 통해 작가가 이야기하고자 하는 것은 무엇입니까?

이야기해 보세요

1 여러분은 누군가 또는 무엇인가를 오해한 적이 있습니까? 어떤 오해였습니까?

2 그 오해는 어떻게 풀렸습니까?

쓰기 Writing 1-2

📋 수필을 써 보세요.

▸ 준비해 보세요

1 여러분은 자신의 경험을 담아 글을 써 본 적이 있습니까? 자신의 경험을 글로 쓰면 어떤 점이 좋을지 이야기해 보세요.

2 다음 수필 제목을 보고 마음에 드는 것을 골라 보세요. 그리고 그 수필은 어떤 내용일지 추측해 보세요.

- **표현을 연습해 보세요**

1 다음은 경험과 관련된 소재를 제시하며 글을 시작할 때 사용하는 표현입니다. 다음 표현을 사용하여 연습해 보세요.

경험과 관련된 소재 제시하기

> 소재와 관련해 연상되는 것을 제시합니다.
> 관련된 경험을 이야기합니다.

- …을 생각하면 …이 떠오르다
- … 하면 연상되는 것이 …이다

- 나는 **가족을 생각하면** 어머니의 **손이 떠오른다**. 우리가 아플 때마다 어머니가 어루만져 주시면 아픈 곳이 씻은 듯 나았기 때문이다.
- 나는 '**지하철**' **하면 연상되는 것이 시청역이다**. 고등학교 시절 매일 지나치던 시청역에 가면 들려오던 노래는 고단한 하루에 작은 위로가 되었다.

1)
- 소재: 고향, 서울
- 경험: 서울에 살면서 가족처럼 지내는 친구를 많이 사귀어서 귀국한 후에도 서울에 다시 오면 마음이 편함.

2)
- 소재: 눈, 길에서 당한 사고
- 경험: 몇 년 전에 눈길에 미끄러져 크게 다친 후 눈을 싫어하게 됨.

2 다음은 깨달음을 기술할 때 사용하는 표현입니다. 다음 표현을 사용하여 연습해 보세요.

깨달음 기술하기

> 경험을 통해 알게 된 것, 생각의 변화 등을 씁니다.

- …은 …이 아니었을까[아닐까]
- …을 통해 …을 깨닫게 되었다
- …에 눈을 뜨게 되었다

- 나에 대한 녀석의 **적의는** 곧 저렇게 생긴 인간이라는 족속에게 길들여지면 절대로 안 된다는 제 새끼들에 대한 강력한 **경고가 아니었을까**.
- 나는 길고양이들과의 **공생을 통해** 인간이 얼마나 동물에 대해 자기중심적으로 생각하고 **있는지를 깨닫게 되었다**.
- 나는 반려견 보리와 만나고 나서 동물과의 교감의 **중요성에 눈을 뜨게 되었다**.

1)
- 대학 생활에서 중점을 두어야 했던 것, 지식의 습득이 아니라 사고하는 능력을 기르는 것

2)
- 서울에서의 경험, 고향이라는 것이 꼭 태어나고 자란 곳을 뜻하는 것은 아님.

3)
- 한국에 와서야 한국어를 공부하는 재미를 알게 됨.

- 써 보세요

1 다음과 관련하여 떠오르는 경험이 있습니까?

가족 친구 고향 실수 음식 여행

2 보기와 같이 개요를 작성해 보세요.

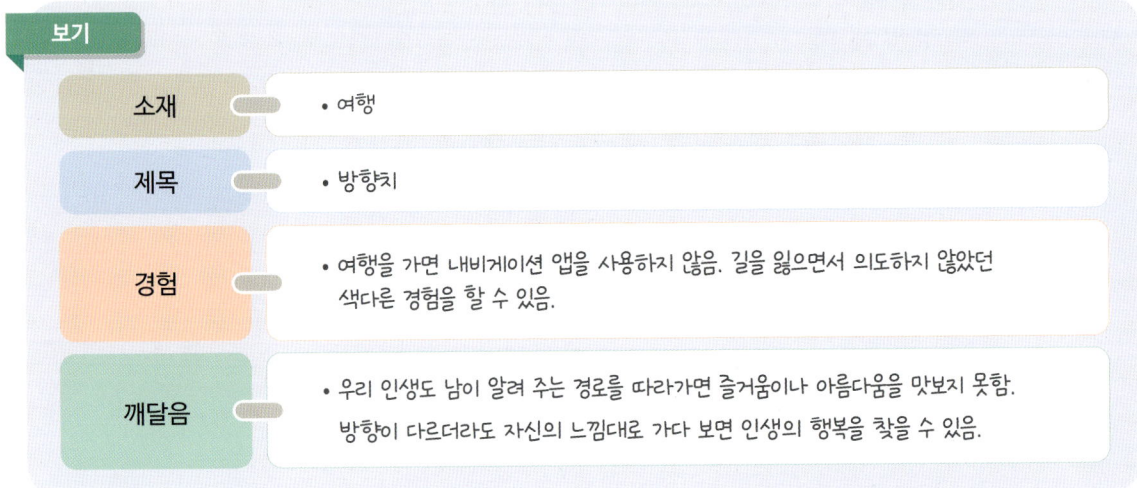

보기
- 소재: • 여행
- 제목: • 방향치
- 경험: • 여행을 가면 내비게이션 앱을 사용하지 않음. 길을 잃으면서 의도하지 않았던 색다른 경험을 할 수 있음.
- 깨달음: • 우리 인생도 남이 알려 주는 경로를 따라가면 즐거움이나 아름다움을 맛보지 못함. 방향이 다르더라도 자신의 느낌대로 가다 보면 인생의 행복을 찾을 수 있음.

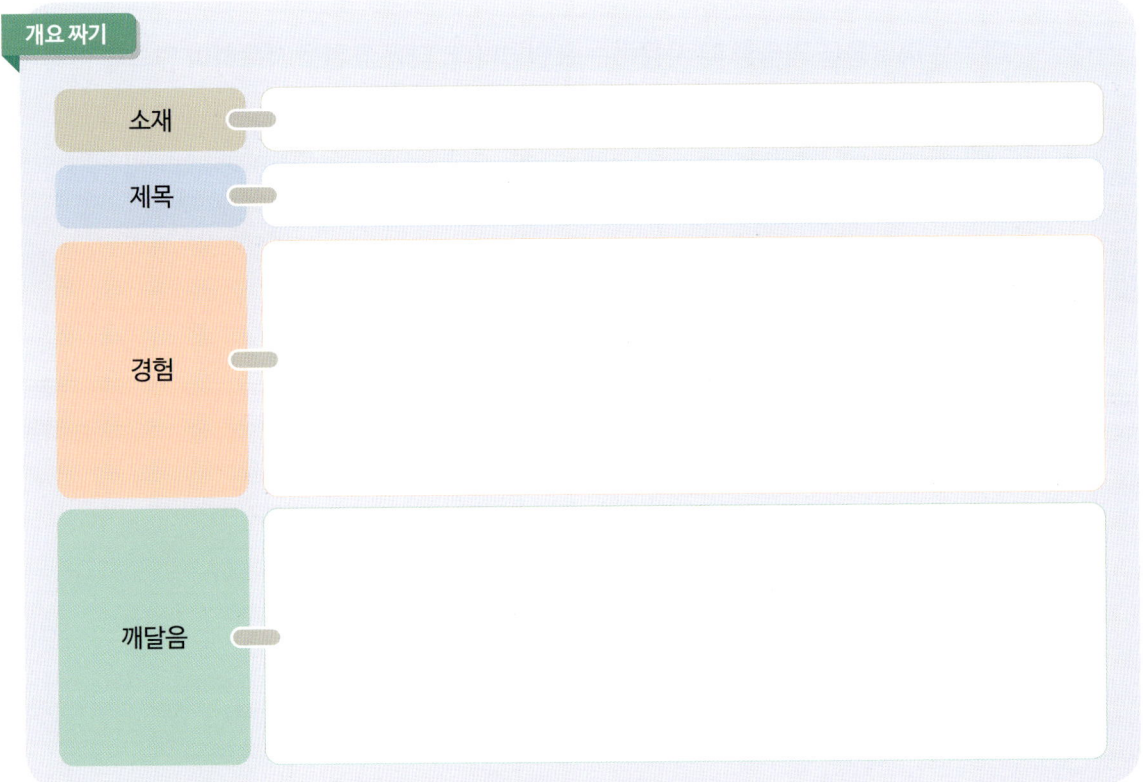

개요 짜기
- 소재:
- 제목:
- 경험:
- 깨달음:

3 개요를 바탕으로 수필을 써 보세요.

보기

<방향치>

　나는 **여행을 생각하면 '방향치'라는 단어가 떠오른다.** 내가 방향치라 워낙 길을 못 찾기 때문이다. 한국에서도 직장이나 집에서 조금만 벗어나면 방향 감각을 잃어버린다. 그런 나에게 지도 앱은 필수품이다.

　그런데 무슨 오기인지, 나는 여행을 가서는 지도 앱을 보지 않는다. 심지어 말이 안 통하는 외국에 가면 더더욱 그런 용기가 솟아난다. 현지 길거리에 세워져 있는 지도를 보기도 하지만, 대부분 그냥 느낌으로만 발걸음을 옮긴다. 그렇게 찾아가면 잘 찾아갈 리가 없다. 그래서 종종 길을 잃어버리곤 한다.

　하지만 여행지에서 길을 잃는 건 참으로 색다른 경험이다. 예를 들어 동쪽으로 가야 하는데 방향을 잘못 잡아서 서쪽으로 발걸음을 옮긴다고 해도, 나는 그게 동쪽이라고 생각하니까 계속 걸어간다. 그러면 본래 동쪽에서 볼 것이라 생각했던 경치와 전혀 다른 느낌의 풍경을 보게 된다. 그리고 종종 그 풍경은 말문이 막힐 정도로 아름답다.

　나중에 그곳이 어딘지 검색해 보면 나오지 않는다. 심지어 현지인에게 사진을 보여 줘도 어딘지 잘 모른다고 하는 경우가 대부분이다. 그도 그럴 것이 그곳은 가이드북에 실려 있을 정도의 관광지는 당연히 아니고, 현지인들 중에서도 그 동네 주민이나 아는 그런 곳이기 때문이다. 그런 아무나 알 수 없는 아름다움을, 아무나 알 수 없는 즐거움을 나는 발견한 것이다. 그건 내가 방향을 신경 쓰지 않고 걸었기 때문이다.

　가만히 생각해 보면 인생도 별반 다르지 않은 것 같다. 이 길로 가야 한다고, 지도 앱처럼 정확한 경로를 알려 주는 인생길들이 있다. 그걸 따라서 가면 도착이야 빨리하겠지만, 아름다움이나 즐거움은 덜할 것이다. 방향이 조금 다르더라도 자신의 느낌대로 가다 보면, 가는 도중에 인생의 행복을 맛보면서 갈 수 있는 것이 아닐까?

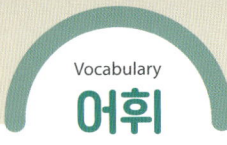

1-1. 위로가 있는 삶

주제 어휘

가슴이 뭉클하다
어떤 감정이 마음에 생겨 가슴에 꽉 차다.
은석이의 가슴이 뭉클해지는 사연을 들은 사람들은 감동하여 눈물을 흘렸다.
to be moved

가슴이 벅차다
감격, 기쁨, 희망 등이 가슴에 넘칠 듯이 가득하다.
가고 싶었던 대학교에 합격했다는 소식을 들으니 가슴이 벅차 눈물이 났다.
to overflow with emotions

가슴이 찡하다
감동을 받아 가슴이 뻐근한 느낌이 있다.
영화 속 두 주인공이 어려움을 이겨 내고 재회하는 장면에서 가슴이 찡해 눈물이 났다.
to be overfilled

고달프다
형 몹시 피곤하고 힘들다.
아무리 직장 일이 힘들고 고달파도 그 속에서 보람 있는 일을 찾으려고 노력해 보세요.
to be exhausted

눈물이 핑 돌다
갑자기 눈에 눈물이 고이다.
6급까지 쭉 함께 공부했던 친구가 고향에 돌아간다는 소식에 눈물이 핑 돌았다.
to be moved to tears

눈시울이 뜨거워지다
눈물 때문에 눈 주변의 온도가 오르다.
고생하시는 부모님을 보면 눈시울이 뜨거워져 금방이라도 눈물이 날 것 같다.
to get teary

다리가 후들거리다
다리가 자꾸 크게 떨리다.
신인 가수는 처음으로 큰 무대에 오르자 다리가 후들거리는 것을 느꼈다.
one's legs be shaking

몸 둘 바를 모르다
(주로 칭찬을 받았을 때) 쑥스럽고 부끄러워서 어떻게 행동해야 할지 알지 못하다.
부족한 제 작품을 그리 칭찬해 주시니 몸 둘 바를 모르겠습니다.
to be flattered

버겁게 느껴지다
어떤 일을 하거나 살아가는 데 능력이 미치지 못하는 듯하여 힘들다.
나는 삶이 버겁게 느껴질 때마다 즐거웠던 일을 떠올린다.
to feel overwhelmed

상실감(喪失感)을 느끼다
무엇인가가 없어지거나 사라진 후 허전하고 쓸쓸한 감정을 느끼다.
10년 동안 같이 살던 강아지가 죽은 후 텅 빈 집을 볼 때마다 상실감을 느낀다.
to be filled with a sense of loss

손을 내밀어 주다
(어렵거나 힘든 상황에 처한 사람 등에) 관심을 가지거나 도와주다.
동물 보호 활동가로서 버려진 작은 생명에게 손을 내밀어 주는 것은 당연하다고 생각해요.
to reach out

숨이 턱 막힐 것 같다
너무 놀라서 숨을 쉴 수 없을 듯한 느낌이 들다.
나와 싸우고 집을 나간 언니가 교통사고가 났다는 소식에 숨이 턱 막힐 것 같은 고통을 느꼈다.
to be unable to breathe

시무룩하다
형 마음에 들지 않아 말이 없고 기분이 좋지 않은 느낌이 있다.
상대 팀과의 득점 차가 크게 벌어지자 우리 팀 팬들은 응원도 하지 않고 시무룩하게 앉아 있었다.
to be sullen

안쓰럽다
형 어려움에 처한 사람을 보고 마음이 좋지 않다.
눈 내리는 겨울, 어린 소녀가 구걸하는 모습이 안쓰러워 보였다.
to feel pity

애틋하다
형 섭섭하고 안타까워 애가 타는 듯하다.
라디오에 병에 걸린 아내를 정성껏 간호하는 남편의 애틋한 사연이 나왔다.
to be fondly

어깨를 토닥이다
어깨를 가볍게 두드려 위로하다.
소년은 소녀의 어깨를 말없이 토닥여 주었다.
to pat on the shoulder

울먹이다
동 곧 울음이 터져 나오려고 하다.
길을 잃고 울먹이고 있는 아이를 도운 적이 있다.
to be on the verge of tears

위로(慰勞)를 건네다
따뜻한 말이나 행동으로 슬픔을 달래 주다.
나는 갑작스러운 사고로 입원한 친구에게 위로를 건네는 카드를 보냈다.
to offer comfort

전율(戰慄)을 느끼다
몸이 떨릴 정도로 큰 감동을 느끼다.
음악의 절정 부분에 이르자 관객들은 전율을 느꼈다.
to feel a thrill

투덜거리다
동 남이 알아듣기 어려울 정도로 작고 낮은 목소리로 불평하다.
옷장을 뒤지던 진규는 입을 옷이 없다고 투덜거렸다.
to grumble

힘겹다
형 힘이 모자라거나 부족하여 어떤 일을 당해 내기 어렵다.
요즘 수입이 갑자기 줄어서 먹고살기가 힘겹다.
to be difficult

듣기

들어 보세요 １

가뜩이나
부 그러지 않아도 매우.
가뜩이나 집도 좁은데 살림이 늘어나 집이 더 좁아졌다.
on top of

걷잡을 수 없다
마음을 진정하거나 억제할 수 없다.
나는 도서관에서 참고 있다 터진 웃음을 걷잡을 수가 없었다.
to be uncontrollable

다그치다
동 일이나 행동 등을 하기를 강하게 요구하다.
아버지는 왜 그 일을 하지 않았냐고 아들을 다그쳤다.
to push

무심코(無心코)
부 아무런 뜻이나 생각이 없이.
무심코 던진 말이 그의 마음을 상하게 했다.
thoughtlessly

무작정
부 미리 정한 것이 없이.
계획도 없이 무작정 발 가는 대로 서울로 올라왔지만 잘 곳이 없어 막막했다.
blindly

실연(失戀)
명 연애에 실패함.
마음이 여린 그녀는 실연으로 깊은 상처를 받았다.
broken heart

연연(戀戀)하다
동 집착하여 미련을 가지다.
그 가수는 인기에 연연하지 않고 자신의 취향에 맞는 노래를 불렀다.
to cling on

주저앉다
동 서 있던 자리에 그대로 힘없이 앉다.
경기에서 패배한 선수들은 힘이 빠져 그대로 주저앉았다.
to plop down

진작
부 (주로 후회스러운 감정에서) 조금 더 먼저. 또는 그때 이미.
내가 왜 진작 그 생각을 못 했을까?
beforehand

통보
명 어떤 명령이나 소식 등을 말이나 글로 알림.
어제 나는 대학으로부터 합격 통보를 받았다.
notification

해 질 녘
해가 질 때쯤.
우리는 산 위에서 해 질 녘 노을을 바라보고 있었다.
at sunset

들어 보세요 2

감미(甘味)롭다
형 달콤한 느낌이 있다.
그 가수는 감미롭고 아름다운 목소리로 많은 사람에게 감동을 주었다.
to be mellow

결핍(缺乏)
명 있어야 할 것이 없어지거나 모자람.
민현이는 어렸을 때 부모님께 사랑을 많이 받지 못해 애정 결핍이 생겼다.
lacking

난생처음(난生처음)
명 세상에 태어나서 첫 번째.
해외에 나간 것은 난생처음이라 모든 것이 신기했다.
for the first time in one's life

넘나들다
동 경계, 기준을 넘어갔다 넘어왔다 하다.
희극과 비극을 넘나드는 강렬한 서사는 독자를 끌어들이기에 충분했다.
to cross (over)

누그러뜨리다
동 딱딱한 분위기나 태도를 부드러워지거나 약해지게 하다.
미주는 분노를 누그러뜨리고 웃는 얼굴로 친구를 맞이했다.
to soften

대세(大勢)
명 특정 시점에서 흐름을 주도하거나 인기가 많음. 또는 그런 것.
요즘은 케이 팝이 대세이다.
trend

돈독(敦篤)하다
형 믿음, 의리, 인정 등이 깊다.
이번 회담에서 두 나라의 대통령은 돈독한 양국 관계를 과시했다.
to have a close bond

막(幕)을 내리다
(무대 공연 등이) 끝나다.
그 연극은 지난달에 막을 내렸다.
to come to an end

무단결석(無斷缺席)
명 사전에 허락받거나 사유를 말하지 않고 결석함. 또는 그런 결석.
나는 고등학교 시절 무단결석을 자주 해서 선생님께 지적을 받았다.
to be absent without notice

문제아(問題兒)
명 지능, 성격, 행동 등이 보통 아이들과 달리 문제성이 있는 아동.
문제아였던 민아는 선생님의 따뜻한 관심 덕분에 성격이 밝아졌다.
problem child

방황(彷徨)
명 분명한 방향이나 목표를 정하지 못하고 헤맴.
윤우는 대학 입학시험에 실패하고 오랫동안 방황을 겪었다.
wandering

빛나다
동 훌륭해서 돋보이다.
그의 인생은 언제나 빛나고 있었다.
to shine/to be excellent

성원(聲援)
명 하는 일이 잘되도록 격려하거나 도와줌.
여러분의 많은 관심과 성원을 바랍니다.
support

순탄(順坦)하다
형 삶이나 생활이 아무 문제 없이 순조롭다.
철민이의 앞날은 앞으로 순탄할 것이다.
to be smooth

시비(是非)를 걸다
서로 옳거나 잘못된 것을 따져서 다투기 시작하다.
길을 가는데 술에 취한 사람이 어깨를 부딪치며 시비를 걸었다.
to pick a fight

심금(心琴)을 울리다
사람의 마음에 감동을 일으키다.
그의 노래는 사람들의 심금을 울리는 곡으로 지금까지도 사랑받고 있다.
to touch one's heart

정서적(情緒的)
관 명 사람의 마음에 일어나는 여러 가지 감정과 관련된 (것).
혜수는 자연 속에서 정서적인 안정을 얻었다.
emotional

첫발을 내디디다
무엇을 새롭게 시작하다.
우리 회사는 지난해 해외 시장에 첫발을 내디뎠다.
to take the first step

초대석(招待席)
명 저명인사나 전문가들을 불러 이야기를 듣는 방송의 한 코너.
오늘 초대석에는 한국대학교 경영학과 김진호 교수님을 모셨습니다.
guest appearance on a show

말하기

다짐하다
동 스스로 어떤 일을 꼭 하겠다고 정하다.
나는 다시는 같은 실수를 반복하지 않겠다고 다짐했다.
to resolve

단짝(單짝)
명 서로 뜻이 맞거나 매우 친하여 늘 함께 어울리는 친구.
서준이와 이안이는 단짝이라 무엇을 하든지 항상 함께이다.
best friend

등굣길(登校길)
명 학생이 학교로 가는 길.
우리 학교는 산 위에 있어서 등굣길이 힘들다.
way to school

생애(生涯)
명 살아 있는 한평생의 기간.
그분은 생애를 어려운 사람을 돕는 것에 바쳤다.
lifetime

언행(言行)
명 말과 행동을 아울러 나타내는 말.
윗사람 앞에서는 항상 언행을 조심해야 한다.
words and actions

체온계(體溫計)
명 몸의 온도를 재는 데 사용하는 기구.
간호사는 체온계로 환자들의 체온을 측정하고 있다.
thermometer

크레파스
명 크레용과 파스텔의 특징을 따서 만든 막대 모양의 색칠 도구.
지호는 크레파스로 그림을 색칠했다.
oil pastel

1-2. 성찰이 있는 삶

주제 어휘

경고(警告)하다
동 조심하거나 삼가도록 미리 주의를 주다.
컴퓨터 전문가는 보안의 위험을 경고하며 백신 프로그램을 깔 것을 권유했다.
to warn

구상(構想)하다
동 앞으로 할 일의 내용, 규모, 실현 방법 등을 이리저리 생각하다.
우리 부서는 회사를 효과적으로 알리기 위한 광고를 구상하는 중이다.
to formulate

깨달음을 주다
본질, 진리, 이치를 알게 해 주다.
우연히 읽게 된 책이 나에게 인생에 대한 큰 깨달음을 주었다.
to give enlightenment

꺼리다
동 사물이나 일 등이 자신에게 피해를 줄까 봐 피하거나 싫어하다.
나는 남 앞에 나서서 말하는 것을 꺼린다.
to dislike

돌이켜 보다
지난 일을 다시 떠올려 생각하다.
어릴 때를 돌이켜 보니 친구들에게 장난을 심하게 쳤던 것 같아 미안한 마음이 든다.
to look back

반성(反省)하다
동 자신의 언행에 대하여 잘못이나 부족함이 없는지 돌이켜 보다.
지호는 친구에게 거짓말을 한 자기 잘못을 반성하고 그 친구에게 사과했다.
to reflect

비웃다
동 흉을 보듯이 기분 나쁘게 웃다.
사람들이 나의 발표를 비웃으니 기분이 나빴다.
to ridicule

사고(思考)하다
동 어떤 것에 대해 깊이 있게 생각하다.
인간은 논리적으로 사고할 수 있다는 점에서 동물과는 다르다.
to reason

사색(思索)에 잠기다
이치를 따지고 뜻을 찾기 위해 어떤 것에 대하여 깊이 생각하다.
독서를 좋아하는 루나는 시간이 날 때마다 책을 읽으며 사색에 잠기곤 했다.
to be lost in thoughts

성찰(省察)하다
동 자신의 마음을 반성하고 살피다.
철학자들은 삶과 죽음에 대해 비판적으로 성찰했다.
to contemplate

쌀쌀맞다
형 성격이나 행동이 다정하지 않고 차갑다.
채아는 성격이 쌀쌀맞아서 후배들이 인사를 해도 잘 받아 주지 않는다.
to be unfriendly

오기(傲氣)를 부리다
능력이 부족하면서도 남에게 지기 싫어하는 마음을 보이다.
민수는 자기가 제일 힘이 세다며 오기를 부리더니 팔씨름 대회에서 꼴찌를 했다.
to refuse to give in

오해(誤解)가 풀리다
어떤 것을 잘못 알거나 잘못 해석한 것을 제대로 알게 되다.
어제 내가 쓴 편지로 친구의 오해가 풀렸다.
misunderstanding be cleared up

웃음을 띠다
얼굴에 웃음을 나타내다.
동물을 좋아하는 그는 집 앞의 고양이를 보자 웃음을 띤 채 다가갔다.
to have a smile on one's face

인식(認識)의 폭(幅)을 넓히다
생각하는 범위를 크게 하다.
한국에 살면서 내가 알던 가치관과 다른 문화를 만나 인식의 폭을 넓힐 수 있었다.
to broaden one's scope of understanding

회고(回顧)하다
동 지나간 일을 돌이켜 생각하다.
그 작가는 어린 시절을 회고하는 내용의 작품을 여러 편 발표했다.
to look back on

읽기

읽어 보세요

가느다랗다
형 아주 가늘다.
그녀는 눈썹을 가느다랗게 다듬었다.
to be thin

가시
명 물고기의 작은 뼈.
어머니는 항상 생선의 가시를 발라내 주셨다.
fishbone

가(可)히
부 어떤 일에 뛰어나게, 어떤 일에 넉넉하게.
이 식당의 음식 맛은 가히 최고라 할 수 있다.
indeed

거느리다
동 돌봐야 할 새끼 또는 가족이나 손아랫사람을 데리고 있다.
가족을 거느리고 있으니 가장으로서 책임을 다해야 한다.
to take care of (a family)

그까짓
부 겨우 그만한 정도의.
지금까지 몇 년을 참았는데 그까짓 한 달을 못 참을까.
mere

기절(氣絶)
명 두려움, 놀람, 충격 등으로 한동안 정신을 잃음.
그는 너무 놀라 기절 상태에 빠졌다가 겨우 정신을 차렸다.
faint

길들이다
동 짐승이 야생의 성질을 잃어서 사람이 부리기 좋게 만들다.
인간은 원래 야생 동물이었던 개를 길들여서 반려동물로 삼았다.
to tame

꺼칠하다
형 살이나 털이 윤기가 없고 거칠다.
내 남동생은 수염이 꺼칠하게 나 있다.
to be rough

내다보다
동 안에서 밖을 보다.
집 밖에서 이상한 소리가 나서 창밖을 내다보았다.
to look out

널리다
동 여기저기 많이 흩어져 놓이다.
방바닥에 책이 널려 있다.
to be scattered

노릇
명 (주로 부정적으로) 일의 상황 또는 형편.
어제까지 잘 있던 보석들이 없어지다니 알다가도 모를 노릇이다.
situation

단골
명 늘 정해 놓고 거래를 하는 곳, 또는 그런 손님
그 카페는 내 단골 가게이다.
regular

더더욱
부 정도가 한층 더 심하게, '더욱'을 강조하여 이르는 말.
물이 무서워서 수영도 못 하는 그에게 다이빙은 더더욱 못 할 일이다.
all the more

도둑고양이
명 몰래 음식을 훔쳐 먹는 고양이라는 뜻으로, '길고양이'를 낮게 부르는 말.
수민이는 아빠한테 혼날까 봐 도둑고양이처럼 조심히 집에 들어왔다.
stray cat

독(毒)하다
형 마음이나 행동 등이 무서울 정도로 강하다.
자주 웃으니 사람들이 나를 착하게만 보는 것 같아서 독해 보이려고 일부러 웃지 않는다.
spiteful

두 손을 활짝 벌리다
(기쁜 마음으로) 양팔을 벌리고 환영하다.
어머니는 두 손을 활짝 벌려 유학을 마치고 돌아오는 딸을 환영했다.
to have arms open

만면(滿面)
명 얼굴 전체.
그는 기쁜 일이 있는지 만면에 웃음이 가득하다.
whole face

머리 검은 동물(動物)
'인간'을 안 좋게 부르는 말.
"머리 검은 동물은 거두는 것이 아니다."라는 말은 고마움을 모르고 은혜를 갚지 않는 사람을 두고 하는 말이다.
(derogatory word for) human

무심(無心)히
부 아무런 생각이나 감정이 없이.
그동안은 무심히 봐서 몰랐는데 네 말을 듣고 보니 그런 것도 같아.
indifferently

무참(無慘)하다
형 (모습 등이) 매우 참혹하다.
축구 경기에서 우리 팀은 무참하게 패했다.
to be brutal

미화원(美化員)
명 거리나 건물, 시설 등을 청소하는 사람.
미화원들이 도로에 쌓여 있는 쓰레기를 치우고 있다.
sanitary worker

반지르르
부 가죽 등에 기름이나 물 등이 묻어서 빛이 나고 매끄러운 모양.
얼굴에 기름기가 반지르르 돈다.
greasily

발라내다
동 겉에 둘러싸여 있는 것을 벗기거나 파서 속의 것을 꺼내다.
치킨 뼈를 발라내는 것이 귀찮아서 뼈 없는 치킨을 시켜 먹었다.
to debone

불을 뿜다
마치 불을 내보내는 것처럼 열기가 드세다.
그는 불을 뿜는 듯한 목소리로 소리를 질렀다.
to spit fire

비리다
형 냄새나 맛이 생선이나 날고기, 피 등에서 나는 것처럼 기분이 나쁘다.
나는 생선의 비린 맛이 싫어서 잘 먹지 않는다.
to be fishy

빈번(頻繁)하다
형 일이나 현상이 자주 일어나다.
전화로 사기를 치는 사례가 빈번하게 발생하여 문제가 되고 있다.
to be frequent

산후(産後)
명 아이를 낳은 뒤.
예전에는 산후에 쉬지도 못하고 바로 일하러 가는 경우가 빈번했다고 한다.
after childbirth

소행(所行)
명 (보통 부정적인) 이미 해 놓은 일이나 행동.
학교 유리창을 깨뜨린 것은 우리 반 학생들의 소행이 분명하다.
deed

송두리째
부 있는 것을 하나도 빠짐없이 전부.
화재로 집이 송두리째 타 버렸다.
wholly

수거차(收去車)
명 쓰레기를 모아다가 버리는 차.
우리 동네에는 수거차가 화요일과 금요일에 온다.
garbage truck

순간적(瞬間的)
관명 아주 짧은 동안에 있는 (것).
순간적인 기분으로 일을 망치면 안 된다.
momentary

스릴이 있다
마음을 초조하게 하는 느낌이 있다.
롤러코스터를 타는 것은 매우 스릴이 있는 일이다.
to be thrilling

스치다
동 서로 살짝 닿으면서 지나가다.
종이에 스쳐서 상처가 났다.
to brush past

슬며시
부 행동 등이 겉으로 많이 드러나지 않고 천천히.
민영이는 슬며시 눈을 감고 감상에 빠져들었다.
gently

식성(食性)
명 음식을 좋아하거나 싫어하는 성질.
우리 아들은 식성이 까다로워서 반찬을 만들기가 쉽지 않다.
food preference

어처구니없다
형 일이 너무 뜻밖이라 기가 막히는 듯하다.
나는 시험 답안지에 이름 쓰는 것을 잊어버리는 어처구니없는 실수를 했다.
ridiculous

여간(如干)
1. (주로 부정적인 의미를 나타내는 말과 쓰여) 그 상태가 보통으로 보아 넘길 만한 것임을 나타내는 말.
2. ('여간 아니다' 형태로 쓰여) 보통이 아니고 대단하다.
지아는 아직 9살인데도 말솜씨가 여간 아니다.
to be no ordinary

여미다
동 벌어져 있는 것을 한곳으로 모아 단정하게 하다.
단추를 잠가서 코트를 여몄다.
to draw together

영락없이(零落없이)
부 조금도 틀리지 않고 꼭 들어맞게.
무릎이 쑤시면 영락없이 다음 날 비가 온다.
undoubtedly

영악(靈惡)하다
형 (부정적인 의미로) 이해가 빠르며 영리하다.
요즘 아이들은 영악해서 다 알면서도 모르는 척하는 경우가 많다.
to be cunning

으르렁
부 동물이 크고 강하게 내는 소리.
한국에서는 호랑이의 울음소리를 '으르렁'이라고 표현한다.
growling

자존심(自尊心)
명 남에게 굽히지 않고 자신의 품위를 스스로 지키려는 마음.
자존심이 너무 없는 것도 좋지 않지만, 자존심이 너무 강해 남에게 피해를 주는 것도 좋지 않다.
self-esteem

적의(敵意)
명 상대방을 싸우려는 대상으로 생각하는 마음.
호영이는 자기를 항상 괴롭히는 민호에게 적의를 품고 있다.
hostility

적중(的中)하다
동 예상이나 추측 또는 목표 등에 꼭 들어맞다.
오늘 눈이 올 거라던 일기예보가 적중했다.
to be on target

조림
명 고기나, 생선, 채소 등을 양념하여 국물이 거의 없을 정도로 끓여서 만든 음식.
어머니는 어제저녁에 고등어조림을 만들었다.
braised dish

족속(族屬)
명 같은 무리에 속하는 사람들을 안 좋게 부르는 말.
다른 사람을 속여서 돈을 버는 족속은 법으로 처벌해야 한다.
gang

진정(鎭靜)시키다
동 흥분된 감정이나 아픔 등을 가라앉히다.
길에서 첫사랑을 우연히 본 아린이는 두근거리는 마음을 진정시키느라 애를 쓰고 있다.
to calm down

째
있는 것을 하나도 빠짐없이 전부.
배가 고팠던 연우는 그릇째 들고 밥을 먹었다.
all together

처연(凄然)하다
형 차고 쓸쓸한 느낌이 있다.
사람들이 모두 떠나 아무것도 안 남은 그곳에는 처연한 바람만 불고 있었다.
to be sorrowful

츱츱하다
형 부끄러워하는 마음이 부족하다.
뇌물을 주어서라도 출세하려는 츱츱한 생각을 하는 사람이 있어 안쓰럽다.
to be shameless

친애(親愛)
명 친밀히 사랑함. 또는 그 사랑.
그녀에 대한 친애의 정이 깊어질수록 나의 심리적 부담은 늘어 갔다.
affection

탐(貪)하다
동 어떤 것을 가지거나 차지하고 싶어 지나치게 욕심을 내다.
그는 돈만 탐하고 일하려고 하지는 않는다.
to covet

태세(態勢)
명 어떤 일이나 상황을 앞둔 태도나 자세.
하늘을 보니 곧 비가 쏟아질 태세이다.
poise

통념(通念)
명 일반적으로 널리 통하는 개념.
이 작품은 보편적 통념을 뒤집는 사고를 보여 준다는 점에서 의의가 있다.
common idea

통로(通路)
명 지나다닐 수 있게 낸 길.
본관 3층에는 다른 건물로 통하는 연결 통로가 있다.
passage

툇마루
명 큰 마루의 바깥쪽에 좁게 만들어 놓은 마루.
우리는 툇마루에 걸터앉아 이야기를 나누었다.
deck

파헤치다
동 안에 들어 있는 것이 드러나도록 파서 겉으로 나오게 하다.
A 기업은 산허리와 골짜기를 마구 파헤치며 공사를 벌이고 있다.
to dig up

한술 더 뜨다
이미 어느 정도 잘못되어 있는 일에 대하여 한 단계 더 나아가 엉뚱한 짓을 하다.
다이어트하는 내 앞에서 동생이 맛있는 과자를 먹으면서 놀리는데, 아빠는 옆에서 한술 더 떠서 라면을 드신다.
what's worse/more

한풀 꺾이다
(강했던 의지나 상태가) 어느 정도 약해지거나 줄다.
가족들이 내 다이어트를 도와주지 않아서 의지가 한풀 꺾였다.
to subside

해산(解産)하다
동 아이를 낳다.
아내는 오늘 병원에서 아들을 해산했다.
to give birth to a child

허영심(虛榮心)
명 자기가 감당할 수 없는 수준으로 겉을 화려하게 꾸미려는 마음.
성훈이는 잘사는 친구들과 지내면서 허영심만 늘었다.
vanity

환각(幻覺)
명 실제로는 없는데도 마치 있는 것처럼 느끼는 것.
내가 본 그녀는 아마도 환각이었던 것 같다.
hallucination

환대(歡待)하다
동 반갑게 맞아 정성껏 대접하다.
할머니는 내가 고향에 갈 때마다 항상 환대해 주신다.
to welcome warmly

쓰기

갈채(喝采)
명 박수 등으로 환영이나 칭찬의 뜻을 나타냄.
연주가 끝나자 모든 관객이 갈채를 보냈다.
applause

공생(共生)
명 서로 도우며 함께 삶.
국제 관계에서는 상호 간 공생이 필요하다.
co-existence

교감(交感)
명 서로 접촉하여 따라 움직이는 느낌.
좋은 교사가 되기 위해서는 학생들과의 교감이 중요하다.
communion

꼴찌
명 차례의 맨 끝.
지난 시험에서 꼴찌였던 영수가 열심히 공부해서 반에서 3등을 하자, 모두가 놀란 눈으로 영수를 쳐다보았다.
last place

눈을 뜨다
(비유적으로) 잘 알지 못했던 원리 등을 깨달아 알게 되다.
대학에 들어와서 공부하는 재미에 눈을 뜨는 학생들이 많다.
to open one's eyes

말문(말門)이 막히다
(놀라거나 충격을 받아서) 말이 입 밖으로 나오지 않게 되다.
나는 그 소식을 듣고 놀라서 말문이 막혔다.
to be at a loss for words

맛보다
동 몸소 겪어 보다.
열심히 공부해서 합격의 기쁨을 맛보았다.
to experience

방향치(方向癡)
명 방향에 대한 감각이나 지각이 무디어 방향을 바르게 인식하지 못하거나 찾지 못하는 사람.
민수는 방향치라서 동서남북이 어느 쪽인지 전혀 알지 못한다.
person with no sense of direction

별반(別般) 다르지 않다
크게 차이가 없다.
우리 반은 모두 공부를 잘해서 1등과 꼴찌의 점수가 별반 다르지 않다.
to be not much different

솟아나다
동 감정이나 힘 등이 생겨나다.
내가 좋아하는 지수에게 고백을 받으니 기쁨이 솟아났다.
to gush out

씻은 듯이 낫다
병이 완전히 낫다.
감기약을 먹고 하루 동안 쉬었더니 감기가 씻은 듯이 나았다.
to be completely cured

유년(幼年)
명 어린 나이나 때. 또는 어린 나이의 아이.
유년 시절, 나는 항상 집에 혼자 있었다.
childhood

의도(意圖)하다
동 무엇을 하고자 생각하거나 계획하다.
의도하지 않았지만 그녀에게 상처를 준 것을 미안하게 생각한다.
to intend

포기
명 풀이나 배추 등을 세는 단위.
이번에 우리 집은 배추 스무 포기로 김장을 했다.
counter for grass or napa cabbage

현지인(現地人)
명 그 지역에 사는 사람.
나는 여행을 가면 현지인과 이야기하는 것을 좋아한다.
local

2

경제와 경영

2-1 물가와 환율

2-2 윤리 경영

2-1	**물가와 환율**	2-2	**윤리 경영**
듣기 1	물가에 대한 뉴스를 듣고 원인 파악하기	읽기 1	공정 무역에 대한 위키 백과를 읽고 정보 찾기
듣기 2	환율에 대한 정보 오락 프로그램을 듣고 원인과 결과 파악하기	읽기 2	코즈 마케팅에 대한 잡지 기사문을 읽고 개념 파악하기
말하기	사회적 현상에 대한 인과 관계 설명하기	쓰기	설명하는 글 쓰기

2-1 물가와 환율

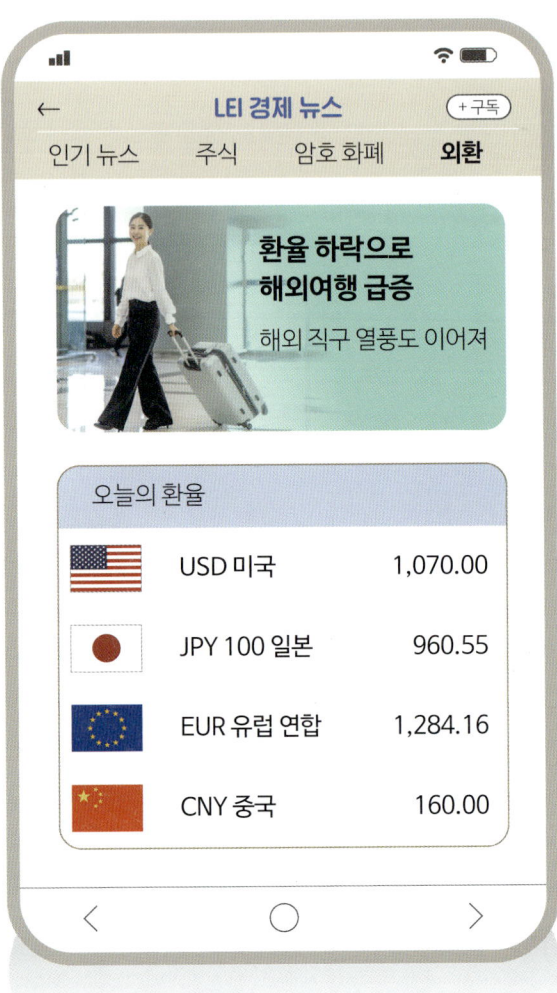

1. 여러분 고향의 물가와 비교할 때 한국 물가는 어떤 편입니까?

2. 사람들의 생활과 환율은 어떤 관련이 있는지 이야기해 보세요.

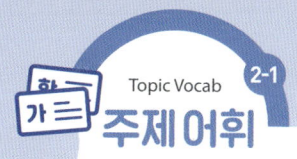

Topic Vocab 2-1 주제 어휘

1 다음은 물가와 관련된 표현입니다. 그림에 해당하는 표현을 모두 찾아 써 보세요.

1)
오름세를 보이다

2)

3)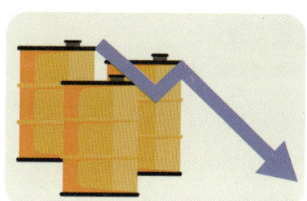

4)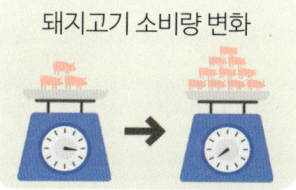

5)

물가가 상승하다/하락하다	공급이 급증하다/급감하다	상승세/하락세를 보이다	수요가 급증하다/급감하다
물가가 폭등하다/폭락하다	공급이 증가하다/감소하다	오름세/내림세를 보이다	수요가 증가하다/감소하다
물가가 안정되다			

2 다음은 환율과 관련된 표현입니다. 상황에 맞는 표현을 사용하여 이야기해 보세요.

1) $1=1,000원 ➡ $1=1,200원

2) $1=1,000원 ➡ $1=900원

> 오늘의 **기준 환율**은 1달러에 1,200원이에요. **환율이 급등했어요**. 원화 가치가 ….

| 기준 환율 | 현지 통화 | 달러가 강세/약세를 보이다 | 환율이 급등하다/급락하다 | 환전하다 |
| 외환 시장 | 환율 변동 | 원화 가치가 상승하다/하락하다 | 환율이 상승하다/하락하다 | |

듣기 Listening 2-1

🎧 들어 보세요 1

준비

1. 왜 '금사과·금배'라고 할까요? 다음과 같은 상황이 발생하는 이유는 무엇일지 이야기해 보세요.

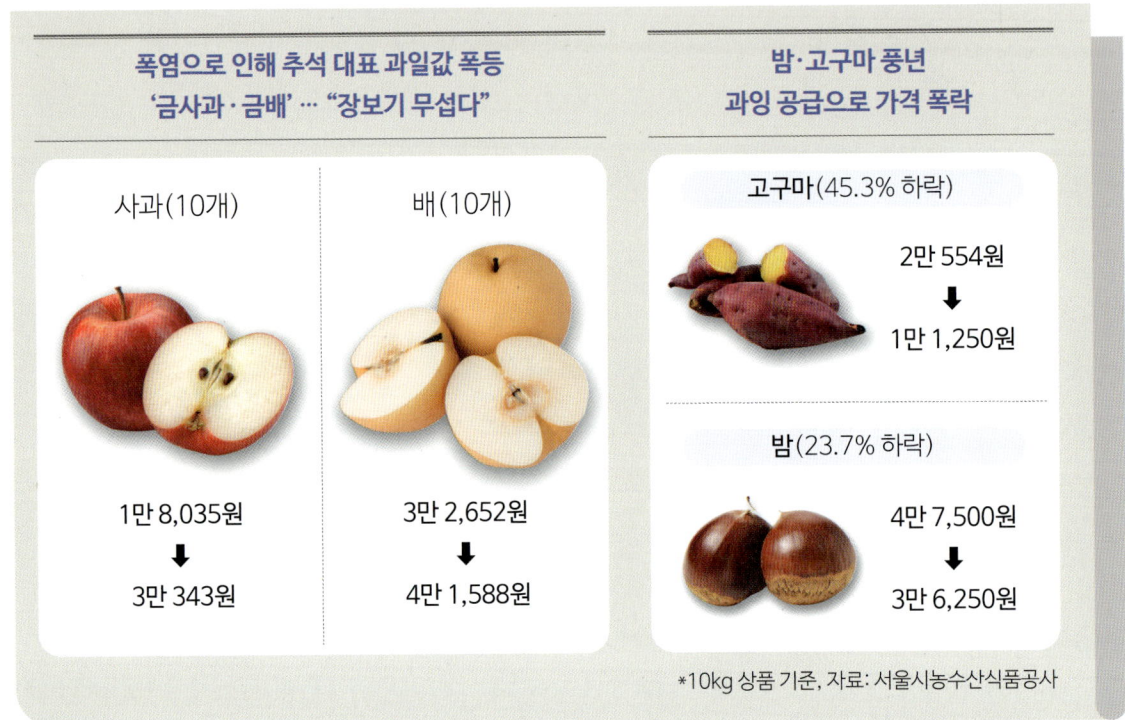

2. 물건의 가격은 어떻게 결정되는지 이야기해 보세요.

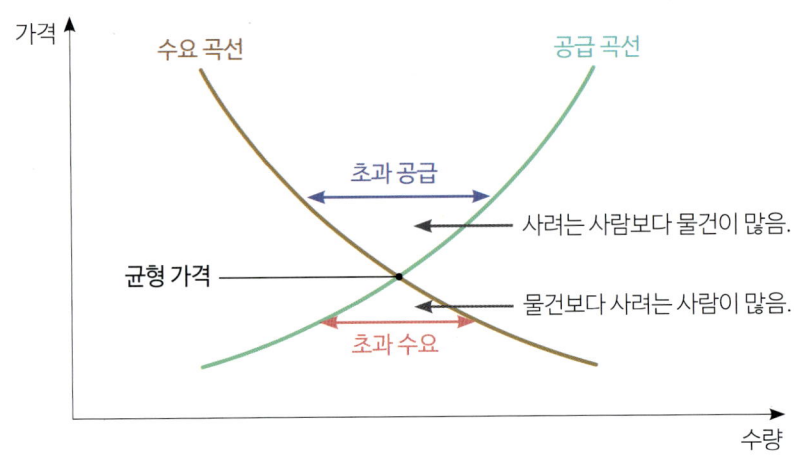

듣기 다음은 물가에 대한 뉴스입니다. 잘 듣고 질문에 답해 보세요.

중심 내용 파악하기

1 이 뉴스에서 이야기하고 있는 문제는 무엇입니까?

세부 내용 파악하기

2 들은 내용과 일치하지 <u>않는</u> 것을 고르세요.

① 삼겹살 가격은 작년보다 하락했다.
② 상추는 작년에 비해 가격이 50% 올랐다.
③ 채솟값 상승으로 이익이 줄어든 식당도 있다.
④ 농축수산물 가격의 폭등으로 소비자들이 힘들어한다.

3 다음 품목의 가격이 상승한 원인을 정리해 보세요.

삼겹살	•
채소	• 삼겹살의 수요가 늘면서 채소의 수요도 함께 상승함. • •

추론하기

4 뉴스에서 보도된 삼겹살 가격 변동과 유사한 경우를 고르세요.

① 국제 유가 상승으로 수입품의 가격이 모두 올랐다.
② 냉해로 인해 사과 생산량이 줄어 사곗값이 올랐다.
③ 김장철이 되자 배추의 공급과 수요가 동시에 증가했다.
④ 마스크를 찾는 사람들이 많아져서 마스크의 가격이 상승했다.

문법과 표현

명 과 맞먹다 ☞ 6쪽
삼겹살 가격이 한 달 사이에 25% 넘게 올라 수입산 소고기 가격과 맞먹는 현상도 벌어지고 있다.

동 -자 ☞ 6쪽
삼겹살 수요가 늘자 쌈 채소 수요도 따라서 증가했다.

들어 보세요 2

준비

1. 여러분 나라 통화의 환율을 검색해 보세요. 지난 1년간 어떻게 변화했습니까?

듣기 다음은 환율에 대한 정보 오락 프로그램입니다. 잘 듣고 질문에 답해 보세요.

중심 내용 파악하기

1. 이 방송에서 다루는 내용을 모두 고르세요.

   ☐ 환율 변동의 역사 ☐ 환율 변동의 원인
   ☐ 외화를 사용할 때의 팁 ☐ 환율 변동이 개인에게 주는 영향

세부 내용 파악하기

2. 환율은 어떻게 결정됩니까?

3. 환율 상승 및 하락의 원인과 결과를 연결해 보세요.

   달러 공급 증가 •   • 환율 상승

   달러 공급 감소 •   • 환율 하락

4 해외여행을 할 때 알아 두면 도움이 될 환율과 관련된 팁을 정리해 보세요.

- 환율 상승기: 1) _____
- 환율 하락기: 2) _____
- 해외에서 신용카드를 사용할 때: 현지 통화로 결제한다.

추론하기

5 다음 중 원화 가치가 하락하면 유리한 사람을 모두 고르세요.

①
외국에서 유학하고자 하는 한국인 대학생

②
한국에서 일하고 월급을 받아 고향에 보내는 외국인

③
한국 물건을 외국에 수출하는 기업의 사장

④
해외 직구를 통해 한국 가수의 음악 앨범을 구매하는 외국인

이야기해 보세요

1 여러분 나라에서 물가나 환율이 폭등하거나 폭락해서 문제가 된 일이 있었습니까? 사례를 찾아 이야기해 보세요.

말하기 Speaking 2-1

🎤 사회적 현상에 대해 인과 관계를 설명해 보세요.

▶ 준비해 보세요

1 다음 두 그래프를 보고 어떤 문제가 있는지 이야기해 보세요.

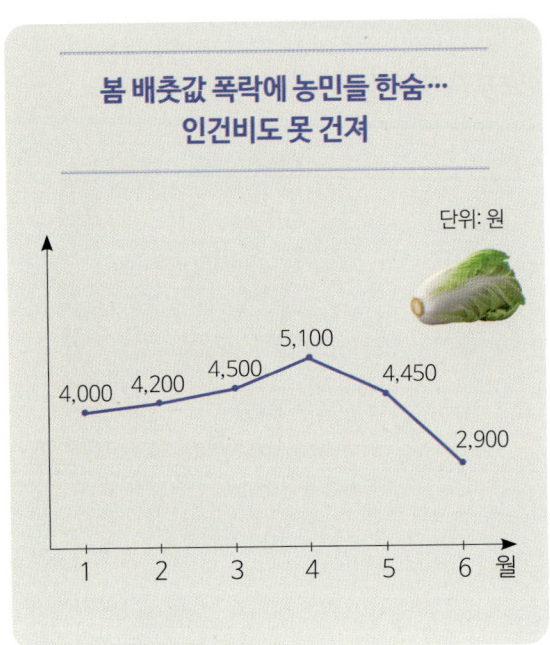

2 왜 위와 같은 결과가 발생했을까요? 배춧값 폭등과 폭락의 원인이 무엇일지 이야기해 보세요.

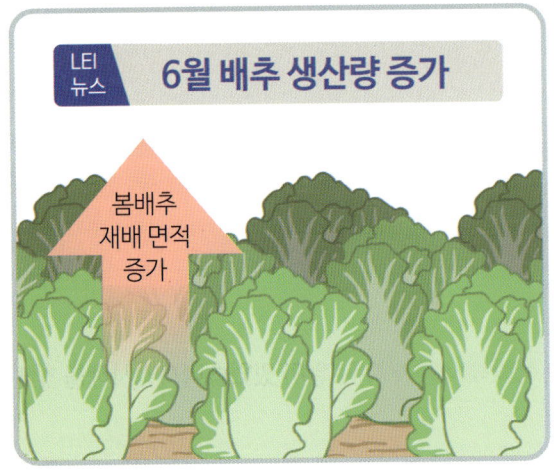

- **표현을 연습해 보세요**

1 다음은 원인, 결과 순으로 인과 관계를 나타내는 표현입니다. 다음 표현을 사용하여 연습해 보세요.

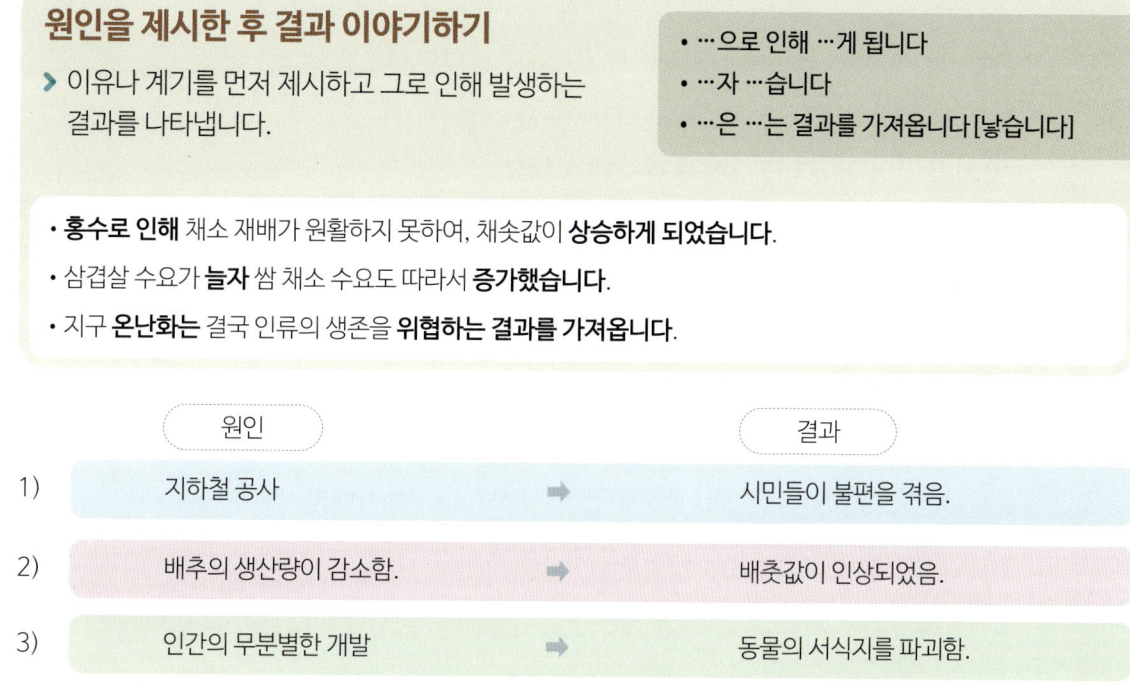

2 다음은 결과, 원인 순으로 인과 관계를 나타내는 표현입니다. 다음 표현을 사용하여 연습해 보세요.

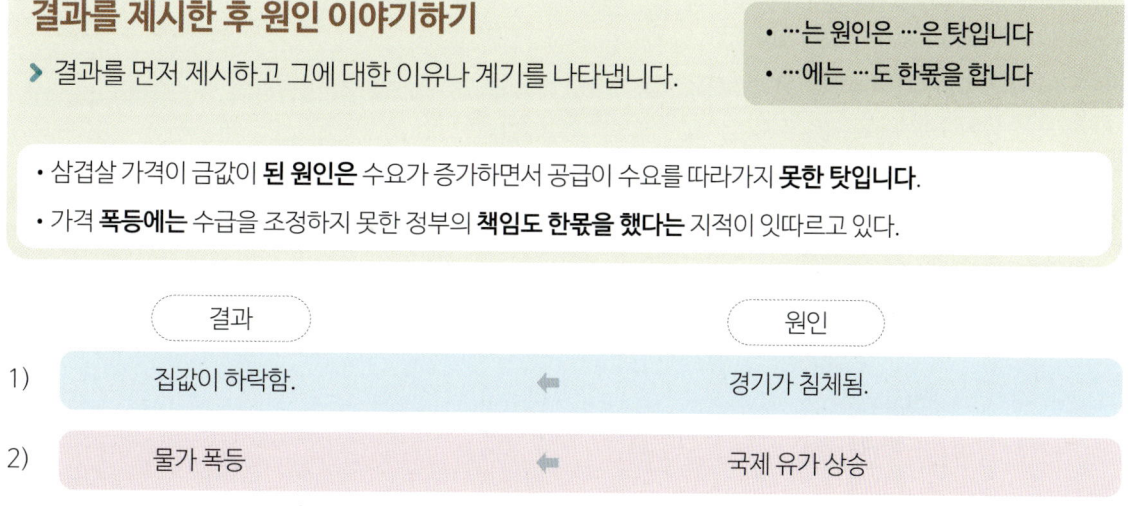

말하기 2-1

- 이야기해 보세요

1 다음 주제 중 하나를 선택하여 문제 상황을 제시하고 원인과 결과를 분석해 보세요.

  물가 상승   환경 오염   저출산   고령화

2 보기와 같이 이야기할 내용을 메모해 보세요.

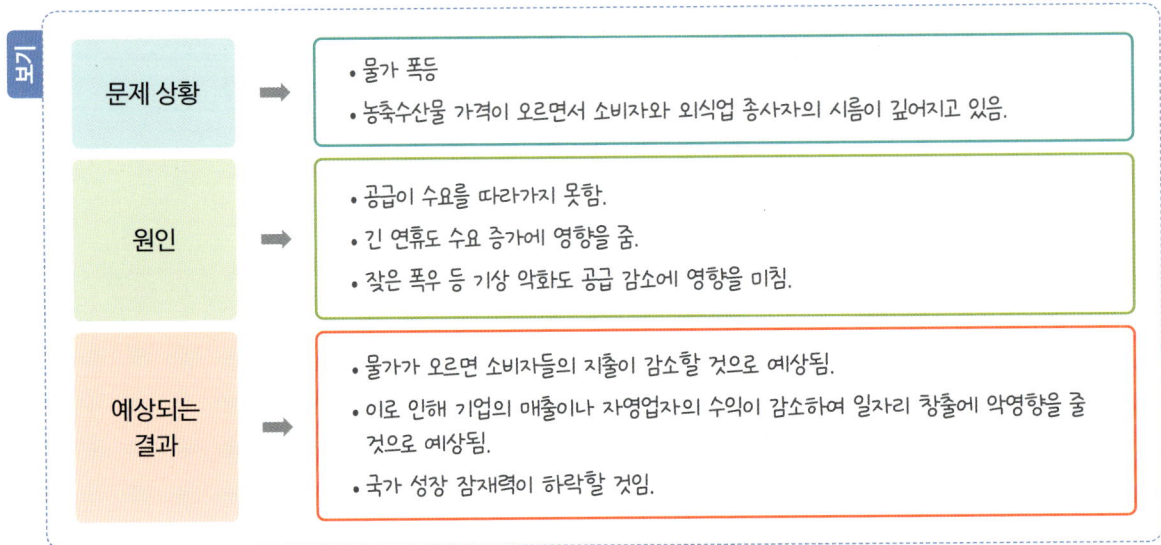

보기

문제 상황	• 물가 폭등 • 농축수산물 가격이 오르면서 소비자와 외식업 종사자의 시름이 깊어지고 있음.
원인	• 공급이 수요를 따라가지 못함. • 긴 연휴도 수요 증가에 영향을 줌. • 잦은 폭우 등 기상 악화도 공급 감소에 영향을 미침.
예상되는 결과	• 물가가 오르면 소비자들의 지출이 감소할 것으로 예상됨. • 이로 인해 기업의 매출이나 자영업자의 수익이 감소하여 일자리 창출에 악영향을 줄 것으로 예상됨. • 국가 성장 잠재력이 하락할 것임.

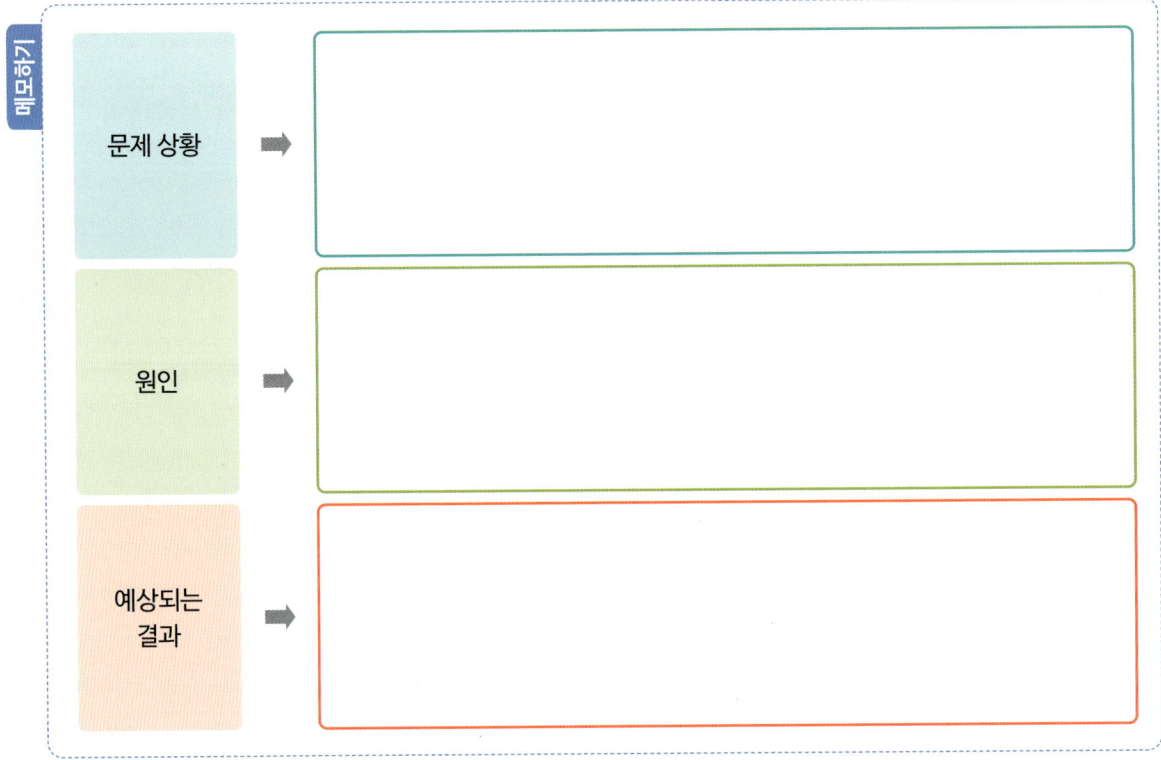

메모하기

문제 상황	
원인	
예상되는 결과	

3 메모한 내용을 바탕으로 인과 관계를 설명해 보세요.

> 보기

문제 상황
최근 물가가 가파르게 상승하고 있어 소비자들과 외식업 종사자들의 시름이 깊어지고 있습니다. 삼겹살 가격은 한 달 사이에 25% 넘게 올라 수입산 소고기 가격과 맞먹는 현상도 벌어지고 있습니다. 가격이 오른 건 삼겹살뿐만이 아닙니다. 파, 상추, 깻잎 등의 채소류 가격도 크게 올랐습니다. 가격 상승폭이 가장 큰 품목은 전년 대비 50% 폭등한 상추입니다.

원인
왜 이런 현상들이 나타나고 있을까요? 물가 상승의 원인 및 물가 상승이 가져올 수 있는 문제점을 분석한 결과를 말씀드리겠습니다. 삼겹살 가격이 금값이 **된 원인은** 삼겹살의 수요가 증가하면서 공급이 수요를 따라가지 **못한 탓입니다**. 보통 삼겹살은 캠핑하는 사람들이 많아지는 초여름부터 수요가 급증하는데 올해는 더위가 일찍 찾아오면서 벌써부터 삼겹살을 찾는 사람들이 늘고 있습니다. 정부가 지정한 봄 여행 주간에 어린이날 연휴까지 이어지면서 삼겹살을 먹을 날이 많아진 것도 수요가 늘어난 원인 중 하나입니다. 삼겹살 수요가 늘자 쌈 채소 수요도 따라서 **증가했습니다**. 채솟값의 경우, 작년에는 풍년으로 인한 가격 폭락으로 농민들의 근심이 깊었는데 반대로 올해는 잦은 폭우 등 기상 악화로 인한 공급 감소가 가격 폭등을 부추겼다는 분석입니다.

예상되는 결과
소비자들의 소득은 그대로인데 물가 상승세가 지속됨에 따라 지출이 전체적으로 감소할 것으로 예상됩니다. **이로 인해** 기업의 매출이나 자영업자의 수익이 감소하여 결국 일자리 창출에 악영향을 주게 될 것입니다. 따라서 이런 상황이 계속된다면 결국 국가 성장 잠재력이 **하락하는** 결과를 가져올 것입니다.

윤리 경영

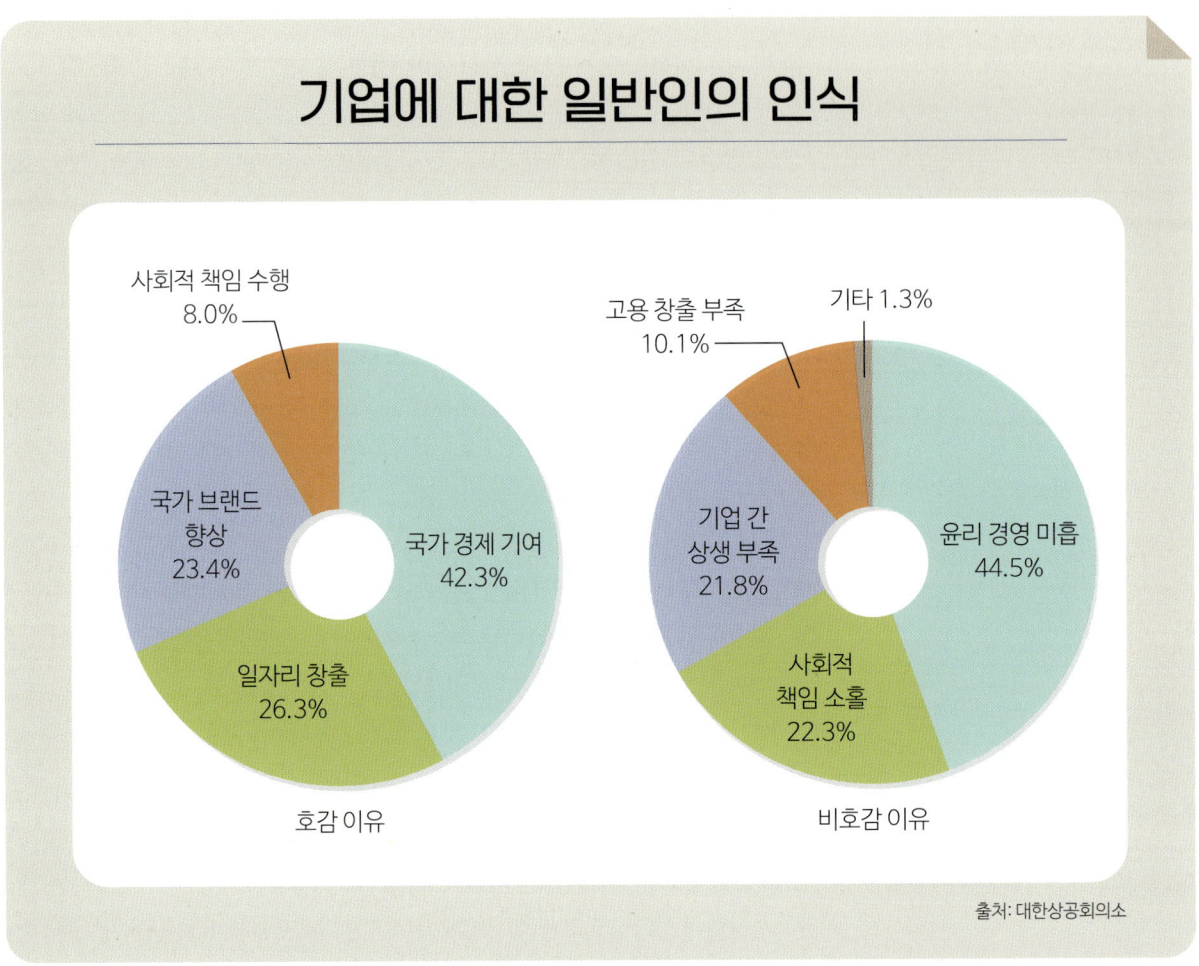

1 위 그래프를 통해 무엇을 알 수 있습니까?

2 여러분 나라의 대표적인 기업은 어느 기업입니까? 여러분은 그 기업에 대해 어떻게 생각합니까?

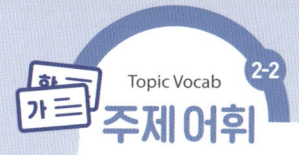

1 다음은 공정 무역과 관련된 표현입니다. 각 상황에 해당하는 표현을 찾아 써 보세요.

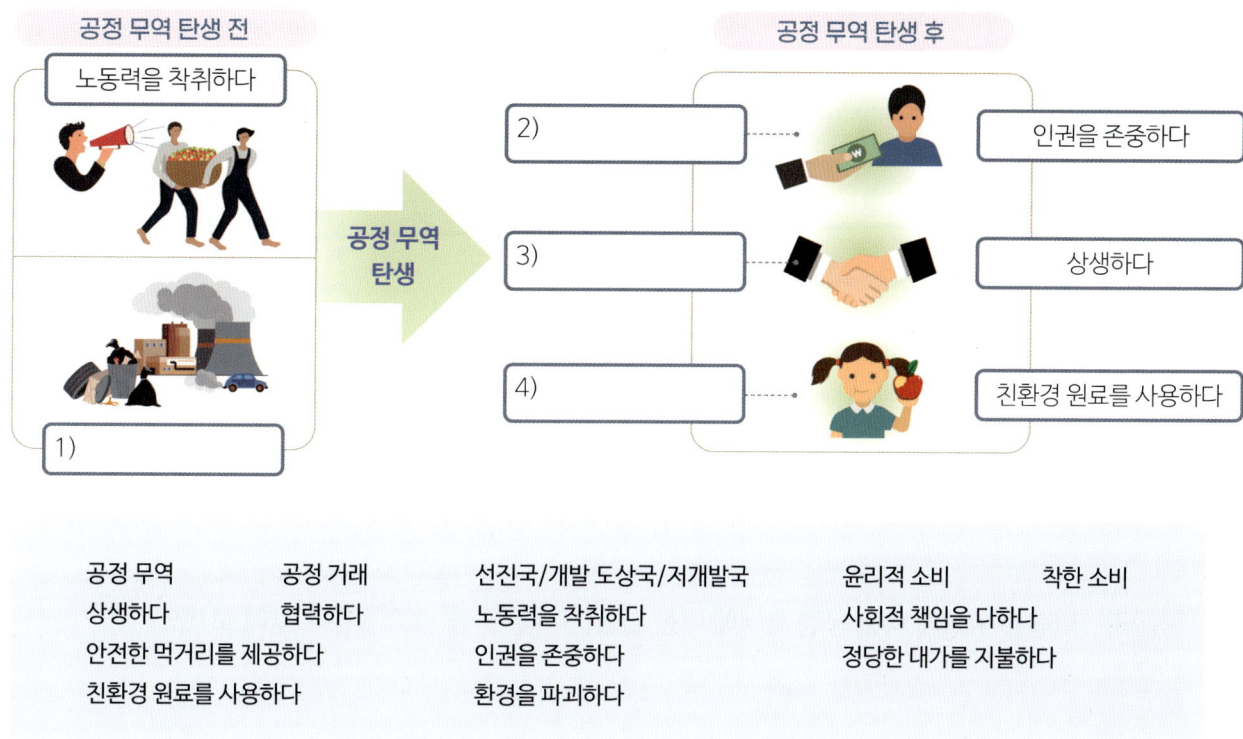

공정 무역	공정 거래	선진국/개발 도상국/저개발국	윤리적 소비	착한 소비
상생하다	협력하다	노동력을 착취하다	사회적 책임을 다하다	
안전한 먹거리를 제공하다		인권을 존중하다	정당한 대가를 지불하다	
친환경 원료를 사용하다		환경을 파괴하다		

2 다음은 마케팅 전략과 관련된 표현입니다. 관계있는 것끼리 연결해 보세요.

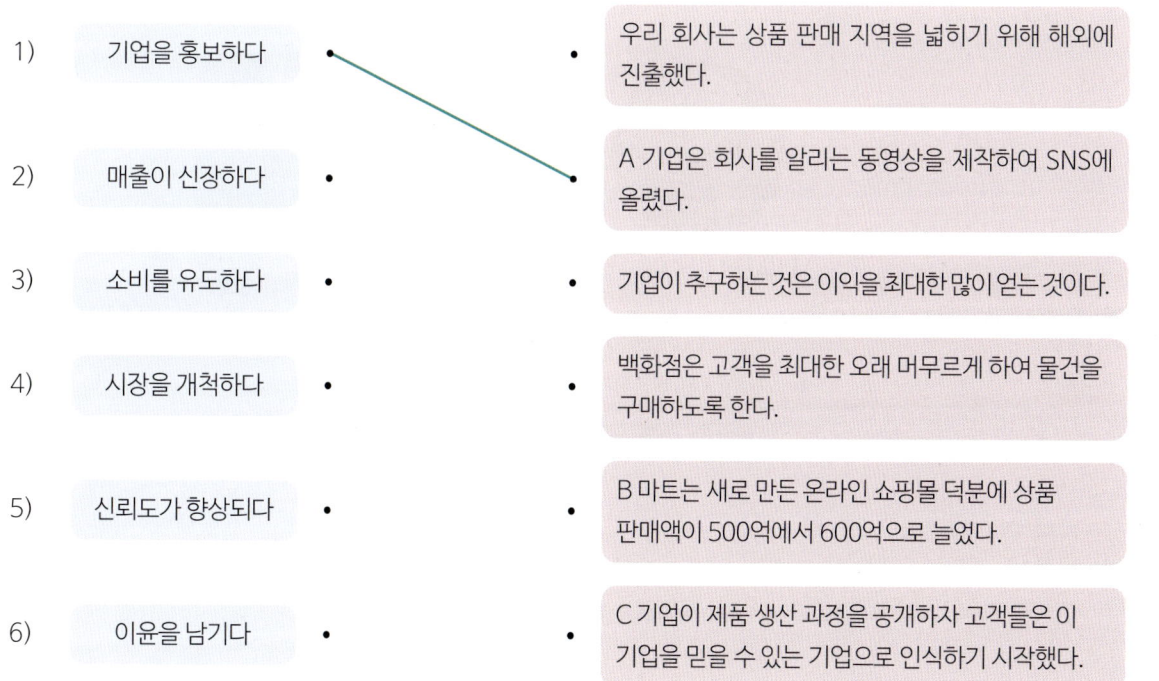

읽기 2-2

읽어 보세요 1

준비

1 다음과 같은 광고를 본 적이 있습니까? '착한 초콜릿'의 의미는 무엇일지 이야기해 보세요.

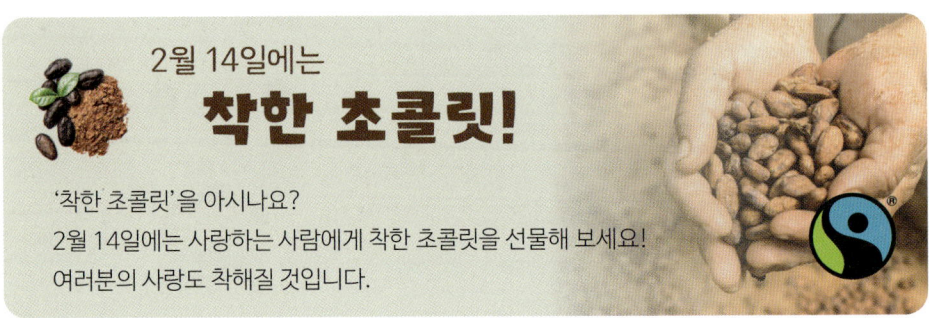

읽기 다음은 위키에 나온 공정 무역에 대한 설명입니다. 글을 읽고 질문에 답해 보세요.

◆ 공정 무역
  분류: 경제, 무역, 환경

◆ (가)

  공정 무역(公正貿易, fair trade)이란 개발 도상국의 생산자들이 만든 좋은 원료나 물품을 정당한 가격으로 거래함으로써 생산자들의 빈곤 해결과 경제적 자립을 추구하는 무역 형태를 일컫는다. 즉 생산자에게는 합리적인 가격을 보장해 주어 이들의 지속 가능한 생활을 보장하고, 소비자들에게는 안전한 먹거리를 제공함과 동시에 친환경 원료를 사용하여 지구 환경도 보전하려는 운동이다. 공정 무역 인증 마크[1]가 찍힌, '착한 초콜릿', '착한 커피'라 불리는 제품을 생각하면 쉽게 이해할 수 있다.

◆ (나)

 전 세계 커피 시장의 규모는 확대되고 있으나 커피 생산자의 수익은 오히려 줄어들었다. 기존의 커피 시장은 복잡한 유통 과정을 여러 번 거치면서 생산자에게는 겨우 0.5%의 이익만이 돌아가는 불공정한 거래 구조를 가졌기 때문이다. 이런 상황에 대한 반성과 성찰이 '공정 무역'을 탄생시켰다. 다시 말해 선진국 사람들이 누리는 풍요와 편의가 개발 도상국 생산자들을 대상으로 한 노동력 착취 및 환경 파괴로 이어진다는 문제의식이 공정 무역 운동을 불러일으킨 것이다.

◆ (다)

 공정 무역 거래의 주요 원칙은 다음과 같다. 첫째, 생산자에게 다양한 기회를 제공한다. 공정 무역은 일방적인 원조가 아니라, 생산자들에게 경영 능력을 키우고 새로운 시장을 개척할 기회를 제공하여 자립의 길을 열어 주는 거래 방식이다. 둘째, 생산자에게 공정한 대가를 지급하며 성별에 따른 임금 차별을 두지 않는다. 셋째, 바람직한 노동 환경을 제공한다. 예를 들어 공정 무역 초콜릿을 만들기 위한 카카오 농장에서는 아이들이 위험한 도구를 사용하거나 농약을 뿌릴 수 없게 하고 방과 후에 가족 간의 유대 목적으로만 농장 일을 도울 수 있게 하는 등 아동의 노동력 착취를 금지하고 안전을 추구한다. 마지막으로, 제품의 생산이 친환경적으로 이루어지게 한다. 예컨대 폐기물을 재활용하여 신소재를 개발하거나 독성 농약의 사용을 금지하고 유기 재배를 권장한다. 이와 같은 원칙에 따라 생산된 제품들은 국제 공정 무역 기준에 따라 수입·제조·유통되어 윤리적 소비[2]를 추구하는 소비자들이 주로 구매한다.

◆ (라)

 국내에서는 2003년, 네팔산과 인도산 수공예품을 판매하면서 공정 무역 운동이 시작되었다. 현재는 생활 협동조합을 중심으로 뿌리내려 참여 단체가 10여 개로 확장되었고 100여 개 국내 기업이 공정 무역 인증 원료를 수입하고 제조, 유통하고 있다. 2021년 말에는 관련 기업들이 1,000억 원 이상의 매출을 달성했으며 특히 서울시 서초구를 비롯한 수십 개의 자치 단체가 공정 무역 운동에 참여하고 있다. 초기에는 농부들을 돕기 위한 목적으로 윤리적 소비만을 강조했으나 점차 제품 자체의 경쟁력이 올라가고 유기농 식품에 대한 수요가 많아지면서 공정 무역은 **양적으로는 물론이거니와** 질적으로도 크게 성장했다. 품목 또한 커피, 초콜릿, 설탕, 바나나, 축구공, 의류, 건과일, 수공예품, 화장품 등으로 다양화되고 있다.

 국내 공정 무역의 대표 사례로 사회적 기업 A 사를 들 수 있다. 윤리 경영과 공정 무역의 선두 주자인 A 사는 개발 도상국의 커피 생산 협동조합들과 장기적인 동반 관계를 맺고 커피 원두를 수입해 판매하고 있다. 이 외에도 카카오, 견과류 등 다양한 공정 무역 제품을 국내 소비자들에게 선보이고 있으며 공정 무역 교실 운영 등 소비자 교육에도 앞장서고 있다. 한편 수입사와 국내 식품 가공 회사의 협력으로 탄생한 공정 무역 사례도 있다. B 사가 출시한 유자청이 이에 해당하는 대표적인 예이다. 이 유자청은 공정 무역 인증을 받은 저개발국의 사탕수수 협동조합에서 생산된 유기농 설탕과 국내 농가에서 생산된 유자를 혼합하여 제조한 것으로, 유기농 제품을 선호하는 소비자들에게 인기를 끌고 있다.

---

[1] 공정 무역 인증 마크 : 국제공정무역기구가 정한 글로벌 환경 기준, 사회 기준, 경제 기준을 충족한 제품에만 부여되는 마크
[2] 윤리적 소비: 소비 활동이 개인의 이익만을 추구하는 것이 아니라 공적 행동이자 사회적 활동이라는 인식을 바탕으로 하는 소비

중심 내용 파악하기

1 각 문단의 제목으로 알맞은 것을 연결해 보세요.

(가) • • 공정 무역의 탄생 배경

(나) • • 공정 무역 거래의 원칙

(다) • • 국내 공정 무역의 변화와 사례

(라) • • 공정 무역의 정의

세부 내용 파악하기

2 공정 무역이 탄생하게 된 배경을 써 보세요.

> 선진국 사람들이 누리는 풍요와 편의가 개발 도상국 생산자들을 대상으로 한 _____
> 및 _____ 로 이어진다는 문제의식

3 공정 무역에 대한 설명으로 맞는 것을 고르세요.

① 유기 재배를 장려하고 있다.
② 성별에 따라 임금을 달리한다.
③ 아이들의 노동을 전면적으로 금지한다.
④ 개발 도상국에 대한 일방적인 원조이다.

4 국내 공정 무역은 초기와 비교해 어떻게 변화했습니까?

1) 양적 · 질적으로 크게 성장하였다 .

2) _____ .

전략 익히기

5 공정 무역을 설명하기 위해 글쓴이가 선택한 전략을 모두 고르세요.

☐ 용어를 정의하고 있다.　　　　☐ 유명인의 말을 인용하고 있다.
☐ 대표적인 사례를 제시하고 있다.　☐ 설문 조사 결과를 분석하고 있다.

문법과 표현

명 은 물론이거니와 ☞ 7쪽
공정 무역 제품의 경쟁력이 올라가고 유기농 식품에 대한 수요가 많아지면서 공정 무역은 양적으로는 물론이거니와 질적으로도 크게 성장했다.

읽어 보세요 2

준비

1. 아래의 상품을 팔기 위해 회사는 각각 어떤 전략을 사용했는지 이야기해 보세요.

2. 여러분은 두 상품 중 어느 것을 사고 싶습니까? 그 이유를 이야기해 보세요.

읽기 다음은 '코즈 마케팅(Cause Marketing)'에 대한 잡지 기사문입니다. 글을 읽고 질문에 답해 보세요.

얼마 전 A 식당의 이야기가 화제가 되었다. A 식당은 오랫동안 불우 이웃을 위해 무료로 식사를 나눠 주고 있었는데, 그걸 알게 된 주민들이 매출을 올려 주겠다며 그 식당으로 몰려간 것이다. 식사를 마친 사람들이 후기를 남기면서 이런 훈훈한 이야기는 더 널리 알려졌다. 이른바 '착한 식당' 이미지를 가지게 된 이 식당에 손님들이 전국에서 몰려와 매상이 몇 배나 뛰었다는 이야기이다. 윤리적 소비를 하고자 하는 사람들이 늘어나면서 위의 사례와 같이 착한 이미지를 가진 업체의 매출이 신장하는 현상이 나타나고 있다.

최근 이런 현상을 이용해 매출을 올리고자 하는 기업들이 증가하면서 '코즈 마케팅'이 주목을 받고 있다. 코즈 마케팅이란, 사회적 이슈를 활용해 기업을 홍보하고 이미지를 제고하는 마케팅 전략을 의미한다. 가장 흔히 생각할 수 있는 것은 소외 계층을 위한 기부이지만, 다양한 분야에서 코즈 마케팅이 활용되고 있다. 교육, 문화, 환경, 건강 등 사회적 공익에 힘을 쏟는 기업이 하는 **사업이라면** 소비자들은 쉽게 지갑을 열기 때문이다.

대표적인 코즈 마케팅 사례로 미국의 신용 카드 회사인 B 기업을 들 수 있다. 이 기업은 미국의 상징인 자유의 여신상을 복원하는 기금을 마련하기 위해 고객이 카드를 사용할 때마다 1센트씩 기부하겠다고 밝혔다. 그러자 사람들이 해당 카드를 많이 사용해서, 카드 회사의 매출이 상승한 것은 물론이거니와 자유의 여신상도 복원될 수 있었다. 즉, 사회적 공익과 기업의 사익이 함께 증가한 것이다.

국내에서도 코즈 마케팅이 많이 활용되고 있다. 가장 널리 알려진 사례는 C 기업의 교육 사업이다. 1970년대부터 1990년대까지 '장학 퀴즈'라는 TV 프로그램이 있었는데, 이는 고등학생들이 나와서 퀴즈를 푸는 프로그램으로, 우승자에게 장학금이 주어졌다. 이 장학금을 C 기업에서 전적으로 지원하면서 기업의 인지도가 높아지고 신뢰도도 향상되었다.

특히 최근에는 환경과 관련된 코즈 마케팅 전략을 사용하는 기업이 늘고 있다. 상품을 포장할 때 천연 소재의 친환경 지퍼 백을 사용하거나 생수를 배달할 때 빈 페트병을 수거해 가서 플라스틱 쓰레기를 줄이는 등 '환경 보호'를 내걸며 기업의 이미지를 제고하고 있는 것이다.

코즈 마케팅은 단순히 기업의 이익을 위한 마케팅 차원을 넘어 사회적 책임을 다하고자 하는 의식이 반영되어 있다고 할 수 있다. 이러한 코즈 마케팅이 앞으로 더욱 늘어나 사회와 기업이 같이 성장하는 미래를 기대해 본다.

중심 내용 파악하기

1 '코즈 마케팅'이란 무엇입니까?

세부 내용 파악하기

2 B 기업과 C 기업이 코즈 마케팅을 도입해서 얻은 효과를 정리해 보세요.

B 기업	C 기업
1)	2)

3 코즈 마케팅에는 어떤 의식이 반영되어 있습니까?

추론하기

4 다음 중 코즈 마케팅의 사례로 볼 수 <u>없는</u> 것을 고르세요.

① A 대형 마트: 고객의 기념일에 할인 쿠폰을 발송한다.
② B 기업: 판매 수익금의 일부를 장학 재단에 기부한다.
③ C 아이스크림 가게: 배달 시 친환경 아이스 팩을 사용한다.
④ D 신발 판매점: 신발 판매 수량만큼 개발 도상국에 신발을 원조한다.

이야기해 보세요

1 윤리 경영을 실천하고 있는 기업을 찾아서 소개해 보세요.

문법과 표현

명 이라면 ☞ 7쪽
교육, 문화, 환경, 건강 등 사회적 공익에 힘을 쏟는 기업이 하는 사업이라면 소비자들은 쉽게 지갑을 연다.

쓰기

개념을 설명하는 글을 써 보세요.

준비해 보세요

1 다음 중 여러분이 평소에 하고 있는 것에 표시해 보세요.

☐ 공정 무역 커피를 마신다.

☐ 음식 배달 주문을 할 때 일회용품을 빼 달라고 한다.

☐ 동물 실험을 하지 않은 화장품을 산다.

☐ 동물 복지 농장에서 생산된 계란을 산다.

☐ 수익금의 일부를 사회에 기부하는 제품을 구매한다.

☐ 라벨이 없는 제품을 사용하려고 노력한다.

☐ 쇼핑 갈 때 장바구니를 들고 간다.

☐ 친환경 용기에 담긴 제품을 산다.

☐ 조금 비싸더라도 사회적 기업의 제품을 사려고 노력한다.

2 여러분이 생각하는 '착한 소비'는 무엇인지 정의한 후, '착한 소비'의 사례를 찾아 보세요.

보기

정의
△ 친환경 제품을 사용하려고 노력하는 것이다.

사례
△ 분해되는 친환경 용기에 담긴 샴푸를 산다.

정의
△

사례
△

- 표현을 연습해 보세요

1 다음은 개념을 정의할 때 사용하는 표현입니다. 다음 표현을 사용하여 연습해 보세요.

> **개념 정의하기**
> ▶ 표현의 뜻을 명확하게 밝힙니다.
>
> • …이란[은] …을 일컫다[의미하다/가리키다/뜻하다]
> • …이란[은] …으로 정의할 수 있다[정의되다/정의 내릴 수 있다]

- **'공정 무역'이란** 개발 도상국의 생산자들이 만든 좋은 원료나 물품을 정당한 가격으로 거래함으로써 생산자들의 빈곤 해결과 경제적 자립을 추구하는 무역 **형태를 일컫는다.**
- **'코즈 마케팅'이란** 사회적 이슈를 활용해 기업을 홍보하고 이미지를 제고하는 마케팅 **전략으로 정의할 수 있다.**

1) 정보 오락 프로그램
   - 정보 전달 기능에 오락성을 더한 프로그램

2) 공유 경제
   - 물품 또는 서비스를 혼자 소유하지 않고 공동으로 같이 사용하는 경제 활동의 한 형태

2 다음은 사례를 제시할 때 사용하는 표현입니다. 다음 표현을 사용하여 연습해 보세요.

> **사례 제시하기**
> ▶ 구체적인 사례를 들어 이해를 돕습니다.
>
> • 대표적인 … 사례로 …을 들 수 있다
> • 가장 널리 알려진 사례는 …이다
> • 비슷한 사례로 …도 있다

- **대표적인** 코즈 마케팅 **사례로** 사회적 기업 A 사를 **들 수 있다.**
- 국내에서도 코즈 마케팅이 많이 활용되고 있다. **가장 널리 알려진 사례는** S 기업의 교육 **사업이다. 비슷한 사례로** 신용 카드 회사인 A **기업도 있다.**

1) 정보 오락 프로그램
   - 예) L 티 교양 프로그램 '웃음이 꽃피는 진료실'

2) 공유 경제
   - 예) A 기업: 빈방을 활용한 숙박 공유 서비스
     B 기업: 주차장 공유 서비스를 제공함.

3 다음 정보를 이용하여 ESG 경영을 설명하는 짧은 글을 써 보세요.

- 개념: 기업이 환경 보호와 사회 문제 해결에 대한 책임을 갖고 선한 영향력을 끼치려는 경영의 방향성
- 대표적인 사례:
  - C 기업: 불필요한 소비를 줄이기 위해 오래 입을 수 있는 제품을 만들고자 노력함.
  - D 기업: 친환경 원료를 사용하고 공정 무역의 원칙에 따라 생산함.

쓰기

- 써 보세요

1 다음 중 설명하고 싶은 주제를 선택해 보세요.

- 공정 무역
- 코즈 마케팅
- 윤리 경영
- 착한 소비

2 보기와 같이 개요를 작성해 보세요.

보기

현황 및 배경	• 오랫동안 불우 이웃을 위해 무료로 식사를 나눠 준 것을 알게 된 주민들이 A 식당의 매출을 올려 준 소식이 화제가 됨. • A 식당처럼 착한 이미지를 가진 업체의 매출이 신장하는 현상이 나타나고 있음.
정의	• 코즈 마케팅: 사회적 이슈를 활용해 기업을 홍보하고 이미지를 제고하는 마케팅 전략
사례	• 해외 사례: 미국의 신용 카드 회사인 B 기업. 자유의 여신상을 복원하는 기금을 마련하기 위해 고객이 카드를 사용할 때마다 1센트씩 기부 ➡ 카드 회사의 매출이 상승함, 자유의 여신상도 복원됨. • 국내 사례: C 기업의 교육 사업. '장학 퀴즈'라는 TV 프로그램에서 우승한 학생들에게 장학금 지원 ➡ 기업의 인지도가 높아지고 신뢰도가 향상됨.
마무리	• 코즈 마케팅이 앞으로 더욱 늘어나 사회와 기업이 같이 성장하는 미래를 기대함.

개요 짜기

현황 및 배경	
정의	
사례	
마무리	

3 개요를 바탕으로 설명하는 글을 써 보세요.

보기

현황 및 배경	얼마 전 A 식당의 이야기가 화제가 되었다. A 식당은 오랫동안 불우 이웃을 위해 무료로 식사를 나눠 주고 있었는데, 그걸 알게 된 주민들이 매출을 올려 주겠다며 그 식당으로 몰려간 것이다. 식사를 마친 사람들이 후기를 남기면서 이런 훈훈한 이야기는 더 널리 알려졌다. 이른바 '착한 식당' 이미지를 가지게 된 이 식당에 손님들이 전국에서 몰려와 매상이 몇 배나 뛰었다는 이야기이다. 윤리적 소비를 하고자 하는 사람들이 늘어나면서 위의 사례와 같이 착한 이미지를 가진 업체의 매출이 신장하는 현상이 나타나고 있다.
정의	**코즈 마케팅이란** 사회적 이슈를 활용해 기업을 홍보하고 이미지를 제고하는 마케팅 **전략을 의미한다.** 가장 흔히 생각할 수 있는 것은 소외 계층을 위한 기부이지만, 다양한 분야에서 코즈 마케팅이 활용되고 있다. 교육, 문화, 환경, 건강 등 사회적 공익에 힘을 쏟는 기업이 하는 사업이라면 소비자들은 쉽게 지갑을 열기 때문이다.
사례	**대표적인** 코즈 마케팅 **사례로** 미국의 신용 카드 회사인 B **기업을** 들 수 있다. 이 기업은 미국의 상징인 자유의 여신상을 복원하는 기금을 마련하기 위해 고객이 카드를 사용할 때마다 1센트씩 기부하겠다고 밝혔다. 그러자 사람들이 해당 카드를 많이 사용해서, 카드 회사의 매출이 상승한 것은 물론이거니와 자유의 여신상도 복원될 수 있었다. 즉, 사회적 공익과 기업의 사익이 함께 증가한 것이다.
마무리	코즈 마케팅은 단순히 기업의 이익을 위한 마케팅 차원을 넘어 사회적 책임을 다하고자 하는 의식이 반영되어 있다고 할 수 있다. 이러한 코즈 마케팅이 앞으로 더욱 늘어나 사회와 기업이 같이 성장하는 미래를 기대해 본다.

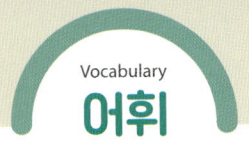

2-1. 물가와 환율

주제 어휘

공급(供給)이 감소(減少)하다
물건이나 돈의 제공이 줄어들다.
배추 공급이 감소함에 따라 배춧값이 상승했다.
supply decreases

공급(供給)이 급감(急減)하다
물건이나 돈의 제공이 빠른 속도로 줄어들다.
서울 아파트의 공급이 급감하면서 집값이 오를 것으로 전망된다.
supply sharply decreases

공급(供給)이 급증(急增)하다
물건이나 돈의 제공이 빠른 속도로 늘어나다.
마스크 공급이 급증하자 마스크 가격이 떨어지기 시작했다.
supply surges

공급(供給)이 증가(增加)하다
물건이나 돈의 제공이 늘어나다.
정부의 주택 확대 정책으로 아파트 공급이 증가했다.
supply increases

기준 환율(基準換率)
자국 통화와 외국 통화 간의 환율을 결정할 때 기준이 되는 환율.
외국 통화를 은행에서 살 때는 기준 환율보다 비싼 가격으로 사게 된다.
standard exchange rate

내림세(내림勢)를 보이다
물가 등이 떨어지는 추세가 나타나다.
환율이 내림세를 보이기 시작하면서 해외여행을 떠나려는 사람들이 많아졌다.
to show a downward trend

달러가 강세(强勢)를 보이다
달러화의 가치가 높아지다.
지금처럼 원화 대비 달러가 강세를 보이면 수입 물가가 오르게 된다.
dollar shows strength

달러가 약세(弱勢)를 보이다
달러화의 가치가 낮아지다.
달러가 약세를 보이는 탓에 한국을 찾는 해외 관광객의 수가 감소했다.
dollar shows weakness

물가(物價)가 상승(上昇)하다
물건이나 서비스의 평균적인 가격이 오르다.
농산물 가격 인상으로 인해 지난해보다 물가가 상승했다.
prices rise

물가(物價)가 안정(安定)되다
물건이나 서비스의 가격이 일정한 수준으로 유지되다.
경기가 회복되면서 물가가 안정되기 시작했다.
prices stabilize

물가(物價)가 폭등(暴騰)하다
물건이나 서비스의 가격이 매우 크게 오르다.
태풍으로 농산물의 공급이 줄어 밥상 물가가 폭등했다.
prices soar

물가(物價)가 폭락(暴落)하다
물건이나 서비스의 가격이 매우 크게 떨어지다.
오랜 경기 침체로 인해 물가가 폭락했다.
prices nosedive

물가(物價)가 하락(下落)하다
물건이나 서비스의 평균적인 가격이 떨어지다.
정부의 노력으로 폭등하던 물가가 조금씩 하락하고 있다.
prices drop

상승세(上昇勢)를 보이다
(어떤 수치가) 위로 올라가는 경향을 나타내다.
요즘 그 가수의 인기는 상승세를 보이고 있다.
to show an upward trend

수요(需要)가 감소(減少)하다
물건이나 서비스를 일정한 가격으로 사려는 욕구가 줄어들다.
가전제품에 대한 수요가 감소함에 따라 가전제품 시장 매출이 줄었다.
demand decreases

수요(需要)가 급감(急減)하다
물건이나 서비스를 일정한 가격으로 사려는 욕구가 갑작스럽게 줄어들다.
팬데믹이 끝나자 마스크 수요가 급감했다.
demand plummets

수요(需要)가 급증(急增)하다
물건이나 서비스를 일정한 가격으로 사려는 욕구가 갑작스럽게 늘어나다.
그 상품은 뛰어난 디자인으로 대학생 사이에서 수요가 급증하고 있다.
demand surges

수요(需要)가 증가(增加)하다
물건이나 서비스를 일정한 가격으로 사려는 욕구가 늘어나다.
5월에 어버이날, 스승의 날과 같은 기념일이 잇따르면서 꽃의 수요가 증가했다.
demand increases

오름세(오름勢)를 보이다
물가 등이 오르는 추세가 나타나다.
물가가 오름세를 보이면서 서민들이 고통을 받고 있다.
to show an upward trend

외환 시장(外換市場)
외국과 거래할 때 통화의 교환이 이루어지는 시장.
무역 적자가 커지면 환율은 치솟고 외환 시장은 불안해진다.
foreign exchange market

원화(원貨) 가치(價値)가 상승(上昇)하다
한국 통화인 원화의 대외 가치가 외국 통화에 비해 상대적으로 올라가다.
원화 가치가 상승하면 한국에서 유학하는 외국인 학생들에게 불리해진다.
value of the won rises

원화(원貨) 가치(價値)가 하락(下落)하다
한국 통화인 원화의 대외 가치가 외국 통화에 비해 상대적으로 낮아지다.
지난해에는 1달러가 1,000원이었는데 올해 원화 가치가 하락하면서 1달러에 1,100원이 되었다.
value of the won drops

하락세(下落勢)를 보이다
(어떤 수치가) 아래로 떨어지는 경향을 나타내다.
경제가 안 좋아서 물가가 하락세를 보이고 있다.
to show a downward trend

현지(現地) 통화(通貨)
그 지역에서 사용하는 화폐.
해외 직구 사이트에서 물건을 구매했을 경우 원화 결제인지 현지 통화 결제인지 잘 확인해야 한다.
local currency

환율(換率) 변동(變動)
한 나라의 통화와 다른 나라의 통화의 교환 비율이 달라지는 현상.
갑작스러운 환율 변동은 국제 경제에 큰 영향을 미친다.
exchange rate fluctuation

환율(換率)이 급등(急騰)하다
한 나라의 통화와 다른 나라의 통화의 교환 비율이 빠른 속도로 올라가다.
최근 환율이 급등하면서 해외로 여행을 가는 사람이 감소하게 되었다.
exchange rate leaps

환율(換率)이 급락(急落)하다
한 나라의 통화와 다른 나라의 통화의 교환 비율이 빠른 속도로 내려가다.
환율이 급락하면 해외여행 가는 사람이 늘어난다.
exchange rate plunges

환율(換率)이 상승(上昇)하다
한 나라의 통화와 다른 나라의 통화의 교환 비율이 올라가다.
환율이 상승하는 시기에는 미리 외화를 사 두는 것이 좋다.
exchange rate rises

환율(換率)이 하락(下落)하다
한 나라의 통화와 다른 나라의 통화의 교환 비율이 내려가다.
환율이 하락하면 수출을 주로 하는 회사는 수입이 감소하게 된다.
exchange rate falls

환전(換錢)하다
동 한 나라의 화폐를 다른 나라의 화폐와 맞바꾸다.
하늘이는 해외 출장을 마친 후 남은 돈을 다시 원화로 환전했다.
to exchange money

듣기

들어 보세요 ❶

근심
명 좋지 않은 일이 생길지도 모른다는 두렵고 불안한 마음.
나는 근심이 많아 밤을 새우는 날이 많다.
concern

냉해(冷害)
명 여름철에 날씨가 비정상적으로 서늘하거나 햇빛이 부족하면 생기는 농작물의 피해.
갑자기 날씨가 추워져 농작물이 냉해를 입었다.
cold-weather damage

농민(農民)
명 농사짓는 일을 생업으로 하는 사람.
요즘은 농민의 수가 줄어들고 있어 농촌의 일손 부족이 심각하다.
grower

농축수산물(農畜水産物)
명 농산물, 축산물, 수산물을 모두 합해서 부르는 말.
경기 불황으로 인해 농축수산물의 가격이 폭등했다.
agricultural, livestock, and fisheries

밥상(밥床) 물가(物價) [물까]
집에서 음식을 차리는 데 필요한 물건들의 물가.
최근 채소 가격이 상승하면서 밥상 물가가 폭등했다.
food price

수급(需給)을 조정(調整)하다
수요와 공급을 적절히 조절하다.
최근 쌀값이 폭등하자 정부에서 쌀 수급을 조정하고 있다.
to adjust supply and demand

시름이 깊다
근심과 걱정이 많다.
물가가 상승하면서 부모님의 시름이 깊어졌다.
to be deeply worried

외식업(外食業)
명 식당에서 음식을 직접 팔거나 가정으로 배달하는 영업.
현재 한국 외식업의 트렌드는 '매운맛'이다.
foodservice industry

종사자(從事者)
명 일정한 직업이나 분야에서 일하는 사람.
농축수산업 종사자에게 날씨는 매우 중요한 요소이다.
worker

주머니가 얇아지다
(비유적으로) 사용 가능한 돈이 적어지다.
물가는 상승하는데 월급은 오르지 않아 주머니가 얇아지고 있다.
wallet be thinning

지적(指摘)이 잇따르다
어떤 문제점에 대한 비판이 이어지다.
물가 안정 정책이 오히려 물가를 상승시킨다는 전문가들의 지적이 잇따르고 있다.
to be criticized one after another

초과(超過)
명 일정한 수나 정도를 넘음.
우리 회사는 초과 노동에 대해 수당을 지급하고 있다.
excess

품목(品目)
명 물품 종류의 이름.
내가 자주 가는 마트는 품목이 다양한 것이 장점이다.
item

풍년(豊年)
명 농사가 잘되어 다른 때보다 수확이 많은 해.
풍년이 들었다고 해서 모든 농민이 기뻐하는 것은 아니다.
good harvest year

들어 보세요 ❷

가령(假令)
부 가정하여 말해서.
가령 100세까지 산다고 하면 은퇴 후에도 40년 정도 사용할 생활비가 필요하다.
supposedly

불리(不利)하다
형 조건 등에 이익이 없다.
우리 팀은 불리한 조건에서도 승리했다.
to be disadvantageous

외화(外貨)
명 외국의 돈.
1960년대에는 간호사들이 해외에 나가 외화를 벌어 가족에게 송금했다.
foreign currency

울상(울相) 짓다
울려고 하는 표정을 짓다.
부모님 집에 가자고 하자 아이는 울상 지었다.
to make a long face

재화(財貨)
명 사람이 바라는 바를 충족시켜 주는 모든 물건.
부동산도 일종의 재화이므로 수요와 공급의 원칙에 따라 시장에서 가격이 형성된다.
commodity

해외(海外) 직구(直購)
국내 소비자가 인터넷 쇼핑몰 등을 통해 외국의 상품을 직접 구매하는 소비 유형.
해외 직구를 잘 이용하면 저렴한 가격에 물품을 구매할 수 있다.
overseas direct purchase

말하기

공사(公社)
명 국가사업을 수행하기 위하여 설립된 공공 기관의 한 형태.
'서울교통공사'는 서울 지하철의 대다수 노선을 운영하는 공기업이다.
public company

인과 관계(因果關係)
어떤 행동과 그 후에 발생한 사실 사이에 원인과 결과가 있는 일.
전문가들은 환경 오염과 기후 변화 사이에 인과 관계가 있다고 본다.
causation

자영업자(自營業者)
명 자신이 직접 사업을 경영하는 사람.
경제가 안 좋으면 자영업자들이 가장 큰 피해를 받는다.
sole proprietor

2-2. 윤리 경영

주제 어휘

개발 도상국(開發途上國)
선진국에 비해 경제 발전이 뒤떨어진 나라.
나는 개발 도상국의 경제 및 사회 발전을 돕는 단체에 가입했다.
developing country

공정 거래(公正去來)
어느 한쪽으로 이익이나 손해가 치우치지 않고 올바르게 하는 거래.
시장 경제에서 독점을 억제하는 것은 공정 거래를 위한 방법 중 하나다.
fair trade

공정(公正) 무역(貿易)
개발 도상국과 저개발국 생산자의 경제 자립과 지속 가능한 발전을 위해 생산자에게 합리적인 조건으로 이루어지는 무역 형태.
공정 무역은 개발 도상국과 저개발국의 경제 자립에 도움이 된다.
fair trade

기업(企業)을 홍보(弘報)하다
회사의 제품이나 이름을 널리 알리다.
코즈 마케팅은 기업을 홍보하고 이미지를 제고하는 마케팅 전략 중 하나이다.
to promote a company

노동력(勞動力)을 착취(搾取)하다
정당한 임금을 지급하지 않고 다른 사람의 노동의 성과를 이용하다.
한 공장에서 10년 가까이 지적 장애인의 노동력을 착취했다는 주장이 제기됐다.
to exploit labor

매출(賣出)이 신장(伸張)하다
물건이 많이 팔리다.
편의점 도시락 매출이 48.4% 신장했다.
sales increase

사회적(社會的) 책임(責任)을 다하다
사회에 관계된 의무를 수행하다.
이익을 지역 사회에 환원하고 친환경 재료를 사용하는 등 사회적 책임을 다하는 기업이 늘고 있다.
to fulfill social responsibilities

상생(相生)하다
동 둘 이상의 사람이나 세력이 같이 잘 살아가다.
정부는 중소기업과 대기업이 상생할 수 있는 정책을 논의하고 있다.
to coexist

선진국(先進國)
명 다른 나라보다 정치, 경제, 문화 등의 발달이 앞선 나라.
환경 오염 문제를 해결하기 위해 개최된 국제회의에는 여러 선진국의 대표가 참석했다.
developed country

소비(消費)를 유도(誘導)하다
구매하도록 만들다.
점원은 손님에게 이것저것 권하면서 더 많은 화장품을 사도록 소비를 유도했다.
to induce consumption

시장(市場)을 개척(開拓)하다
판매를 위한 새로운 영역이나 길을 찾아서 열고 나가다.
우리 회사는 한때 매출이 줄어 위기를 맞았으나 해외 시장을 개척하여 수출을 늘리면서 더욱 발전했다.
to pioneer new markets

신뢰도(信賴度)가 향상(向上)되다
믿을 수 있는 정도가 높아지다.
불안한 경제 상황에도 A 기업의 신뢰도가 꾸준히 향상되었다.
reliability be improved

안전(安全)한 먹거리를 제공(提供)하다
인체에 해로운 성분이 함유되지 않은 음식을 공급하다.
안전한 먹거리를 제공하기 위해 농산물에 남아 있는 농약 검사 항목을 추가하기로 했다.
to provide safe food

윤리적(倫理的) 소비(消費)
환경과 사회에 미치는 영향을 고려해 상품이나 서비스를 구매하는 현상.
윤리적 소비에는 공정 무역 외에도 녹색 소비, 로컬 소비 등이 있다.
ethical consumption

이윤(利潤)을 남기다
경제적으로 이익을 남기다.
물건을 너무 싸게 팔면 이윤을 남기기 어렵다.
to make a profit

인권(人權)을 존중(尊重)하다
인간으로서 당연히 가지는 기본적인 권리를 귀중하게 여기다.
노동력을 착취하는 것은 인권을 존중하지 않는 것이다.
to respect human rights

저개발국(低開發國)
명 산업, 경제, 문화 등의 발전 수준이 뒤떨어진 나라.
전쟁과 기아로 고통받고 있는 저개발국 아이들을 돕기 위해 모금을 하고 있다.
underdeveloped country

정당(正當)한 대가(代價)를 지불(支拂)하다 [대까]
어떤 일이나 물건에 맞는 값을 치르다.
불법 소프트웨어를 내려받지 말고 정당한 대가를 지불하고 구매해야 한다.
to pay a fair price

착한 소비(消費)
환경과 사회에 미치는 영향을 고려해 상품이나 서비스를 구매하는 현상. '윤리적 소비'와 유사한 의미이다.
환경, 이웃, 세계, 지역, 건강 등 다양한 사회적 가치를 고려하여 상품을 소비하는 착한 소비가 늘고 있다.
conscious consumption

친환경(親環境) 원료(原料)를 사용(使用)하다
자연환경을 훼손하지 않고 그대로의 상태와 잘 어울리는 재료를 이용하다.
미래를 위해 친환경 원료를 사용하는 기업이 늘고 있다.
to use eco-friendly materials

협력(協力)하다
동 힘을 합해 서로 돕다.
우리 마을 사람들은 서로 협력하여 농사일을 해냈다.
to cooperate

환경(環境)을 파괴(破壞)하다
환경 오염 등으로 자연 생태의 질서를 무너뜨리다.
도시 개발을 이유로 환경을 파괴해서 생태계에 악영향을 끼쳤다.
to destroy the environment

읽기

읽어 보세요 ❶

가공(加工)
몡 재료를 인공적으로 처리하여 새로운 제품을 만들거나 제품의 질을 높임.
가정 간편식 시장이 커지면서 쌀 가공 산업이 더욱 발달하고 있다.
processing

건과일(乾과일)
몡 햇볕 등에 말린 과일.
건과일에는 건포도, 곶감 등이 있다.
dried fruit

독성(毒性)
몡 독이 있는 성분.
이 약은 독성이 있으므로 주의해야 한다.
toxicity

동반(同伴)
몡 어떤 사물이나 현상이 함께 생김.
여름에는 기온과 습도가 동반 상승을 한다.
companion

방과(放課) 후(後)
학교에서 그날의 정해진 수업이나 과제를 끝낸 뒤의 시간.
한국의 고등학생들은 방과 후에도 쉬지 않고 공부한다.
after school

보전(保全)하다
동 온전히 보호하여 유지하다.
정부는 숲을 보전하기 위해 보호 구역으로 지정하여 관리하고 있다.
to preserve

불공정(不公正)하다
형 공평하지 않고 정당하지 않다.
정부는 불공정한 거래를 막기 위해 철저히 감독하고 있다.
unfair

빈곤(貧困)
몡 가난하여 살기가 어려움.
많은 사람이 경제적 빈곤에서 벗어나려고 노력하고 있다.
poverty

뿌리내리다
동 어떤 사물이나 현상의 바탕이 이루어지다.
새로운 제도가 뿌리내리는 데는 오랜 시간이 걸린다.
to take root

선두(先頭) 주자(走者)
어떤 분야에서 가장 앞서가는 사람이나 단체.
그 기업은 컴퓨터 기술의 선두 주자로 인정받고 있다.
forerunner

수공예품(手工藝品)
몡 기계 등을 사용하지 않고 손으로 직접 만든 물품.
인사동에는 전통 수공예품을 파는 가게들이 많다.
handicraft

신소재(新素材)
몡 기존의 재료에는 없는 뛰어난 특성을 지닌 소재들을 묶어서 부르는 말.
이 기업은 재활용이 가능한 신소재를 개발하고 있다.
new material

양적(量的)   [양쩍]
관 몡 세거나 측정할 수 있는 수량과 관련된 (것).
우리 회사는 지난 10년간 양적으로 성장해서, 판매량이 10년 전의 5배로 증가했다.
quantitative

원두(原豆)
몡 가공하기 전의 커피 열매.
이 카페는 공정 무역으로 수입한 원두를 사용해서 커피를 만든다.
coffee bean

원조(援助)
몡 물품이나 돈 등으로 도와줌.
예전에 한국은 원조를 받던 나라였으나, 지금은 원조를 하는 나라가 되었다.
aid

유기농(有機農)
몡 농약 등을 쓰지 않고 농산물을 생산하는 농업 방식.
요즘은 유기농 채소를 사용하는 식당들이 늘고 있다.
organic

유기(有機) 재배(栽培)
농약 등을 쓰지 않고 농산물을 재배하는 방식.
안전 농산물에 대한 소비자의 관심이 높아지면서 유기 재배가 확산되고 있다.
organic cultivation

유통(流通)
명 상품 등이 생산자에서 소비자에 도달하기까지 여러 단계에서 교환되는 활동.
상품의 유통 단계를 줄이면 소비자들에게 더 저렴한 가격으로 판매가 가능하다.
distribution

일컫다
동 가리켜 말하다.
사람을 흔히 생각하는 동물이라고 일컫는다.
to refer to

임금(賃金)
명 근로자가 노동의 대가로 받는 급여 등을 가리키는 말.
이번에 우리 회사에서 임금을 인상하겠다고 발표해서 직원들 모두 환영하고 있다.
wage

전면적(全面的)
관 명 일정한 범위 전체에 걸치는 (것).
이 문제를 해결하기 위해서는 전면적인 제도의 개선이 필요하다.
overall

제조(製造)하다
동 원료를 가공하여 물건을 만들다.
A 기업은 최근 자동차를 직접 제조하기로 했다.
to manufacture

준수(遵守)하다
동 규칙, 명령 등을 그대로 좇아서 지키다.
국민은 법을 준수해야 한다.
to obey

질적(質的) [질쩍]
관 명 사물의 특징, 가치 등과 관련된 (것).
우리 회사가 성공하기 위해서는 양적으로 성장해야 할 뿐만 아니라 질적 수준도 높여야 한다.
qualitative

찍히다
동 바닥에 대고 눌러서 자국이 생기다.
그 계약서에 찍힌 도장은 내 것이다.
to be stamped

폐기물(廢棄物)
명 못 쓰게 되어 버리는 물건.
환경을 위해서는 폐기물을 재활용하는 것이 매우 중요하다.
waste

풍요(豊饒)
명 재산 등이 많아서 넉넉함.
물질적인 풍요 못지않게 정신적인 풍요가 더 중요한 시대가 되었다.
abundance

혼합(混合)하다
동 섞어서 한곳에 합하다.
밀가루에 달걀과 우유를 혼합하여 반죽을 만들었다.
to mix

읽어 보세요 2

공익(公益)
명 사회 전체의 이익.
개인의 권리와 공익이 엇갈릴 때, 어느 쪽을 선택해야 하는지는 어려운 문제이다.
public interest

내걸다
동 특정 활동의 목표, 주제, 조건 등을 제시하다.
이 단체는 '환경 보호'를 내걸고 활동하고 있다.
to put up

매상(賣上)이 뛰다
상품을 판 금액이 급증하다.
우리 가게는 이번 달 매상이 지난달에 비해 2배 뛰었다.
sales jump

불우(不遇) 이웃
형편이 어려운 이웃.
불우 이웃을 돕기 위해 기금을 마련하고 있다.
less fortunate

사익(私益)
명 개인의 이익.
그는 사익을 위해 회사의 예산을 사용했다.
private interest

소외(疏外) 계층(階層)
사회의 여러 복지 정책이나 시설의 혜택을 받지 못하여 도움이 필요한 환경에 놓인 사람들을 일컫는 말.
정부는 소외 계층을 지원하기 위한 새로운 정책을 도입하고자 한다.
underprivileged

이른바
부 세상에서 말하는 바.
요즘 젊은 사람들, 이른바 MZ 세대는 위 세대와는 다른 가치관을 가지고 있다.
so-called

인지도(認知度)
명 어떤 사람이나 물건을 알아보는 정도.
인지도가 낮은 연예인들을 중심으로 만든 새 예능 프로그램이 주목받고 있다.
awareness

장학(獎學)
명 공부를 장려함.
이번에 모은 돈은 장학 사업을 위한 기금으로 사용할 예정이다.
promotion of learning

전적(全的)
관명 하나도 빠짐없이 모두 다인 (것).
이번 실패의 책임은 전적으로 민수 씨에게 있다.
completely

제고(提高)하다
동 정도를 높이다.
A 기업은 경쟁력을 제고하기 위해 새로운 기술을 개발하고 있다.
to enhance

지갑(紙匣)을 열다
어떤 일에 돈을 쓰다.
기업들은 소비자들이 지갑을 열게 하기 위하여 여러 마케팅 전략을 사용하고 있다.
to open wallets

천연(天然)
명 인공적인 요소를 더하지 않은 상태.
환경을 보호하기 위해 천연 세제를 사용하는 사람들이 늘고 있다.
natural

최저가(最低價) [최저까]
명 가장 싼 값.
많은 휴대폰 판매점이 '우리 가게가 최저가'라며 광고하고 있다.
lowest price

훈훈(薰薰)하다
형 마음을 따듯하게 해 주는 느낌이 있다.
그의 선행은 주위 사람들의 마음을 훈훈하게 만들었다.
to be heartwarming

쓰기

방향성(方向性)
명 방향이 나타내는 특성. 또는 방향에 따라 제약되는 특성.
이번 계획은 방향성이 분명하지 않으므로 수정이 필요하다.
direction

선(善)하다
형 착하고 도덕적 기준에 맞는 데가 있다.
선한 사람은 어느 곳에 가더라도 환영받는다.
to be nice

오락(娛樂)
명 쉬는 시간에 여러 가지 방법으로 기분을 즐겁게 하는 일.
그 방송사는 오락 프로그램에 집중하고 있다.
entertainment

현황(現況)
명 현재의 상황.
이번 수업의 과제는 전국 도서관의 운영 현황을 조사하는 것이다.
status

3

한국의 언어

3-1 한국어의 이해
3-2 한국의 문자

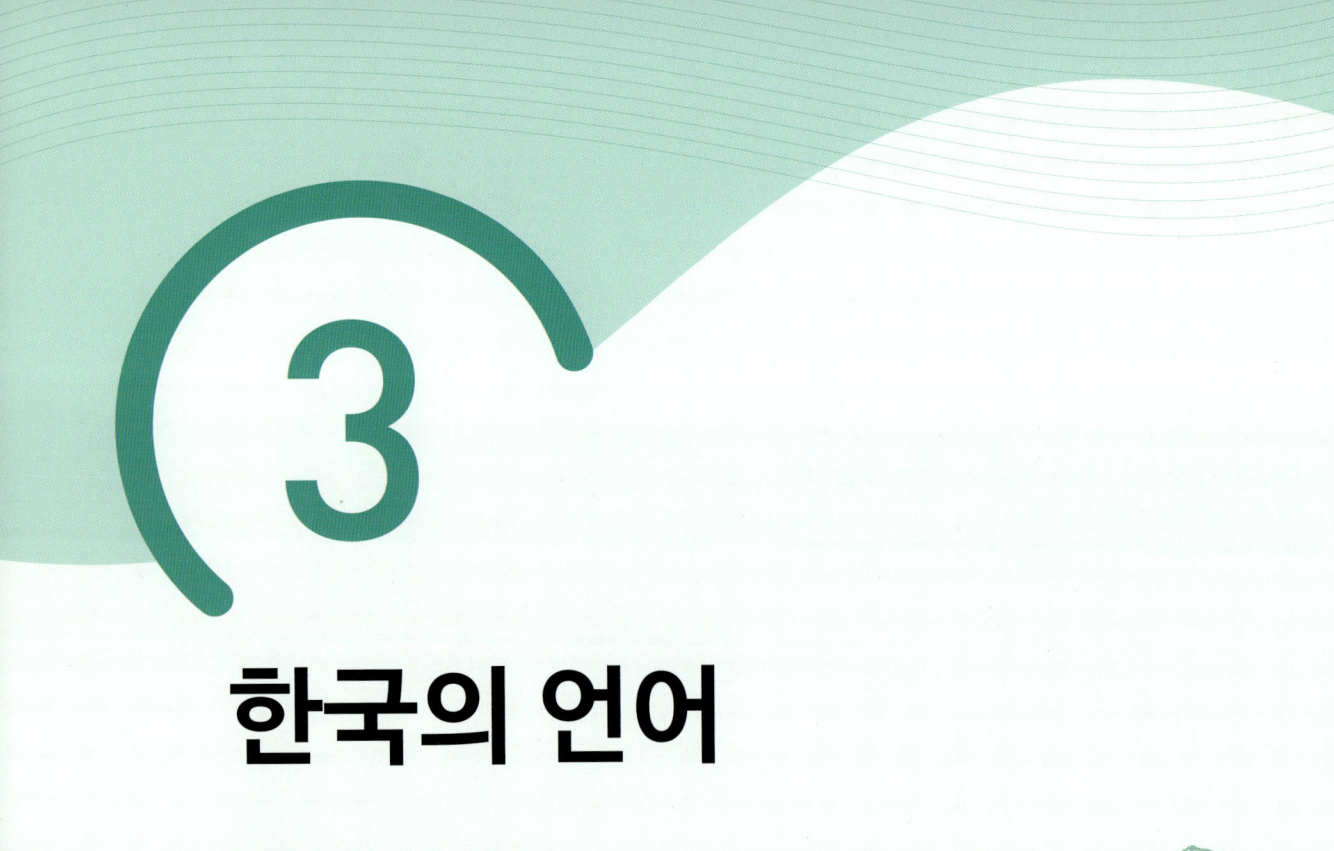

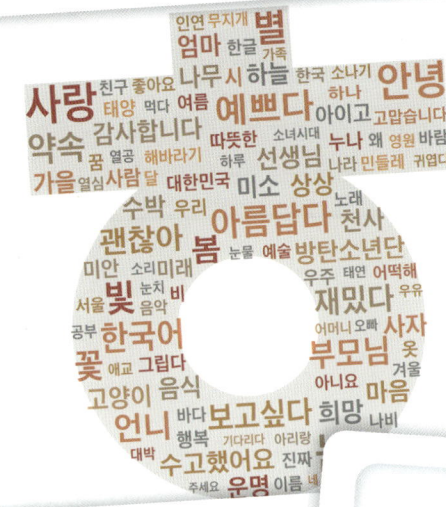

3-1	**한국어의 이해**	3-2	**한국의 문자**
듣기 1	한국어에 대한 생각을 나누는 대화를 듣고 내용 파악하기	읽기	한글의 과학성에 대한 글을 읽고 내용 파악하기
듣기 2	한국어의 특징에 대한 강의를 듣고 내용 파악하기	쓰기	요약하는 글 쓰기
말하기	모국어의 특징 설명하기		

3-1 한국어의 이해

1. 여러분은 한국어의 어떤 점이 흥미롭다고 생각합니까? 또 어떤 점이 어렵습니까?

2. 외국인이 여러분 나라의 말을 배울 때 어떤 점을 어려워합니까?

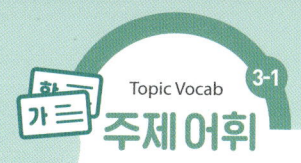

1 다음은 문법 용어입니다. 알맞은 예를 찾아 연결해 보세요.

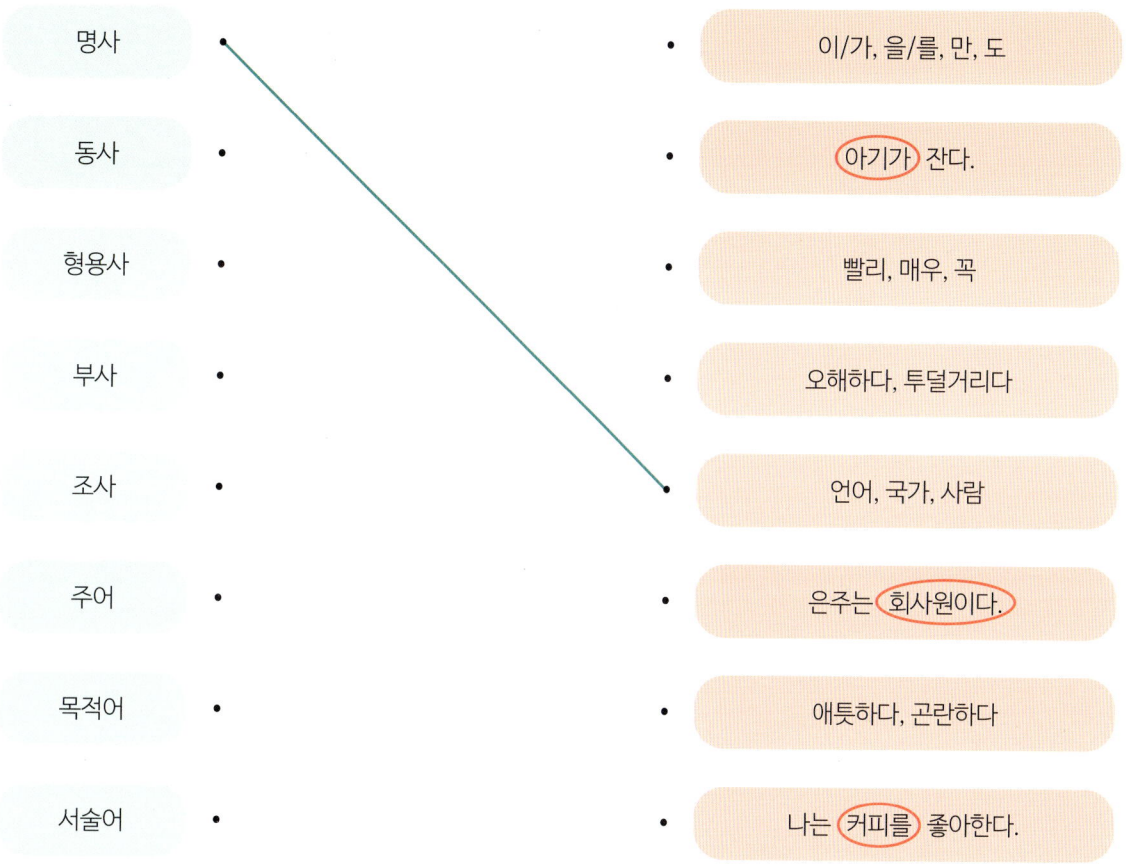

2 다음은 한국어의 특징과 관련된 표현입니다. 여러분이 생각하는 한국어의 특징에 대해 이야기해 보세요.

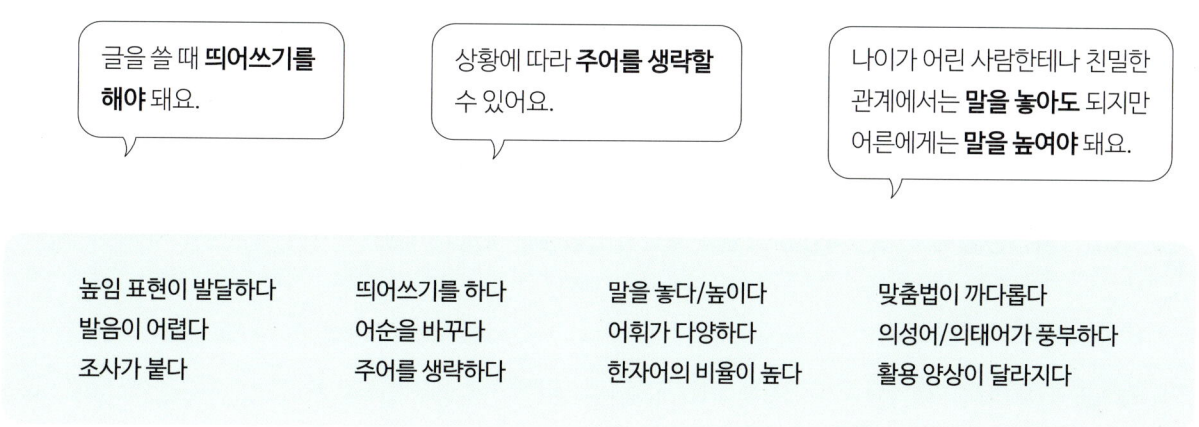

Listening 듣기 3-1

🎧 들어 보세요 1

준비

1. 남자는 여자의 말을 어떻게 이해했습니까? 왜 그렇게 생각했을까요?

2. 여러분도 다른 사람의 말을 잘못 이해한 적이 있습니까?

듣기 다음은 한국어에 대한 생각을 나누는 대화입니다. 잘 듣고 질문에 답해 보세요.

중심 내용 파악하기

1. 여자와 남자가 생각하는 한국어의 가장 어려운 점과 그 이유를 정리해 보세요.

	가장 어려운 점	이유
여자	높임말	상대방이나 상황에 따라 높임 표현이 달라지기 때문
남자		

세부 내용 파악하기

2. 남자의 부장님은 무슨 말을 듣고 표정이 굳어졌습니까? 그 이유는 무엇입니까?

3. '치킨은 살쪄', '나는 비빔밥'과 같은 표현의 공통점은 무엇입니까?

문법과 표현

통 -기 일쑤(이)다 ☞ 8쪽
우리 나라 말에는 복잡한 높임 표현 체계가 없어서 한국어 높임말은 지금도 헷갈리기 일쑤이다.

🎧 들어 보세요 2

준비

1. 한국어에서는 어떤 방법으로 상대방을 높입니까?

듣기 다음은 한국어의 특징에 대한 강의의 일부입니다. 잘 듣고 질문에 답해 보세요.

중심 내용 파악하기

1. 무엇에 대해 이야기하고 있습니까?

세부 내용 파악하기

2. 한국어의 특징은 무엇입니까? 다음과 같이 정리해 보세요.

   1) 높임 표현이 발달했다 .
   2) _____ .
   3) _____ .

3 들은 내용과 일치하면 O, 일치하지 않으면 X 하세요.

1) 주어 뒤에 '께'를 넣으면 문장의 주체를 높일 수 있다. ( )
2) '여쭙다, 모시다'와 같은 어휘를 사용해서 대상을 높일 수 있다. ( )
3) 한국어는 상대방을 높이거나 자신을 낮추는 표현이 체계적으로 발달했다. ( )

4 한국어에 색깔이나 느낌을 나타내는 어휘가 발달한 이유는 무엇입니까?

<u>전략 익히기</u>

5 강연자는 한국어의 특징을 설명하기 위해 어떤 전략을 사용하고 있습니까?

① 각 특징의 예를 들고 있다.
② 용어의 뜻을 정의하고 있다.
③ 전문가의 말을 인용하고 있다.
④ 설문 조사 결과를 분석하고 있다.

이야기해 보세요

1 한국어 표현 중에 여러분 모국어로 직역했을 때 이상하거나 이해가 안 되는 표현이 있습니까?

택배 왔어요!

문법과 표현

동 -는다든지 동 -는다든지 하다, 형 -다든지 형 -다든지 하다 ☞ 8쪽
주어와 서술어 같은 문장 성분이 있다든지 자음과 모음이 있다든지 하는 것은 모든 언어가 공통적으로 가진 일반적 특성이다.

말하기 Speaking 3-1

🎙 모국어의 특징을 설명해 보세요.

▬ 준비해 보세요

1 다음 언어의 특징은 무엇입니까?

한국어　중국어　영어　일본어　베트남어　아랍어　?

영어는 주어-서술어-목적어 어순을 따릅니다. 프랑스어와 달리 명사의 성별에 따라 관사가 달라지지 않습니다.

중국어에는 성조가 있습니다. 일반적으로 주어-서술어-목적어 어순을 따릅니다.

2 한국어와 여러분 모국어에서 표현 방식이 다른 말이 있으면 소개해 보세요.

만나기로 한 친구가 언제 도착하느냐고 물어볼 때 영어에서는 듣는 사람을 기준으로 "I'm coming."이라고 해요. 하지만 한국어에서는 말하는 사람을 기준으로 "가고 있어."라고 해요.

- 표현을 연습해 보세요

1 다음은 특징을 설명할 때 사용하는 표현입니다. 다음 표현을 사용하여 연습해 보세요.

특징 설명하기

> 대상의 특별한 점에 대해 이야기합니다.

- …의 특징으로 …다는 점을 들 수 있습니다
- …의 특징은 …다는 점입니다
- …은 …다든지 …다든지 하는 특징이 있습니다

- 먼저 **한국어의 특징으로** 높임 표현이 **발달했다는 점을 들 수 있습니다**.
- **한국어의 특징은** 필수 성분을 생략할 수 **있다는 점입니다**.
- **한국어는** 필수 성분을 생략할 수 **있다든지** 비교적 어순을 자유롭게 바꿀 수 **있다든지 하는 특징이 있습니다**.

한국어

1)
- 감정을 표현하는 어휘가 발달했음.

2)
- 상황에 대한 의존도가 높음.

3)
- 색채어가 발달했음, 의성어와 의태어가 풍부함.

2 다음은 예시를 나타낼 때 사용하는 표현입니다. 다음 표현을 사용하여 연습해 보세요.

예시하기

> 구체적인 예를 듭니다.

- …이라는[등의] 예에서와 같이
- 예를 들어(서) [예컨대]
- …의 예로[또 다른 예로] …을 들 수 있습니다

- "민수가 선생님께 책을 드렸다."**라는 예에서와 같이** 대상을 높이는 방법이 있습니다.
- **예컨대** "그 영화 봤어?", "사랑해요."처럼 주어나 목적어를 생략하는 경우가 빈번합니다.
- 필수 성분을 생략한 **문장의 예로** "그 영화 봤어?", "사랑해요." **등을 들 수 있습니다**.

1)
- 감정을 나타내는 어휘가 세분되어 있음.
- ㉠ 안타깝다, 안쓰럽다, 딱하다, 가엾다, 측은하다

2)
- 오랜만에 만난 친구가 밥 한번 먹자고 했을 때 진짜 밥을 먹자는 것인지 인사로 하는 말인지 상황에 따라 달라질 수 있음.

3)
- 의성어
- ㉠ 꼬르륵, 후루룩, 콜록콜록

3 한국 음식의 특징을 예를 들어 설명해 보세요.

특징 및 예시

1. 곡물로 만든 음식과 음료가 많음. ⓔ 밥, 국수, 떡, 막걸리, 식혜
2. 자연 발효법으로 만들어진 식품이 많음. ⓔ 김치, 젓갈, 간장, 된장

이야기해 보세요

1 여러분 모국어의 특징은 무엇입니까? 보기와 같이 이야기할 내용을 메모해 보세요.

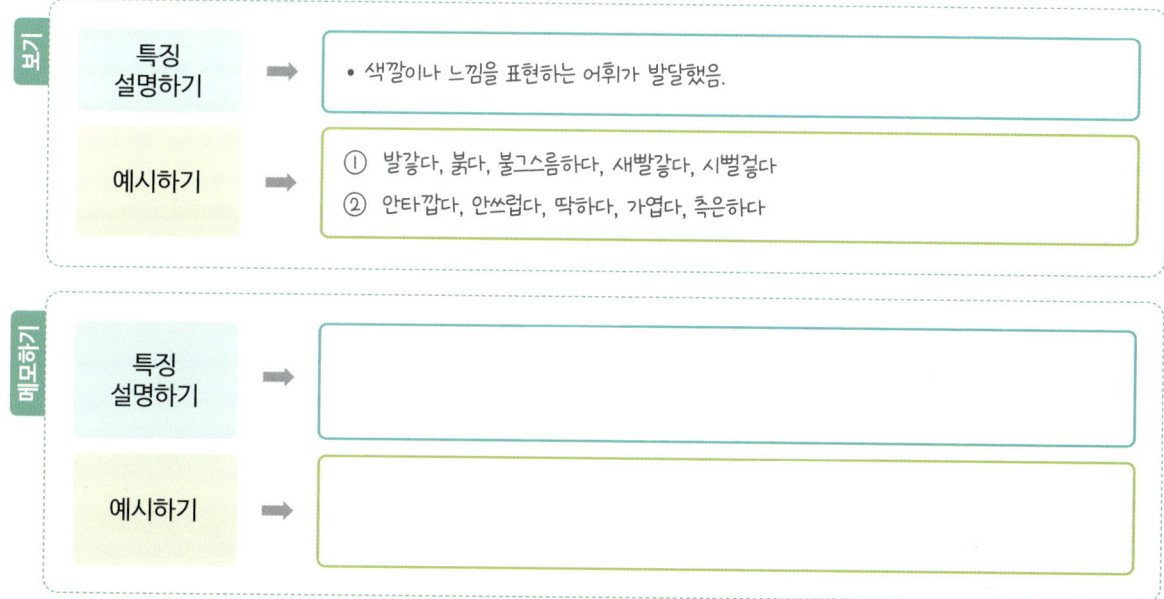

보기

| 특징 설명하기 | • 색깔이나 느낌을 표현하는 어휘가 발달했음. |
| 예시하기 | ① 발갛다, 붉다, 불그스름하다, 새빨갛다, 시뻘겋다 ② 안타깝다, 안쓰럽다, 딱하다, 가엾다, 측은하다 |

메모하기

| 특징 설명하기 | |
| 예시하기 | |

2 메모한 내용을 바탕으로 모국어의 특징을 설명해 보세요.

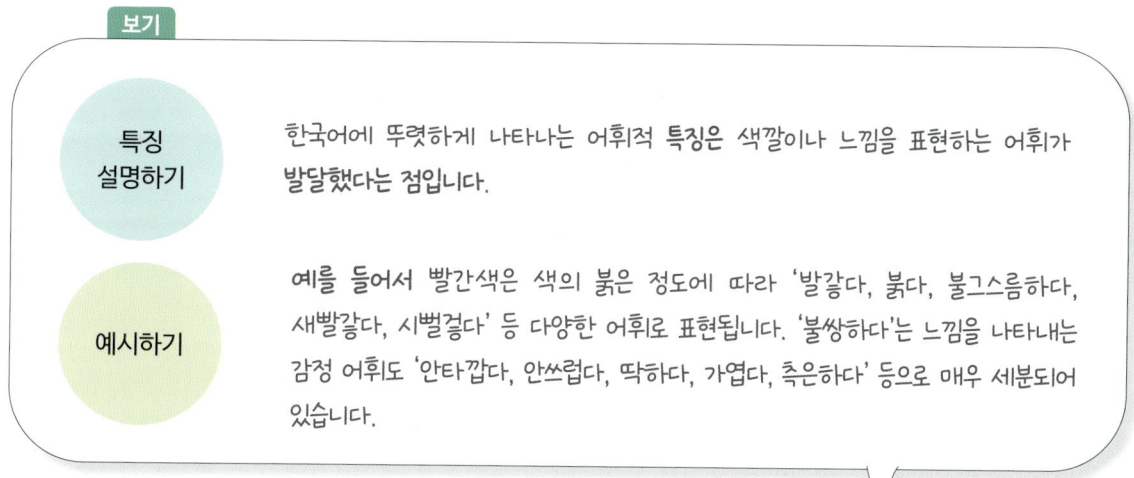

보기

특징 설명하기: 한국어에 뚜렷하게 나타나는 어휘적 특징은 색깔이나 느낌을 표현하는 어휘가 발달했다는 점입니다.

예시하기: 예를 들어서 빨간색은 색의 붉은 정도에 따라 '발갛다, 붉다, 불그스름하다, 새빨갛다, 시뻘겋다' 등 다양한 어휘로 표현됩니다. '불쌍하다'는 느낌을 나타내는 감정 어휘도 '안타깝다, 안쓰럽다, 딱하다, 가엾다, 측은하다' 등으로 매우 세분되어 있습니다.

한국의 문자

Chữ Quốc Ngữ 汉字/漢字
한글 Latin script
Кириллица อักษรไทย
Ελληνικό αλφάβητο
الأَبْجَدِيَّة العَرَبِيَّة   देवनागरी
ひらがな/カタカナ

1 여러분이 아는 문자는 무엇입니까? 어떻게 쓰고 읽습니까?

○× 퀴즈 도전하기

1) '한글'이라는 이름은 세종대왕이 만들었다. ○ ×
2) 한글 창제의 원리는 아직도 밝혀지지 않고 있다. ○ ×
3) 한글은 창제되자마자 국가의 공식 문자가 되었다. ○ ×
4) 세종대왕이 만든 글자 중 현재는 쓰이지 않는 글자가 있다. ○ ×
5) 한글이 만들어지기 전에는 한국어를 문자로 기록할 방법이 없었다. ○ ×

2 한글에 대한 ○× 퀴즈를 풀어 보세요.

Topic Vocab 3-2

주제 어휘

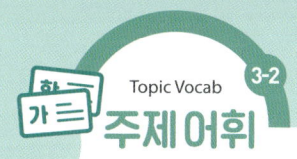

1 다음은 문자의 유형과 관련된 표현입니다. 관계있는 것끼리 연결해 보세요.

기호 •	• 한글은 창제 이후에도 공식 문서에서는 쓰이지 못했고 1894년이 되어서야 비로소 공식적으로 사용하게 되었다.
모음 •	• 발음할 때 공기가 목, 입, 코를 거쳐 나오면서 막히는 곳이 없는 소리로, 'ㅏ, ㅓ, ㅗ, ㅜ' 등이 있다.
자음 •	• 각 글자가 일정한 의미를 나타내는 문자로, 대표적으로 한자가 있다.
공식 문자 •	• 뜻을 나타내기 위해 쓰이는 것으로 문자도 넓은 의미에서 여기에 해당한다.
상형 문자 •	• 각 글자가 뜻이 없고 소리만 나타내는 문자로, 대표적으로 로마자가 있다.
표음 문자 •	• 사물의 모양을 본떠 만든 글자로, 고대 이집트 문자가 대표적이다.
표의 문자 •	• 발음할 때 공기가 목, 입, 코를 거쳐 나오면서 막히는 곳이 있는 소리로, 'ㄱ, ㄲ, ㄴ, ㄷ' 등이 있다.

2 다음은 한글의 창제 원리와 특성에 관련된 표현입니다. 빈칸에 알맞은 표현을 찾아 써 보세요.

세종대왕은 글을 읽고 쓰지 못하는 백성들을 불쌍하게 여겨 1443년에 새로운 문자인 1) _____.

한글은 각 글자의 모양이 소리와 관련되어 있다. 그래서 음성적으로 같은 계열에 속하는 글자들은 그 글자 모양에서 공통점을 띤다. 이렇게 한글은 **체계성**과 3) _____ 을 가진 문자이다. 예를 들어 입술소리인 ㅁ, ㅂ, ㅍ, ㅃ은 모양이 모두 비슷하다.

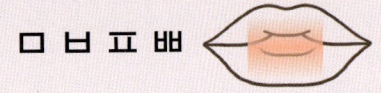

한글의 모음은 하늘, 땅, 사람의 2) _____ 만들었다.

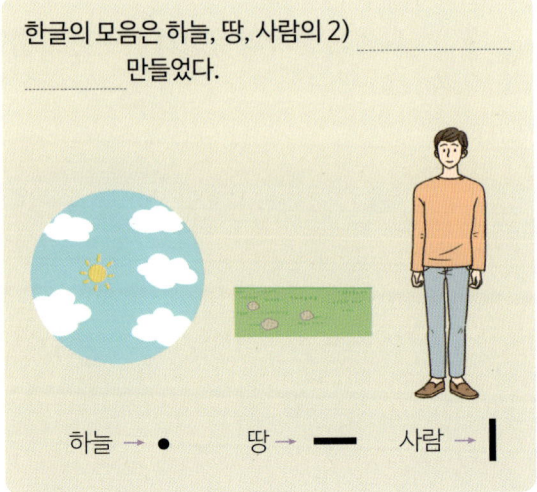

한글의 자음자는 기본자에 소리가 세어지는 정도에 따라 4) _____ 만들었다.

ㄱ → ㅋ, ㄷ → ㅌ, ㅈ → ㅊ

영어는 'apple'과 같이 한 글자씩 풀어쓰지만 한글은 자음자와 모음자를 가로세로로 묶어서 쓰는 5) _____ 방식을 사용한다.

사 과

한글은 옆의 그림과 같이 12개의 자모만으로 모든 글자의 입력이 가능한 휴대폰 글자판을 만들 수 있다. 이처럼 한글은 자판에 6) _____ 쉬워서 디지털 매체에 적합한 문자이다.

간결성/간결하다	과학성/과학적이다	규칙성/규칙적이다	독창성/독창적이다	우수성/우수하다
체계성/체계적이다	풀어쓰기/모아쓰기	모양을 본뜨다	원리를 적용하다	입력하다
일대일로 대응되다	한글을 창제하다	획을 더하다		

읽기 3-2

📖 읽어 보세요

준비

1 한글의 우수성은 세계적으로 인정받고 있습니다. 여러분은 그 이유가 무엇이라고 생각합니까?

580돌 한글날 기념 전시회
전시 기간: 10. 9. ~ 11. 8.

훈민정음 이야기

올해는 세종대왕이 한글을 반포한 지 580돌이 되는 해이다. 한글은 체계적이고 과학적인 문자로 그 우수성을 세계적으로 인정받고 있다. '훈민정음해례본'은 한글 창제 원리와 사용 방식이 담긴 소중한 자료이다. 본 전시에서는 이러한 역사적 가치가 담긴 훈민정음해례본 원본부터 디지털 시대의 한글의 활용 모습까지 한눈에 볼 수 있다.

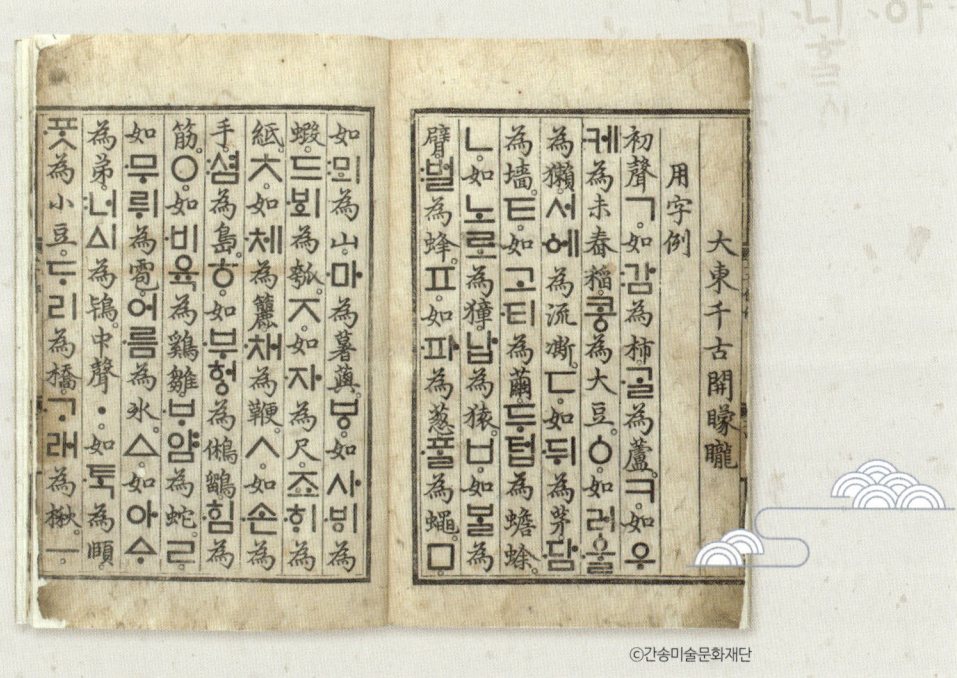

ⓒ간송미술문화재단

3-2. 한국의 문자

읽기

읽기 다음은 한글의 과학성에 대한 글입니다. 글을 읽고 질문에 답해 보세요.

이 세상의 모든 문자는 그 나름의 역사와 가치를 지니고 있다. 따라서 어느 문자가 다른 문자보다 더 우수하다고 평가할 수는 없다. 그러나 문자가 가져야 할 이상적인 가치와 특성은 있게 마련이다. 해당 언어의 특성을 반영한 과학성, 다른 문자가 넘볼 수 없는 독창성, 누구나 쉽게 배울 수 있는 문자라면 그 글자를 우수하다고 할 수 있을 것이다. 과학적 **특성으로 보았을** 때 한글은 우수하다고 할 수 있다. 여기서는 몇 가지 근거를 통해 그 과학성을 따져 보고자 한다.

첫째, 한글은 발음 작용과 발음 원리를 살려 간결하게 만들었다. 훈민정음 28자는 기본 상형자 여덟 자로 만들어졌다. 자음 다섯 자(ㄱ, ㄴ, ㅁ, ㅅ, ㅇ)는 발음 기관 또는 발음하는 모양을 본떠 만들었고, 모음자 세 자(·, ㅡ, ㅣ)는 하늘과 땅과 사람을 본떠 만들었다.

우리 입안에서 자음의 소리가 만들어지는 위치는 어금니, 혀, 입술, 이, 목구멍 모두 다섯 곳이며 자음의 기본 글자 다섯 개 'ㄱ, ㄴ, ㅁ, ㅅ, ㅇ'은 각각 그 소리가 만들어질 때 관여하는 발음 기관과 밀접하게 연관되어 있다. ㄱ은 혀뿌리가 목구멍을 막는 모양, ㄴ은 혀가 윗잇몸에 닿는 모양, ㅁ은 입술의 모양, ㅅ은 이의 뾰족한 모양, ㅇ은 목구멍의 모양을 본뜬 것이다. 이렇게 한글의 자음자들은 각각의 소리가 만들어질 때 관여하는 발음 기관의 모양과 그 움직임을 정확히 관찰하고 분석하여 만든 과학적 연구의 결과물이다.

모음은 '하늘·, 땅ㅡ, 사람ㅣ'의 모양을 본뜬 것이다. '·'는 양성을, 'ㅡ'는 음성을, 'ㅣ'는 양성과 음성을 겸한다. 이렇게 만든 까닭은 양성은 양성끼리, 음성은 음성끼리 어울리는 우리말의 특성을 나타내기 위해서다.

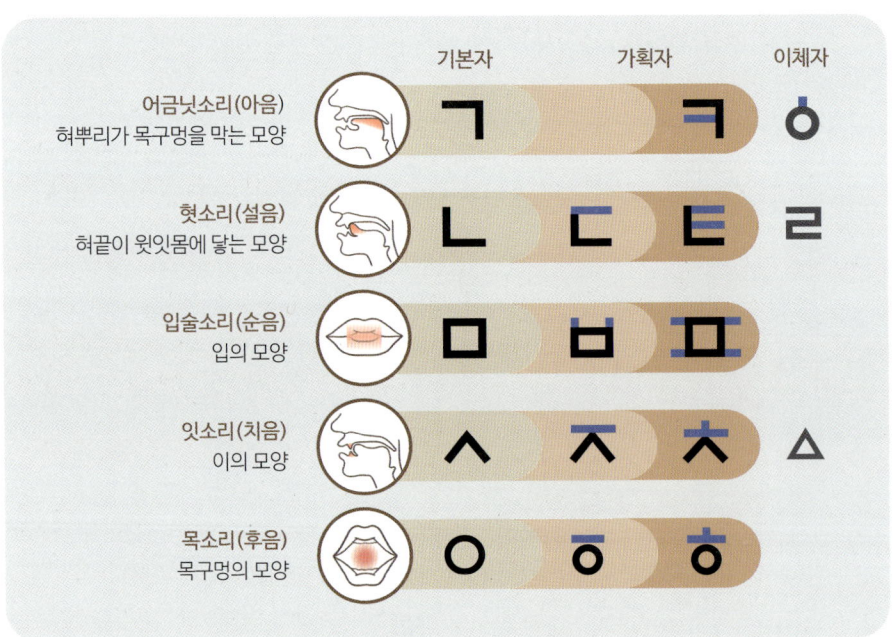

둘째, 획을 더하고 합해 만들었다. 상형 기본자를 만든 뒤 자음자의 경우는 획 더하기, 모음자의 경우는 기본자 합하기 규칙을 적용해 나머지 자음과 모음을 완성했다. 자음 기본 상형자 ㄱ, ㄴ, ㅁ, ㅅ, ㅇ의 다섯 개 소리는 거세지 않은 소리다. 이 소리들보다 입김을 많이 내어 세게 소리를 내면 거센소리가 된다. ㄱ→ㅋ, ㄴ→ㄷ→ㅌ, ㅁ→ㅂ→ㅍ 등과 같이 소리가 세어지는 정도에 따라 획을 더해 9자를 완성했다. 모음자의 경우는 기본 상형자 ·, ㅡ, ㅣ를 한 번씩 합쳐 ㅗ, ㅏ, ㅜ, ㅓ(ㅗ, ㅏ, ㅜ, ㅓ) 네 자를 만들고 ·를 두 번씩 합쳐 ㅛ,

ㅑ, ㅠ, ㅕ(ㅛ, ㅑ, ㅠ, ㅕ)를 만들었다. 자연의 이치로 **보자면** · 가 위쪽과 오른쪽에 붙을 때 양성모음, 아래쪽과 왼쪽에 붙을 때 음성모음이 된다. 이렇게 한글은 최소의 상형 기본자를 만든 후 나머지는 상형 기본자를 규칙적으로 확대한 문자이므로 간결하고 배우기 쉬우며 쓰기에도 편하다.

셋째, 소리와 글자가 짝을 이루게 했다. 소리 성질과 글자 모양이 규칙적으로 짝을 이룬다. 예사소리 ㄱ, ㄷ, ㅂ, ㅈ, 된소리 ㄲ, ㄸ, ㅃ, ㅉ, 거센소리 ㅋ, ㅌ, ㅍ, ㅊ이 규칙을 가지고 서로 짝이 된다. 다시 말해 발음상 관련된 글자들이 비슷한 모양을 하고 있어 기억하기 쉽다. 영어 알파벳의 경우 'K'와 'G'가 형제 문자인데도 모양이 전혀 달라 따로따로 배워야 하는데 국어에서는 'ㄱ'을 배우면 'ㅋ'과 'ㄲ'은 저절로 익힐 수 있다.

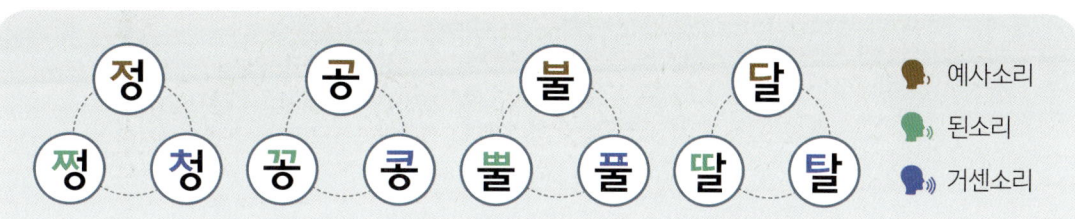

지금까지 살펴보았다시피 한글은 말과 소리가 일대일로 대응되어 읽고 쓰는데 혼란이 적은 문자이다. 이러한 한글의 과학성을 살펴보면 한글이 얼마나 새로운 전자 매체에 적합한 글자인지를 알 수 있다. 규칙성, 체계성, 간결성, 합리성을 지닌 한글이 컴퓨터나 휴대 전화 등 새로운 매체에 가장 잘 맞는 글자라는 뜻이다.

우리의 휴대 전화는 글자판 배치부터 훈민정음의 창제 원리를 적용하고 있다. '천지인' 방식은 17자, '나랏글' 방식은 12자만으로 획 더하기 원리와 모아쓰기 방법이 사용된다. 반면에 알파벳은 이런 원리를 적용할 수 없어 알파벳 26자를 모두 늘어놓아야 한다. 이렇듯, 500여 년 전 창제된 한글은 언뜻 어울리지 않을 듯한 디지털 시스템에 무리 없이 적응하며 그 가치를 스스로 증명해 보이고 있다.

김슬옹, 《세종 한글로 세상을 바꾸다》, 창비, 2013, 107~118쪽
김슬옹, 《한글교양》, 아카넷, 2019, 76~80쪽

글의 목적 파악하기

1 이 글을 쓴 목적은 무엇입니까?

세부 내용 파악하기

2 한글의 자음과 모음의 기본자를 만든 원리는 각각 무엇입니까?

1) 자음 기본자: _____.

2) 모음 기본자: _____.

문법과 표현

명 으로 보다 ☞ 9쪽
과학적 특성으로 보았을 때 한글은 우수하다고 할 수 있다.

동 -자면 ☞ 9쪽
자연의 이치로 보자면 · 가 위쪽과 오른쪽에 붙을 때 양성모음, 아래쪽과 왼쪽에 붙을 때 음성모음이 된다.

3 자음과 모음 기본자에서 다른 자음자와 모음자를 만든 원리를 정리해 보세요.

구분	규칙	글자를 만든 원리
자음자	ㄱ → ㅋ ㄴ → ㄷ → ㅌ ㅁ → ㅂ → ㅍ ㅅ → ㅈ → ㅊ ㅇ → ㆆ → ㅎ	1)
모음자	· ㅏ → ㅑ ㅡ → ㅓ → ㅕ ㅣ ㅗ → ㅛ ㅜ → ㅠ	2)

4 '소리와 글자가 짝을 이루게 했다.'는 무슨 의미인지 설명해 보세요.

5 읽은 내용과 일치하면 ○, 일치하지 않으면 ✕ 하세요.

1) 휴대 전화의 한글 글자판에는 훈민정음의 창제 원리가 적용되어 있다. ( )
2) 한글은 500년 전에 창제되었으므로 디지털 매체에는 전혀 맞지 않는다. ( )
3) 한글을 디지털 매체에 사용하려면 모든 문자를 자판에 늘어놓아야 한다. ( )

이야기해 보세요

1 여러분이 자주 쓰는 문자는 한글과 어떻게 다릅니까? 한글의 특성과 비교하여 이야기해 보세요.

2 여러분은 어떤 한글 자판을 사용하고 있습니까? 스마트폰 자판에서 한글을 입력하는 방식과 여러분의 모국어를 입력하는 방식을 비교해 보세요.

쓰기 (Writing 3-2)

📄 글을 요약해 보세요.

준비해 보세요

1 재미있게 읽은 기사나 책의 내용을 1분 정도로 줄여서 이야기해 보세요.

2 요약하는 글을 쓸 때 어떤 점에 주의해야 할까요? 알맞은 것을 모두 고르세요.

- ☐ 반복되는 말은 한 번만 쓴다.
- ☐ 구체적인 예나 숫자를 포함한다.
- ☐ 대상의 정의나 특징을 제시한다.
- ☐ 이어 주는 말이나 수식하는 말을 포함한다.
- ☐ 각 문단을 요약한 후 자연스럽게 이어 준다.

연습해 보세요

1 다음은 짧은 글을 한 문장으로 요약하는 방법입니다. 다음 단계에 따라 요약해 보세요.

> **중심 문장이 분명히 드러난 경우**
>
> ▸ 중심 문장을 선택합니다.
> ▸ 핵심적인 내용만 남기고 삭제합니다.
> (이어 주는 말, 수식하는 말, 반복된 내용, 사례, 비유 표현, 부연·예시, 통계 자료, 인용 등 삭제)
>
> 한글 자음 다섯 자는 <u>발음 기관 또는 발음하는 모양을 본떠 만들었다</u>. 우리 입안에서 자음의 소리가 만들어지는 위치는 어금니, 혀, 입술, 이, 목구멍 모두 다섯 곳이다. 이 다섯 발음 기관의 모양을 본떠 만든 다섯 개의 기본자가 바로 'ㄱ, ㄴ, ㅁ, ㅅ, ㅇ'이다. ㄱ은 혀뿌리가 목구멍을 막는 모양, ㄴ은 혀가 윗잇몸에 닿는 모양, ㅁ은 입술의 모양, ㅅ은 이의 뾰족한 모양, ㅇ은 목구멍의 모양을 본뜬 것이다. 이렇게 한글의 자음자들은 말소리를 내는 발음 기관의 모양과 그 움직임을 정확히 관찰하고 분석하여 만들었다.
>
> → **한글 자음 다섯 자는 발음 기관의 모양과 그 움직임을 관찰하고 분석하여 만들었다.**

3-2. 한국의 문자

1) 다음으로 한글의 자음자는 기본자인 'ㄱ, ㄴ, ㅁ, ㅅ, ㅇ'을 상형 원리에 따라 만든 후 이를 확장하여 다른 글자를 만들었다. 자음 기본 상형자 'ㄱ, ㄴ, ㅁ, ㅅ, ㅇ'의 소리는 거세지 않은 소리다. 이 소리들보다 입김을 많이 내어 세게 소리를 내면 거센소리가 된다. 'ㄱ → ㅋ, ㄴ → ㄷ → ㅌ, ㅁ → ㅂ → ㅍ' 등과 같이 소리가 세어지는 정도에 따라 획을 더해 아홉 자를 완성했다.

→ 한글의 자음자는 _____

중심 문장이 분명히 드러나지 않은 경우

▶ 주요 내용을 바탕으로 하나의 문장으로 재구성합니다.

인터넷 없는 우리의 삶은 상상할 수 없다. 인터넷을 통해 직접 만나지 않고도 먼 곳에 있는 사람과 대화를 나눌 수 있다. 전화 통화 대신 문자나 메신저를 이용해 연락을 수시로 주고받는 등 의사소통 방식이 예전과 많이 달라졌다. 또한 인터넷 덕분에 이동에 필요한 시간도 줄일 수 있게 되었다. 인터넷만 연결되어 있으면 쇼핑이나 은행 업무도 모두 집에서 간편히 처리할 수 있으며, 재택근무나 온라인 수업도 일상이 되었다.

→ **인터넷으로 인해 우리 삶의 방식이 예전과 많이 달라졌다.**

2) 한국어에 뚜렷하게 나타나는 어휘적 특징은 색깔이나 느낌을 표현하는 어휘가 발달했다는 점입니다. 예를 들어서 빨간색은 색의 붉은 정도에 따라 '발갛다, 붉다, 불그스름하다, 새빨갛다, 시뻘겋다' 등 다양한 어휘로 표현됩니다. '불쌍하다'는 느낌을 나타내는 감정 어휘도 '안타깝다, 안쓰럽다, 딱하다, 가엾다, 측은하다' 등으로 매우 세분되어 있습니다. 이렇게 색채나 감정을 나타내는 어휘가 발달한 것은 한국인이 느낌과 감정을 중요하게 생각하기 때문으로 보입니다.

→ 한국어의 어휘적 특징은 _____

- **써 보세요**

1 전체 글을 읽고 각 문단을 요약한 후, 하나의 단락으로 완성해 보세요.

1) 다른 문자와 비교한 한글의 특성을 살펴보면, 우선 한글은 창제된 시기와 창제한 인물이 정확히 알려진 문자라는 것이 특징적이다. 한글은 세종대왕이 1443년 음력 12월에 창제하고 1446년 음력 9월에 훈민정음이라는 이름으로 반포했다. 또한 훈민정음 해례본에는 한글이 어떤 원리를 바탕으로 만들어졌는지도 상세히 기술되어 있어 창제 원리도 알 수 있다.

➡

2) 한글은 기존의 문자를 바탕으로 만들어진 것이 아니라 체계성을 갖고 새롭게 고안한 문자이다. 발음 기관의 모양과 하늘, 땅, 사람의 모양을 본떠 만든 8자를 기본자로 하고 획을 더하여 다른 글자를 완성했다. 각 글자들은 서로 연관성을 가지고 만들어졌는데 입술소리인 'ㅁ, ㅂ, ㅍ'처럼 음성적으로 같은 계열에 속하는 글자들은 글자 모양에서 공통점을 보인다. 이러한 체계성 덕분에 기본자만 익히면 나머지는 쉽게 배울 수 있다.

➡

3) 또한 한글은 모아쓰기 방식을 사용한다는 것도 특징적이다. 영어 알파벳은 한글과 마찬가지로 자음자와 모음자가 각각 따로 있지만 표기 방식은 다르다. 한글은 로마자와 달리 한 글자씩 풀어쓰지 않고 자음자와 모음자를 서로 결합하여 한 음절 단위로 쓰는 모아쓰기 방식을 사용하는 문자이다. 이런 모아쓰기 방식 덕분에 읽기도 편하고 뜻도 쉽게 파악할 수 있다.

➡

3-1. 한국어의 이해

주제 어휘

높임 표현(表現)이 발달(發達)하다 [발딸하다]
사람이나 사물을 높여 부르는 표현이 많고 다양하다.
한국어는 높임 표현이 발달해서 말하는 대상이나 대화하는 상대방이 누구인지에 따라 표현을 달리 사용한다.
to have a developed honorific system

동사(動詞)
명 사람이나 사물의 움직임을 나타내는 품사.
'작다'는 상태를 나타내기 때문에 형용사이고, '먹다'는 동작을 나타내기 때문에 동사이다.
verb

띄어쓰기를 하다
글을 쓸 때, 어문 규범에 따라 어떤 어휘의 앞과 뒤에 빈칸을 두고 쓰다.
"아버지가방에들어가신다."라는 문장은 어떻게 띄어쓰기를 하는지에 따라 문장의 의미가 달라진다.
to use spacing

말을 높이다
존댓말을 사용하다.
공식적인 자리에서는 서로 친분이 있어도 말을 높이는 것이 좋다.
to use honorifics

말을 놓다
반말을 사용하다.
친한 친구 사이에서는 말을 놓아도 된다.
to speak casually

맞춤법(맞춤法)이 까다롭다
언어를 표기하는 규칙이 복잡하여 지키기가 쉽지 않다.
한국어로 말하는 건 쉬운데 맞춤법이 까다로워서 쓰기가 힘들다.
spelling be tricky

명사(名詞)
명 사물의 이름을 나타내는 품사.
사랑, 정, 아픔과 같은 명사들은 형태가 없는 추상적인 개념을 나타낸다.
noun

목적어(目的語)
명 타동사가 쓰인 문장에서 동작의 대상이 되는 말.
"나는 피자를 먹는다."라는 문장에서 목적어는 '피자를'이다.
object

발음(發音)이 어렵다
올바른 말소리를 내기가 쉽지 않다.
외국인에게는 '딸'이나 '뿔' 발음이 어렵다.
pronunciation be difficult

부사(副詞)
명 주로 동사나 형용사의 앞에 놓여 그 동사나 형용사의 뜻을 더 분명하게 하는 품사.
한국어의 부사로는 '도무지, 더, 게다가' 등이 있다.
adverb

서술어(敍述語)
명 문장 내에서 주체의 성질, 상태, 움직임을 나타내는 말.
영어와 달리 한국어에서는 형용사가 서술어로 많이 사용된다.
predicate

어순(語順)을 바꾸다
문장 내에서의 어휘의 순서를 바꾸다.
한국어는 상황에 따라 어순을 바꾸어도 문법에 어긋나지 않는다.
to change the word order

어휘(語彙)가 다양(多樣)하다
단어의 수가 많다.
한국어는 친족 관계를 나타내는 어휘가 다양하다는 특징이 있다.
vocabulary be diverse

의성어(擬聲語)가 풍부(豐富)하다
소리를 흉내 낸 말이 다양하다.
한국어에는 '우당탕, 쌕쌕, 바스락' 등 다양한 소리를 나타낼 수 있는 의성어가 풍부하다.
to be rich with onomatopoeias

의태어(擬態語)가 풍부(豐富)하다
모양이나 움직임을 흉내 낸 말이 다양하다.
한국어에는 '홱, 우물쭈물, 털썩' 등 다양한 동작을 나타낼 수 있는 의태어가 풍부하다.
to be rich with memetic words

조사(助詞)
명 주로 명사에 붙어 문법적 관계를 표시하거나 특별한 뜻을 더해 주는 품사.
'을/를'은 앞에 있는 명사가 목적어라는 것을 표시해 주는 조사이다.
(postpositional) particle

조사(助詞)가 붙다
문법적 관계를 표시하는 말이 따라오다.
'날씨' 뒤에 조사 '가'가 붙으면 '날씨가'가 되어 '날씨'가 주어라는 것을 표시해 준다.
particle be added

주어(主語)
명 문장 내에서 동작이나 상태의 주체가 되는 말.
'이/가'는 문장에서 무엇이 주어인지 나타내 주는 조사이다.
subject

주어(主語)를 생략(省略)하다
동작이나 상태의 주체가 되는 말을 빼다.
한국어에서는 주어를 생략하는 경우가 많다. "어디 가?"라는 문장은 주어 '너'를 생략한 것이다.
to omit the subject

한자어(漢字語)의 비율(比律)이 높다
전체 어휘 중에서 한자어가 차지하는 비중이 높다.
한국어에는 한자어의 비율이 높기 때문에 한자를 알면 한국어 학습에 유리하다.
proportion of Chinese words be high

형용사(形容詞)
명 사람이나 사물의 성질 또는 상태를 나타내는 품사.
한국어에는 색깔을 나타내는 형용사가 다양하다.
adjective

활용(活用) 양상(樣相)이 달라지다.
동사나 형용사 등이 음운·형태·의미 등에 따라 다른 모습을 취하다.
과거 시제를 나타내는 어미는 환경에 따라 활용 양상이 달라진다.
to vary in conjugation

듣기

들어 보세요 **1**

발갛다
형 밝게 붉다.
가을에는 단풍들이 발갛게 물든다.
to be bright red

불그스름하다
형 조금 붉다.
지수는 좋아하는 사람을 만나자 얼굴이 불그스름해졌다.
to be reddish

샛노랗다
형 매우 노랗다.
유채꽃이 샛노랗게 피었다.
to be bright yellow

시뻘겋다
형 매우 붉고 빨갛다.
그는 술을 많이 마셨는지 시뻘건 얼굴로 나타났다.
to be dark red

암호(暗號)
명 비밀을 유지하기 위하여 관계자끼리만 알 수 있도록 만든 약속 기호.
그는 암호로 가득한 편지를 받고 암호를 풀기 위해 애썼다.
secret code

표정(表情)이 굳어지다
표정이 어두워지거나 딱딱해지다.
내가 그의 부탁을 거절하자 그의 표정이 굳어졌다.
one's facial expression hardens

훌쩍 지나다
시간이 빠르게 지나다.
바쁘게 일하면서 지내다 보니 1년이 훌쩍 지났다.
(time) to pass quickly

들어 보세요 ❷

가엽다
[형] 마음이 아플 만큼 상황이 안타깝다.
어린 나이에 그 고생을 하다니 참 가엽다.
to be pitiful

구어(口語)
[명] 글로 쓰는 언어가 아닌 음성으로 쓰는 말.
'뭔가'라는 단어는 구어에서만 주로 쓰는 단어이다.
spoken language

대상(對象)을 높이다
(높임법에서) 문장의 대상이 되는 사람을 높이다.
"나는 선생님께 선물을 드렸다."와 같이 '선생님' 뒤에 조사 '께'를 붙여서 대상을 높이는 방법이 있다.
to use object honorifics

딱하다
[형] 사정이나 형편이 안타깝고 가엽다.
나는 그 아이의 딱한 사정을 보고 도와주지 않을 수 없었다.
to be pathetic

문맥(文脈)
[명] 글에 표현된 의미의 앞뒤 연결.
긴 글을 읽을 때는 단어 하나의 뜻보다는 문맥을 파악하는 것이 중요하다.
context

문장 성분(文章成分)
[명] 문장을 구성하는 기능적 단위.
주요 문장 성분에는 주어, 서술어, 목적어가 있다.
sentence component

부사어(副詞語)
[명] 동사나 형용사의 내용을 구체화하는 문장 성분.
동사나 형용사를 부사어로 사용할 때는 주로 '아름답게'처럼 '게'를 붙여서 쓴다.
adverbial word

상대방(相對方)을 높이다
(높임법에서) 자신과 이야기하고 있는 상대방을 높이다.
한국어에서 상대방을 높일 때는 '아요/어요'나 '습니다'를 많이 사용한다.
to use honorifics to the other person

새빨갛다
[형] 매우 빨갛다.
국물이 새빨간 것을 보니 너무 매울 것 같다.
to be bright red

색채(色彩)
[명] 물건이 빛을 받을 때 나타나는 특유한 색깔.
한라산에 올라갔을 때 본 나무와 풀의 아름다운 색채들은 아직도 내 기억 속에 남아 있다.
color

세분(細分)되다
[동] 사물 등이 여러 부분으로 자세히 나뉘다.
우리 회사는 업무가 직원의 능력에 따라 잘 세분되어 있다.
to be divided

예컨대(例컨대)
[부] 예를 들면.
나는 사람이 많은 곳, 예컨대 신촌이나 강남 같은 곳을 좋아하지 않는다.
for example

유추(類推)하다
[동] 같은 종류의 것 또는 비슷한 것에 기초하여 다른 사물을 미루어 추측하다.
외국어로 글을 읽다가 모르는 단어가 나오면 바로 사전을 찾는 것보다는 문맥에서 뜻을 유추해 보는 것이 좋다.
to infer

자신(自身)을 낮추다
(높임법에서) 자신을 낮게 말함으로써 상대방을 높이다.
'저, 저희'와 같은 어휘들은 자신을 낮추는 표현이다.
to humble oneself

전체적(全體的)
[관/명] 전체와 관련된 (것).
이 식당은 음식들이 전체적으로 맛있다.
overall

주체(主體)를 높이다
(높임법에서) 문장의 주어가 되는 사람을 높이다.
"교수님께서 전화하셨다."라는 문장에서는 '께서'라는 조사를 사용해 '교수님'이라는 문장의 주체를 높였다.
to use honorifics on the subject

직역(直譯)하다
동 한 언어를 다른 언어로 번역할 때 단어 하나하나의 의미에 중점을 두고 번역하다.
영어를 한국어로 직역하면 자연스럽지 않은 부분이 생길 수 있다.
to translate literally

측은(惻隱)하다
형 가엾고 불쌍하다.
그의 이야기를 듣고 나니 측은한 생각이 들었다.
to feel sorry for

말하기

꼬르륵
부 배가 고파서 배 속에서 나는 소리.
하루 종일 굶었더니 배에서 꼬르륵 소리가 났다.
growl

후루룩
부 적은 양의 액체나 국수 등을 빨리 마시는 소리나 모양.
일본에서는 국수를 먹을 때 후루룩 소리를 내면서 먹는 것이 예의라고 한다.
slurp

3-2. 한국의 문자

주제 어휘

간결성(簡潔性)
명 군더더기가 없고 간단하며 깔끔한 성질.
이 글은 간결성을 갖추고 있어서 내용이 쉽게 이해된다.
conciseness

간결(簡潔)하다
형 간단하고 깔끔하다.
글을 잘 쓰려면 문장을 길게 쓰는 것보다 간결하게 쓰는 것이 좋다.
to be concise

공식(公式) 문자(文字)
국가나 사회가 인정한 공적인 글자.
한글이 대한민국의 공식 문자로 인정된 때는 1894년이다.
official alphabet

과학성(科學性)
명 과학의 바탕에서 본 정확성이나 적합성.
한글의 과학성은 이미 세계에 알려져 있다.
scientific

과학적(科學的)이다
과학의 바탕에서 본 정확성이나 적합성이 있다.
이 논문은 과학적인 실험 연구 방법에 기초해서 작성되었다.
to be scientific

규칙성(規則性)
명 일이나 현상이 일정한 규칙을 갖는 성질.
이 그림은 자세히 살펴보면 도형 사이에서 나타나는 일정한 규칙성을 발견할 수 있다.
regularity

규칙적(規則的)이다
일이나 현상이 일정한 규칙을 보이다.
나는 매일 밤 12시에 자고 아침 7시에 일어나는 규칙적인 생활을 하고 있다.
to be regular

기호(記號)
명 뜻을 나타내기 위해 쓰는 여러 가지 표시.
수학은 덧셈과 뺄셈, 곱셈과 나눗셈을 기호로 나타내 표시한다.
symbol

독창성(獨創性)
명 모방하지 않고 새로운 것을 만드는 특성.
이 도서관 건물에서는 건축가의 독특한 발상과 독창성을 엿볼 수 있다.
originality

독창적(獨創的)이다
모방하지 않고 새로운 것을 만드는 특성이 있다.
세종대왕은 훈민정음이라는 독창적인 문자를 만들었다.
to be original

모아쓰기
명 문자를 가로세로로 묶어서 쓰는 방식.
한글은 'ㅎ ㅏ ㄴ ㄱ ㅡ ㄹ'처럼 풀어서 쓰지 않고 자음과 모음을 가로세로로 묶어서 '한글'이라고 모아쓰기를 한다.
syllabic block writing

모양(模樣)을 본뜨다
대상의 모습을 모방하여 따라 만들다.
한글은 입, 목과 같은 발음 기관의 모양을 본떠서 만든 문자이다.
to imitate the shape

모음(母音)
[명] 발음할 때 공기의 흐름이 발음 기관의 방해를 받지 않고 나는 소리.
한국어의 모음은 'ㅏ, ㅓ, ㅗ, ㅜ' 등 10개나 있어 모음이 매우 풍부한 언어라고 볼 수 있다.
vowel

상형 문자(象形文字)
사물의 모양을 본떠 만든 글자.
이집트 문자는 사물의 모양을 본떠 만든 상형 문자이다.
pictogram

우수성(優秀性)
[명] 여럿 중에서 뛰어난 성질.
한글의 우수성은 전 세계 언어학자들이 인정했다.
excellence

우수(優秀)하다
[형] 여럿 가운데 뛰어나다.
민영이는 우수한 성적으로 대학을 졸업했다.
to be excellent

원리(原理)를 적용(適用)하다
사물의 근본이 되는 법칙을 알맞게 이용하거나 맞추어 쓰다.
비행기가 공중에 뜰 수 있는 것은 뉴턴 제3법칙의 원리를 적용했기 때문이라고 한다.
to apply the principle

일대일(一對一)로 대응(對應)되다
하나의 값에 다른 값이 하나씩 짝을 이루다.
한글은 문자와 소리가 일대일로 대응되어서 읽고 쓰는 데 어렵지 않다.
to be one-to-one correspondence

입력(入力)하다
[동] 문자나 숫자를 컴퓨터가 기억하게 하다.
한글은 자판에 입력하기 쉬워서 디지털 매체에 적합한 문자이다.
to enter

자음(子音)
[명] 목, 입, 혀 등의 발음 기관에 의해 방해를 받으며 나는 소리.
한글에서 'ㄱ, ㄴ, ㄷ, ㄹ' 등은 자음을 표시하는 문자이다.
consonant

체계성(體系性)
[명] 일정한 원리에 따라 단계적으로 잘 짜인 특성.
우리 회사는 조직 부문에서 좀 더 체계성을 갖춰야 한다는 지적을 받았다.
systematic

체계적(體系的)이다
일정한 원리에 따라 단계적으로 잘 짜여 있다.
나는 방학을 알차게 보내기 위해 체계적인 계획을 세웠다.
to be systematic

표음 문자(表音文字)
각 글자가 뜻이 없고 소리만 나타내는 문자.
로마자는 표음 문자이기 때문에 뜻을 몰라도 글자를 읽을 수 있다.
phonogram

표의 문자(表意文字)
각 글자가 일정한 뜻을 나타내는 문자.
한자는 글자 하나가 의미를 가지는 표의 문자이다.
ideogram

풀어쓰기
[명] 문자를 차례대로 늘어놓아 쓰는 방식.
영어는 'language'처럼 문자를 옆으로 배열하는 풀어쓰기 방식을 사용하고 있다.
sequential writing

한글을 창제(創製)하다
한글을 처음으로 만들다.
1443년 세종대왕이 훈민정음이라는 이름으로 한글을 창제했다.
to create Hangeul

획(劃)을 더하다
줄이나 선을 추가하다.
자음 'ㅋ'은 'ㄱ'에 획을 더하여 만들어졌다.
to add a stroke

읽기

읽어 보세요

거세다
형 사물의 힘 등이 매우 거칠고 세다.
태풍이 오면 파도가 거세지므로 바다에 가지 않는 것이 좋다.
to be fierce

거센소리
명 숨을 거세게 뱉으면서 소리를 내는 자음.
거센소리인 'ㅊ, ㅋ, ㅌ, ㅍ'을 발음할 때는 입에서 공기가 많이 나온다.
aspirated sound

겸(兼)하다
동 두 가지 이상의 기능을 함께 지니다.
이 가게는 카페와 식당을 겸하고 있다.
to serve as both

글자판(글字板)
명 컴퓨터나 시계 등에서 글자나 숫자, 기호가 그려진 면.
키보드의 한국어 글자판은 자음이 왼쪽, 모음이 오른쪽에 있는 두벌식 글자판이 가장 널리 쓰이고 있다.
keyboard

늘어놓다
동 줄을 지어서 놓다.
이 가게는 여러 물건을 종류에 상관없이 늘어놓고 파는 가게이다.
to lay out

된소리
명 후두를 긴장시키고 공기를 거의 뱉지 않는 상태로 소리를 내는 자음.
한국어의 된소리인 'ㄲ, ㄸ, ㅃ, ㅉ'는 외국인들이 가장 어려워하는 발음이다.
tense sound

목구멍
명 입 속의 깊숙한 곳.
목구멍은 공기가 통하는 기도(氣道)와 음식이 들어가는 식도(食道)로 나뉜다.
throat

반포(頒布)하다
동 세상에 널리 퍼뜨려 모두 알게 하다.
세종대왕은 1446년에 훈민정음을 반포했다.
to proclaim

발음 기관(發音器官)
음성으로 말을 하는 데 사용되는 신체의 각 부분.
인간의 발음 기관에는 혀, 이, 성대 등이 있다.
speech organ

배치(配置)
명 사람이나 물건 등을 일정한 자리에 나누어 둠.
집을 꾸밀 때는 가구의 배치가 중요하다.
arrangement

양성(陽性)
명 적극적이고 활동적인 성질.
태극기의 빨간 부분은 양성을 상징한다.
positivity

어금니
명 이 중에서 가장 안쪽에 있는 이.
사랑니는 어금니 중에서도 맨 안쪽에 나는 치아이다.
molar

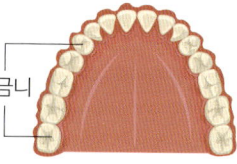

언뜻
부 생각이나 느낌 따위가 순간적으로 떠오르는 모양.
한국어는 언뜻 보기엔 쉬워 보였는데 공부해 보니 그렇게 쉽지는 않다.
at first glance

예사소리
명 발음 기관의 긴장의 정도를 낮게 해서 발음되는 자음.
한국어의 예사소리에는 'ㄱ, ㄷ, ㅂ, ㅅ, ㅈ'이 있다.
basis sound

윗잇몸 [윈닌몸]
명 위쪽의 잇몸.
그녀는 입이 커서 웃을 때는 윗잇몸까지 다 드러나 보인다.
upper gum

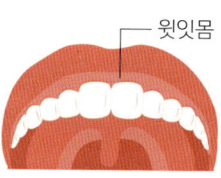

음성(陰性)
명 소극적이며 활동적이지 않은 성질.
태극기의 파란 부분은 음성을 상징한다.
negativity

이치(理致)
명 정당하고 도리에 맞는 원리.
잘못을 했으면 벌을 받는 것은 당연한 이치이다.
logic

입김
명 입에서 나오는 더운 공기.
겨울에는 입김이 많이 나와 안경을 쓴 사람은 앞이 잘 안 보이는 경우가 많다.
breath

저절로
부 (사물이) 다른 힘을 빌리지 않고 스스로.
갑자기 창문이 저절로 열려서 너무 무서웠다.
by itself

합(合)하다
동 둘 이상의 사람이나 물건을 하나로 모으다.
그는 작은방을 큰방과 합하여 서재로 만들었다.
to merge

혀뿌리
명 혀의 뿌리 부분.
한국어의 'ㄱ'을 발음할 때는 혀뿌리가 입천장 뒤쪽에 닿는다.
root of tongue

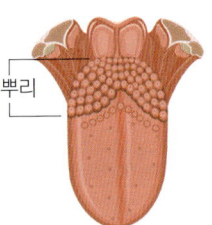

쓰기

결합(結合)하다
동 둘 이상의 사물이나 사람이 서로 관계를 맺어 하나가 되다.
한글은 자음과 모음이 결합하여 글자를 만든다.
to combine

고안(考案)하다
동 연구하여 새로운 것을 생각해 내다.
그는 누구나 어렵지 않게 사용할 수 있는 스마트폰을 고안해 내기 위해 노력하고 있다.
to devise

문단(文段)
명 긴 글을 내용에 따라 나눌 때, 하나하나의 짧은 이야기 토막.
하나의 문단은 하나의 주제를 보여 주는 것이 좋다.
paragraph

수시로(隨時로)
부 정해진 일정이 없이 아무 때나.
우리 회사는 수시로 신입 사원을 뽑고 있다.
frequently

수식(修飾)하다
동 문장에서 명사, 동사, 형용사에 말을 덧붙여 뜻을 더욱 분명하게 하다.
'아름다운 경치'에서 '아름다운'은 '경치'를 수식한다.
to modify

음성적(音聲的)
관·명 사람의 목소리나 말소리에 관계된 (것).
AI가 사람 목소리의 음성적 특징을 잘 구현해서 성우들이 일자리를 잃고 있다.
phonetic

음절(音節)
명 하나의 종합된 음의 느낌을 주는 말소리의 단위.
한글은 하나의 글자가 한 음절을 나타낸다. 예를 들어 '한국'이라는 단어는 '한', '국'이 각각 하나의 음절이다.
syllable

이어 주다
연결해 주다.
한국어에서 문장을 이어 주는 말로는, '그리고, 그래서, 그러므로, 따라서' 등이 있다.
to connect

재구성(再構成)하다
동 한 번 구성하였던 것을 다시 새롭게 구성하다.
이 영화는 유명한 소설을 재구성해서 만들었다.
to recreate

표기(表記)
명 문자 또는 음성 기호로 언어를 표시함.
예전에는 지하철역 이름의 로마자 표기가 틀린 것이 많아서 외국인들이 어려움을 겪었으나 지금은 많이 개선되었다.
notation

❖ **자유롭게 써 보세요.**

4 소통과 언론

- **4-1** 디지털 시대의 소통
- **4-2** 언론의 변화

4-1	**디지털 시대의 소통**	4-2	**언론의 변화**
듣기 1	사회 현상에 대한 뉴스를 듣고 조사 결과 파악하기	읽기 1	행복 뉴스에 대한 기사문을 읽고 내용 파악하기
듣기 2	디지털 시대에 대한 라디오 대담을 듣고 내용 파악하기	읽기 2	맞춤형 뉴스에 대한 칼럼을 읽고 내용 파악하기
말하기	조사 결과 설명하기	쓰기	기사문 쓰기

4-1 디지털 시대의 소통

1. 여러분은 주로 어떤 방법으로 다른 사람과 이야기를 주고받습니까? 각각의 방법은 어떤 특징이 있습니까?

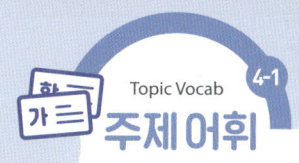

Topic Vocab 4-1 주제 어휘

1 다음은 소통 방식과 관련된 표현입니다. 댓글을 읽고 빈칸에 알맞은 표현을 찾아 써 보세요.

	Z세대지킴이	**디지털** 시대에는 **실시간으로, 즉각적으로 소통할** 수 있어서 좋은 것 같아요.
↳	소통누리	맞아요. 그뿐만 아니라, 온라인상에서 새로운 사람을 알게 되어 1) _____ 경우도 있죠.
↳	아이사랑	글쎄요. 저는 좀 걱정이 돼요. **비대면 의사소통**이 과연 좋은 소통의 방식일까요? 의사소통에는 표정이나 몸짓 같은 2) _____ 도 중요한데 비대면 상황에서는 확인하기가 쉽지 않죠.
↳	감정형인간	맞아요. **메시지로만 소통하면** 다른 사람의 감정을 이해하는 3) _____ 수도 있다고 생각해요. 그래서 저는 직접 만날 수 없는 상황에서는 **영상 통화를 선호하는** 편이에요.
↳	디지로그세대	저는 **아날로그**의 감성과 디지털의 편리함이 둘 다 좋다고 생각해요. 따라서 둘 사이를 구분 짓기보다는 그 4) _____ 것이 어떨까 싶습니다.

디지털/아날로그	대면/비대면 의사소통	실시간/즉각적인 소통	언어적 요소/비언어적 요소
경계를 허물다	공감 능력이 저하되다	메시지로 소통하다	사회적 관계를 맺다
음성 통화/영상 통화를 선호하다			

2 다음은 미디어 이용과 관련된 표현입니다. 여러분은 디지털 미디어를 어떻게 활용하고 있는지 이야기해 보세요.

저는 친구들과 **사진을 공유하거나**, 한국어 공부에 필요한 **정보를 교환해요**.

저는 콘텐츠를 보기만 하는 것보다 **콘텐츠를** 직접 **생산해서** 인터넷에 올리고 사람들과 **양방향 소통**을 하는 것을 좋아합니다.

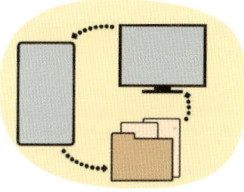

일방향/양방향 소통	매체를 활용하다	미디어를 이용하다	사진을 공유하다
소통의 중심이 되다	애플리케이션/앱을 활용하다	영상을 편집하다	정보를 교환하다
콘텐츠를 소비하다/생산하다	콘텐츠를 재생산하다		

4-1 Listening 듣기

🎧 들어 보세요 ❶

준비

1   아래 조사 결과를 통해 무엇을 알 수 있습니까?

선호하는 의사소통 방식
모바일 메신저 〉 음성 통화 〉 문자 순

모바일 메신저 — 48.5%
음성 통화 — 38%
문자 — 13.5%

2   여러분은 어떤 의사소통 방식을 선호하는지 친구와 이야기해 보세요.

듣기   다음은 사회 현상에 대한 뉴스입니다. 잘 듣고 질문에 답해 보세요.

중심 내용 파악하기

1   무엇에 대한 뉴스입니까?

세부 내용 파악하기

2   들은 내용과 일치하면 O, 일치하지 않으면 ✕ 하세요.

   1) 응답자의 과반수가 음성 통화를 선호하지 않는다.   (   )
   2) 노년층에서는 음성 통화를 기피하는 현상이 나타나지 않는다.   (   )
   3) 음성 통화를 선호하지 않는 현상은 20~30대에서 제일 많이 나타난다.   (   )

3 다음은 음성 통화를 선호하지 않는 이유입니다. 알맞은 것을 연결해 보세요.

① • • 말실수에 대한 우려가 있어서
② • • 비대면 의사소통에 익숙해져서
③ • • 주변 사람들이 전화하는 걸 싫어해서
④ • • 예의를 갖춰야 한다는 부담이 있어서

4 음성 통화를 피할 때 생기는 문제점과 이를 극복하기 위한 전문가의 조언을 정리해 보세요.

1) 문제점: _____

2) 전문가의 조언: _____

🎧 들어 보세요 ❷

준비

1 여러분은 이런 경우에 어떻게 합니까? 여러분의 선택과 그 이유를 친구와 이야기해 보세요.

1	수업 내용에 대해 질문이 있을 때	① 교실에서 선생님께 직접 질문한다. ② 이메일로 질문한다. ③ 메신저로 질문한다.
2	자신의 이야기를 친구들과 공유하고 싶을 때	① 전화로 친구와 대화한다. ② 메신저로 친구와 대화한다. ③ SNS에 자신의 일상을 올린다.
3	친구에게 약속 장소를 알려 주고 싶을 때	① 전화로 위치를 설명한다. ② 메신저로 위치를 설명한다. ③ 메신저에 약속 장소와 위치를 공유한다.
4	인터넷에서 흥미로운 영상을 보았을 때	① 친구들과 만났을 때 알려 준다. ② 친구들에게 메신저로 공유한다. ③ 영상을 재편집해 SNS에 업로드한다.

문법과 표현

명 을 불문하고 ☞ 10쪽
이러한 현상은 세대를 불문하고 전 연령층에서 나타나고 있다.

듣기

듣기 다음은 디지털 시대에 대한 라디오 대담의 일부입니다. 잘 듣고 질문에 답해 보세요.

중심 내용 파악하기

1 이 대담의 주제는 무엇입니까?

세부 내용 파악하기

2 디지털 기술의 발전은 미디어 사용에 어떤 변화를 가져왔습니까?

1) 대중의 _____ 의 기회를 확대함.

2) 누구나 미디어의 _____ 가 될 수 있음.

3 들은 내용과 일치하지 <u>않는</u> 것을 고르세요.

① 미디어 소비자들끼리 적극적인 소통을 한다.
② 독자의 아이디어가 작품에 반영되기도 한다.
③ 팬 채팅방은 생산자가 중심이 되는 소통 방식이다.
④ 디지털 기술의 발전으로 독자와 작가가 바로 소통할 수도 있다.

추론하기

4 사회자의 마지막 질문에 대한 교수의 대답이 무엇일지 생각해 보세요.

이야기해 보세요

1 생활 속에서 찾아 볼 수 있는 일방향 소통과 양방향 소통의 예를 각각 이야기해 보세요.

문법과 표현

동 -는 게 고작이다 10쪽

아날로그 시대의 소비자들은 생산자가 만든 콘텐츠를 듣거나 보는 게 고작이었다.

말하기 Speaking 4-1

🎤 조사 결과를 설명해 보세요.

▸ 준비해 보세요

1 다음 그래프를 보고 디지털 시대의 소통 방식이 어떻게 변화하고 있는지 이야기해 보세요.

1. 미디어 이용 분석

(1) 소통 방식 현황

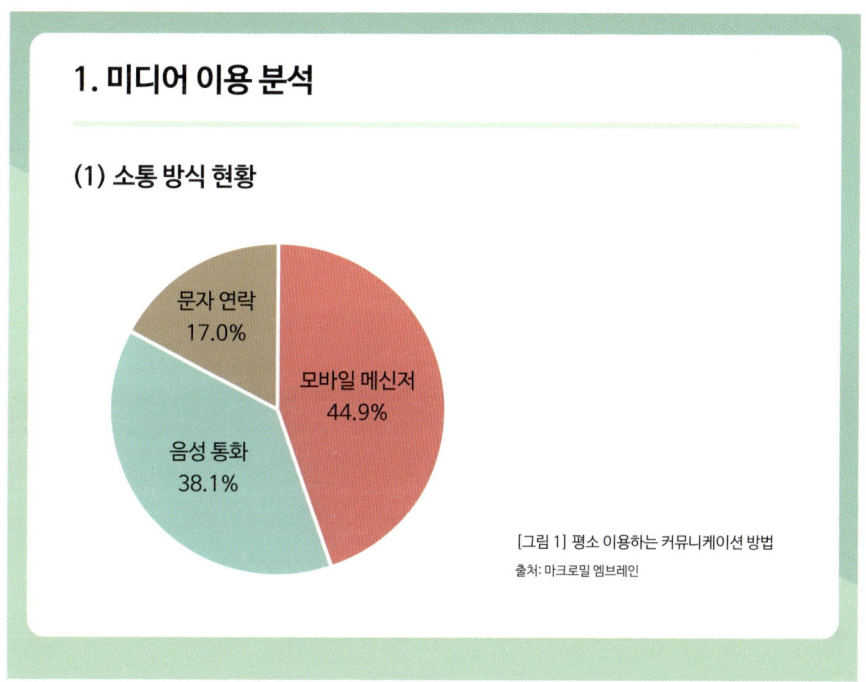

- 모바일 메신저 44.9%
- 음성 통화 38.1%
- 문자 연락 17.0%

[그림 1] 평소 이용하는 커뮤니케이션 방법
출처: 마크로밀 엠브레인

(2) 메신저 사용 양상

- 메신저 서비스의 진화: 스마트폰에 부가된 서비스 → 다양한 소통 기능을 기반으로 정보 공유, 콘텐츠 소비가 이뤄지는 플랫폼
- 메신저 사용의 주요 목적
  ① 소통/대화
  ② 단체 대화방 이용
  ③ 정보 공유의 편의

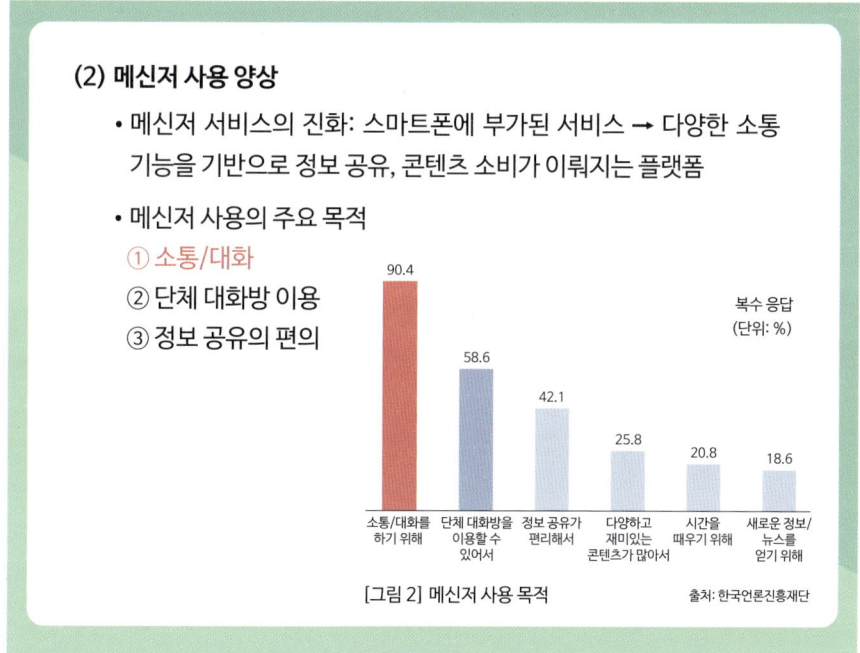

복수 응답 (단위: %)

- 소통/대화를 하기 위해: 90.4
- 단체 대화방을 이용할 수 있어서: 58.6
- 정보 공유가 편리해서: 42.1
- 다양하고 재미있는 콘텐츠가 많아서: 25.8
- 시간을 때우기 위해: 20.8
- 새로운 정보/뉴스를 얻기 위해: 18.6

[그림 2] 메신저 사용 목적
출처: 한국언론진흥재단

- 표현을 연습해 보세요

1 다음은 조사 결과를 발표할 때 도입 부분에서 사용하는 표현입니다. 다음 표현을 사용하여 연습해 보세요.

도입하기
- 자료의 출처와 주제를 제시합니다.
- 조사 대상과 내용을 제시합니다.
- 조사 방식을 제시합니다.

- …이 [에서] …이라는 주제로 (설문) 조사를 했습니다
- …이 [에서] …을 대상으로 …에 대한 (설문) 조사를 진행했습니다
- 이번 조사는 …을 대상으로 …으로 진행했습니다

- **과학기술정보통신부에서** 디지털 시대의 전화 **공포증이라는 주제로 설문 조사를 했습니다**.
- **LEI 리서치에서** 성인 남녀 **1,053명을 대상으로** 의사소통 **방식에 대한 설문 조사를 진행했습니다**.
- **이번 조사는** 20대 남녀 **100명을 대상으로** 온라인**으로 진행했습니다**.

1)
- 출처: 외교부
- 주제: 한국에 대한 세계인의 인식

2)
- 출처: 외교부
- 조사 대상: 한국에 체류 중인 외국인 300명
- 주제: 한국의 국가 이미지

3)
- 조사 대상: 한국에 체류 중인 외국인 300명
- 조사 방식: 온라인

2 다음은 조사 결과를 제시할 때 사용하는 표현입니다. 다음 표현을 사용하여 연습해 보세요.

결과 제시하기
- 포괄적인 결과를 제시합니다.

- …에서 보다시피 …는 것으로 나타났습니다 [드러났습니다]
- …에서 나타난 것과 같이 …으로 집계되었습니다

- 이 **그래프에서 보다시피** 과반수가 음성 통화를 선호하지 않**는 것으로 나타났습니다**.
- **그래프에서 나타난 것과 같이** 음성 통화를 선호하지 않는 20대의 수는 절반 가까이 되는 **것으로 집계되었습니다**.

- 구체적인 결과를 제시합니다.

- …을 차지했습니다
- … 순으로 나타났습니다
- …으로 그 뒤를 이었습니다
- …에 그쳤습니다 [머물렀습니다/불과했습니다]

- 음성 통화를 선호하지 않는다고 답한 응답자 중에서는 20~30대의 비율이 **68.1%를 차지했습니다**.
- 음성 통화를 선호하지 않는다고 답한 응답자의 연령은 20대, 30대, 40대, 50대, 60대 **순으로 나타났습니다**.
- 음성 통화를 선호하지 않는다고 답한 비율은 20~30대가 68.1%로 가장 높았고, 40대가 49.3%, 50대가 **36.3%로 그 뒤를 이었습니다**. 반면 60대 이상은 14.1%**에 그쳤습니다**.

1) 한국의 국가 이미지에 대한 평가
대상: 한국 체류 외국인 300명
- 긍정적 53%
- 보통 29%
- 부정적 18%

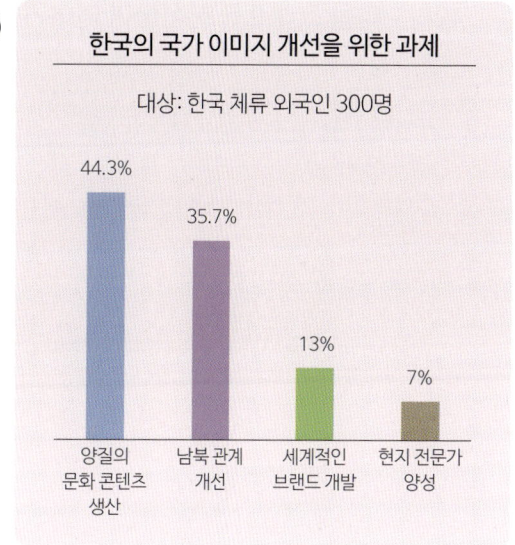

2) 한국의 국가 이미지 개선을 위한 과제
대상: 한국 체류 외국인 300명
- 양질의 문화 콘텐츠 생산: 44.3%
- 남북 관계 개선: 35.7%
- 세계적인 브랜드 개발: 13%
- 현지 전문가 양성: 7%

3 다음은 조사 결과를 해석할 때 사용하는 표현입니다. 다음 표현을 사용하여 연습해 보세요.

결과 해석하기

▶ 조사 결과를 분석합니다.
- 이를 통해 …을 알 수 있습니다
- 이는 …은 것으로 해석할 수 있습니다

- **이를 통해** 스마트폰에 익숙한 세대일수록 음성 통화를 선호하지 않는다는 **것을 알 수 있습니다**.
- **이는** 비대면 소통이 **일반화된 것으로 해석할 수 있습니다**.

▶ 앞으로의 상황을 예측합니다.
- 따라서 …을 것으로 예상됩니다[예측됩니다/기대됩니다]

- **따라서** 앞으로 비대면 의사소통이 더욱더 **늘어날 것으로 예상됩니다**.

1)
- 분석: 과반수의 외국인이 한국에 긍정적인 이미지를 갖고 있음.
- 예측: 앞으로 더 많은 외국인이 한국을 찾을 것임.

2)
- 분석: 많은 외국인이 한류 콘텐츠를 접하고, 호감을 가지고 있음.
- 예측: 앞으로 문화 콘텐츠 분야에 정부의 예산이 많이 투입될 것임.

4 다음 그래프를 분석하여 이야기해 보세요.

1)
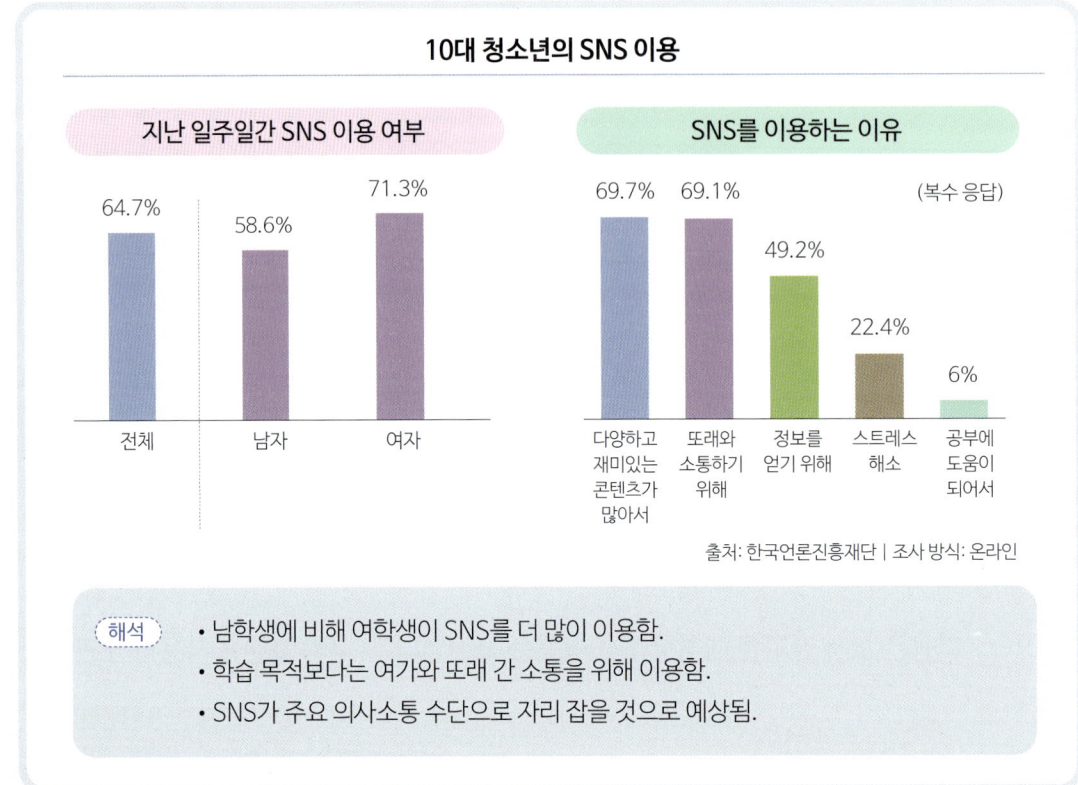

2)
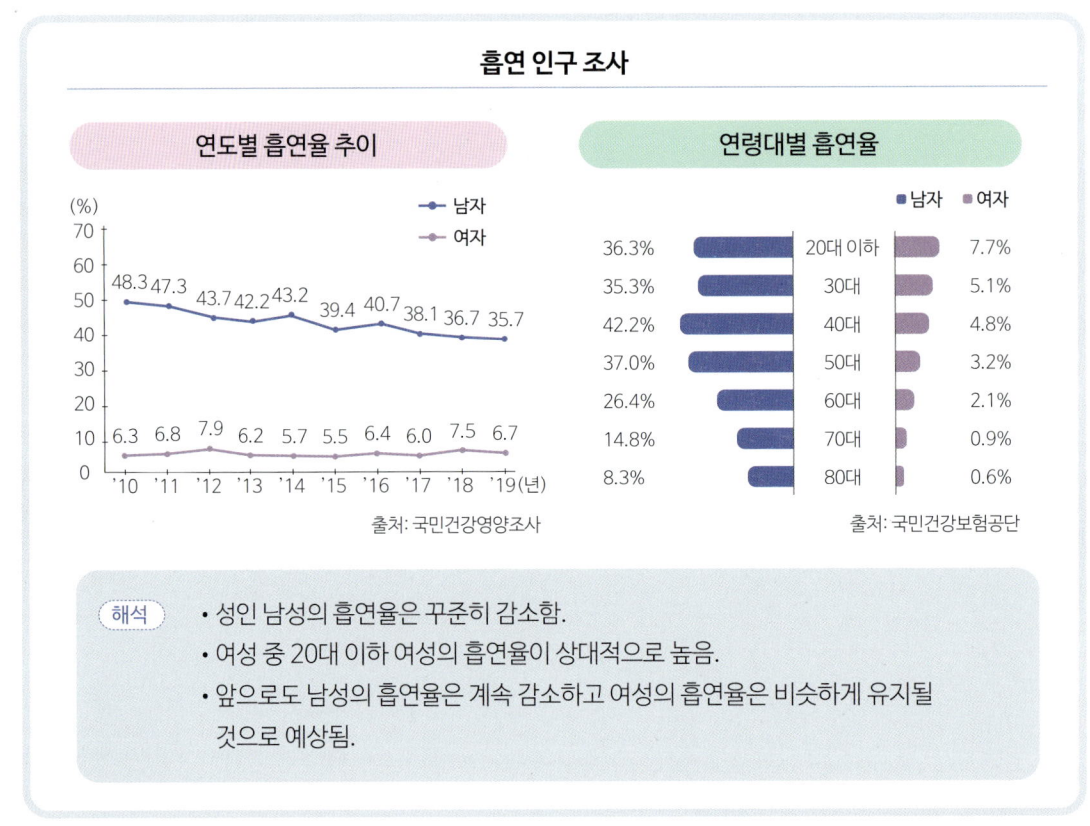

- **이야기해 보세요**

1 다음 중 조사하고 싶은 주제를 선택해 보세요.

　　가족·친구와 소통하는 방법　　　SNS 이용　　　디지털 매체 이용

2 선택한 주제로 질문지를 작성해 보세요.

> **예시**
>
> **질문 1.** 친구와 주로 소통하는 방법은 무엇입니까?
> ① 메신저/SNS
> ② 음성 통화
> ③ 영상 통화
> ④ 직접 만남
>
> **질문 2.** 그 이유는 무엇입니까?
> (　　　　　　　　　　　　　　　　　　　　　　　　　　　　　　　　)

> **질문 1.** _____
> ① _____
> ② _____
> ③ _____
> ④ _____
>
> **질문 2.** 그 이유는 무엇입니까?
> (　　　　　　　　　　　　　　　　　　　　　　　　　　　　　　　　)

3 반 친구들을 대상으로 위의 설문 내용을 조사하고 그 결과를 정리해 보세요.

질문 1.

응답 번호	응답자	백분율
①	명	%
②	명	%
③	명	%
④	명	%
전체	명	100%

4-1. 디지털 시대의 소통

질문 2.

	선택한 이유
①	
②	
③	
④	

4 보기와 같이 이야기할 내용을 메모해 보세요.

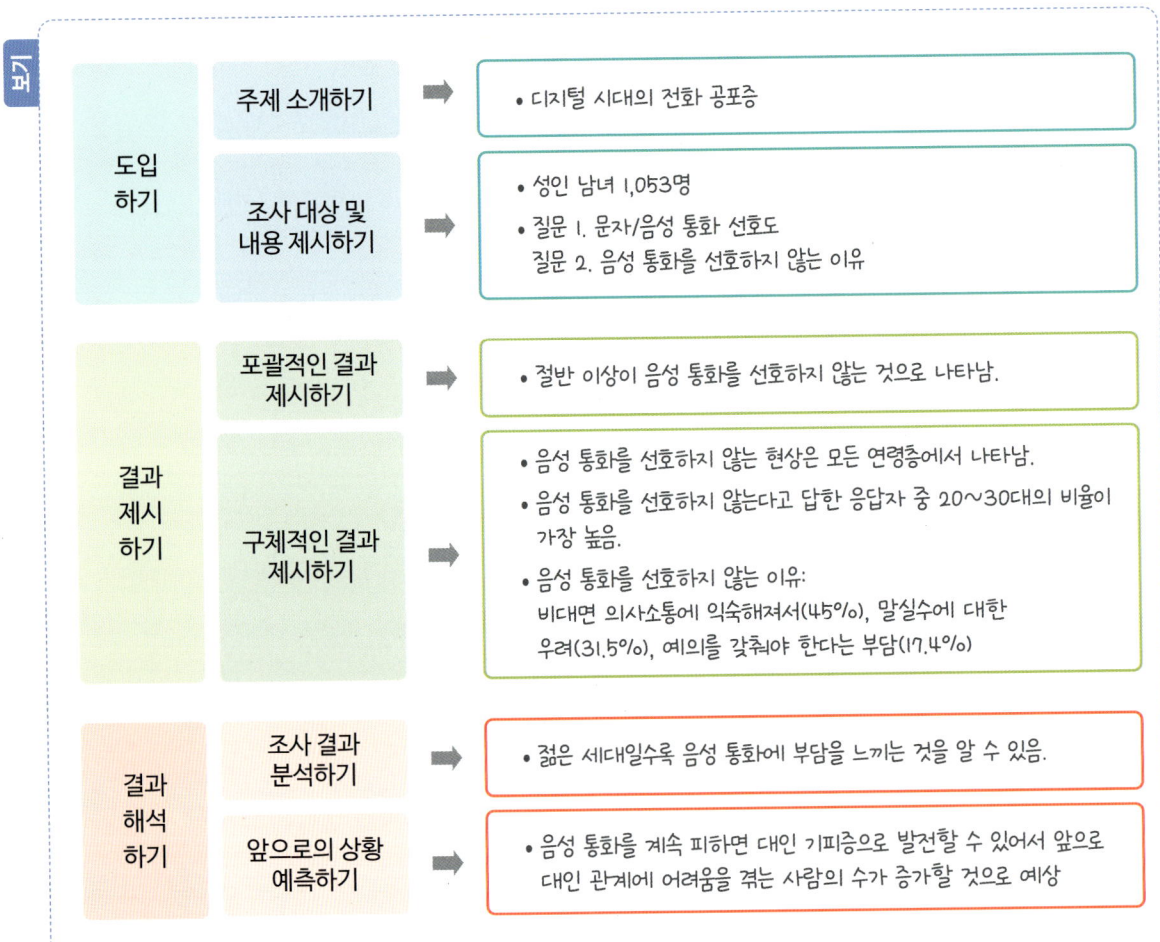

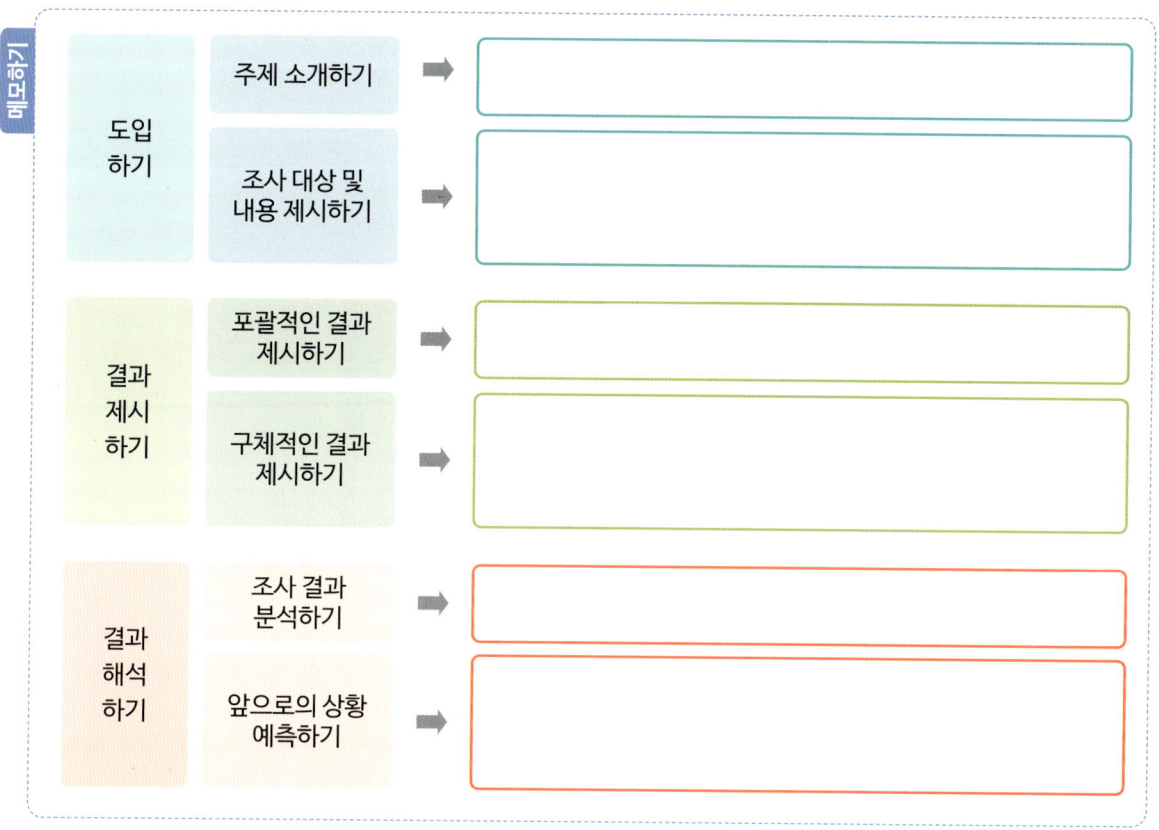

5 메모한 내용을 바탕으로 조사 결과를 설명해 보세요.

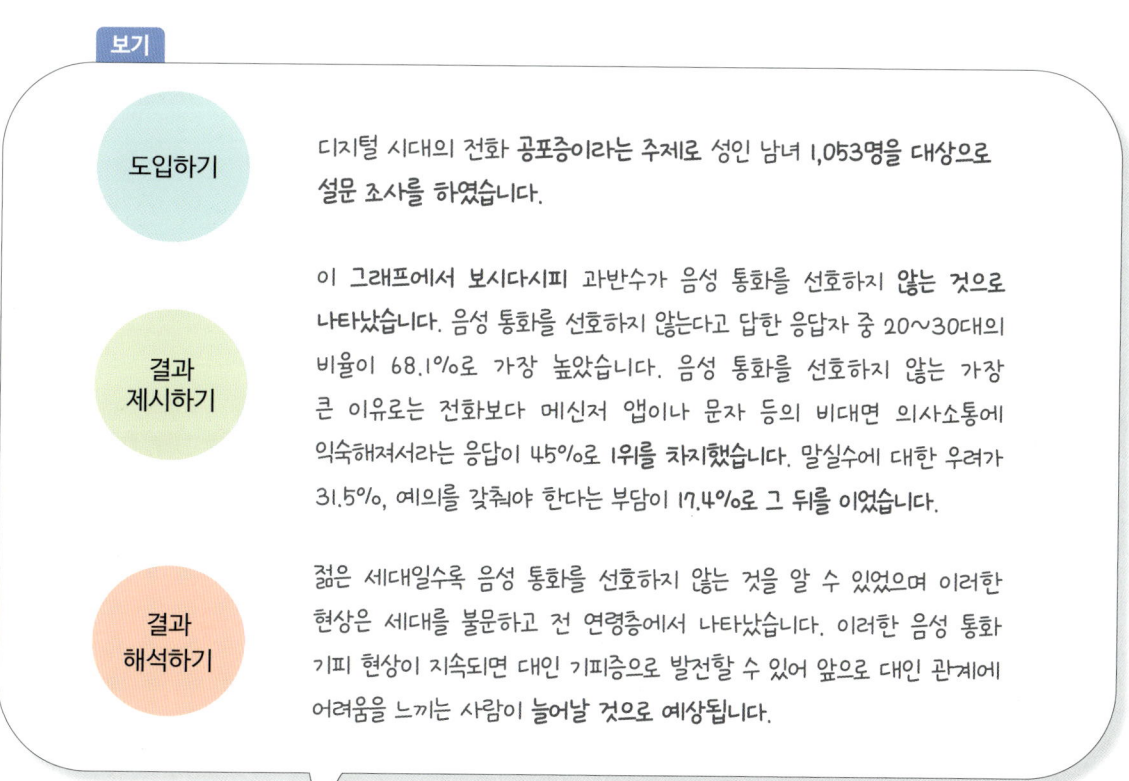

4-2 언론의 변화

1 종이 신문과 인터넷 뉴스는 어떻게 다릅니까?

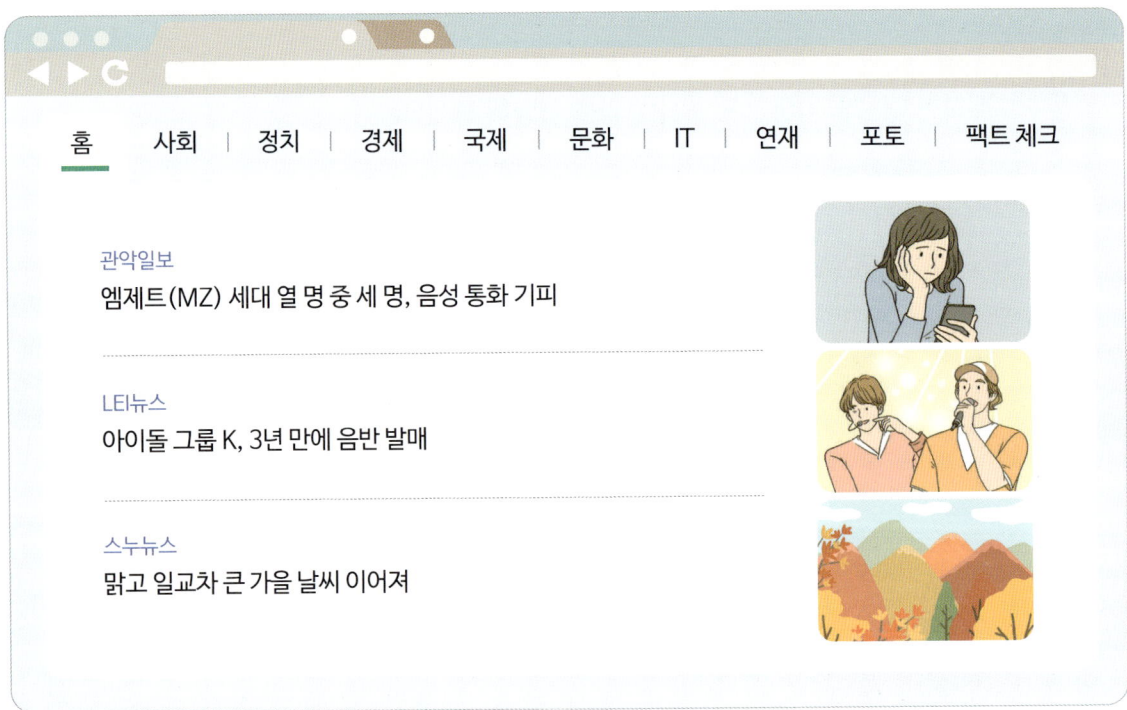

2 여러분은 어느 분야의 뉴스를 자주 봅니까? 여러분이 뉴스를 접하는 방법을 이야기해 보세요.

1 다음은 언론과 미디어에 관련된 표현입니다. 빈칸에 알맞은 표현을 찾아 써 보세요.

1. 언론의 역할은?

현대 사회에서 언론의 영향력은 매우 크다. 언론은 매체를 통해 어떤 사실을 사람들에게 알림으로써 **여론을 형성하는** 역할을 한다. 따라서 언론인의 자세도 매우 중요한데, 기자가 한쪽 편의 이야기만 듣고 사건에 대해 1) _____ 독자나 시청자들에게 편향된 **메시지를 전달할** 수 있기 때문이다. 또한 언론은 국내외에서 일어나는 많은 사건·사고에 대한 정확한 **정보를 수집하고 기사를 작성하기에** 적합한 2) _____.

2. 언론을 대하는 우리의 태도는?

우리는 언론이 공정한 보도를 하고 있는지 항상 감시해야 한다. 특히 인터넷에서 검색되는 내용 중 사실이 아닌 이야기도 많으므로 3) _____ 능력을 길러야 한다. 또한, 교육 기관에서는 청소년들이 뉴스를 일방적으로 받아들이지 않고 4) _____ 를 통해 논리적으로 판단할 수 있도록 미디어 교육을 해야 한다.

| 비판적 사고 | 가짜 뉴스를 판별하다 | 기사를 작성하다 | 뉴스를 선별하다 |
| 메시지를 전달하다 | 여론을 형성하다 | 정보를 수집하다 | 편파적으로 보도하다 |

2 다음은 맞춤형 정보와 관련된 표현입니다. 알맞은 것을 연결해 보세요.

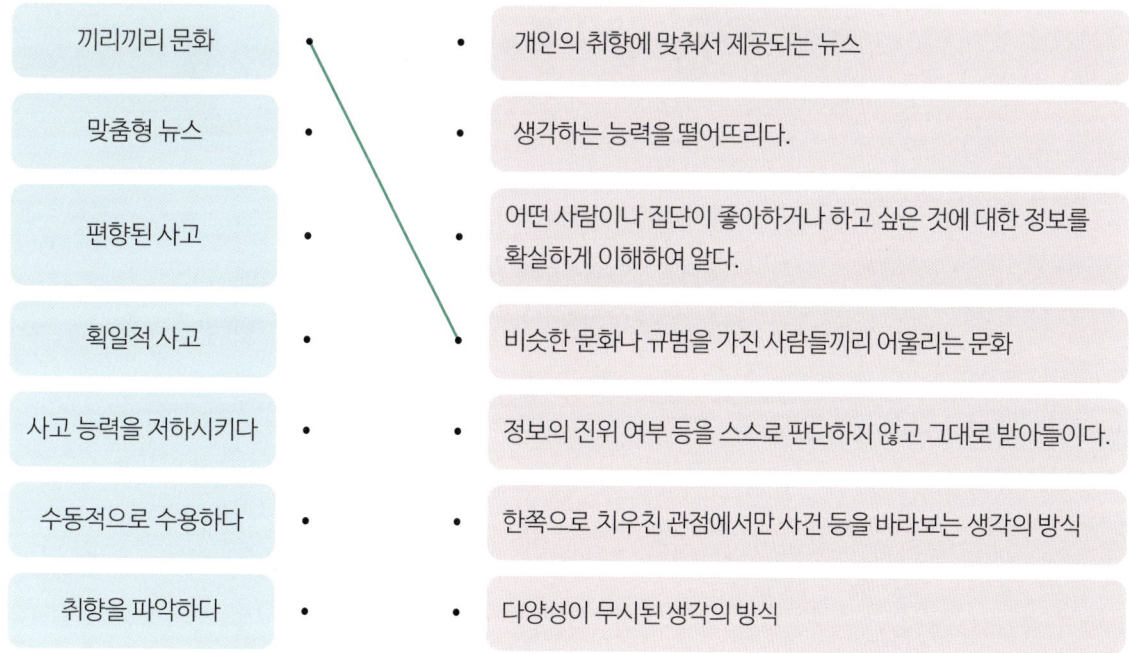

읽기 4-2

읽어 보세요 1

준비

1. 오늘 신문의 주요 뉴스를 찾아 친구와 비교해 보세요. 각 표제를 보면 어떤 느낌이 듭니까?

2. 아래 신문에는 어떤 기사가 실렸습니까? 여러분이 일반적으로 보는 신문과 어떻게 다른 것 같습니까?

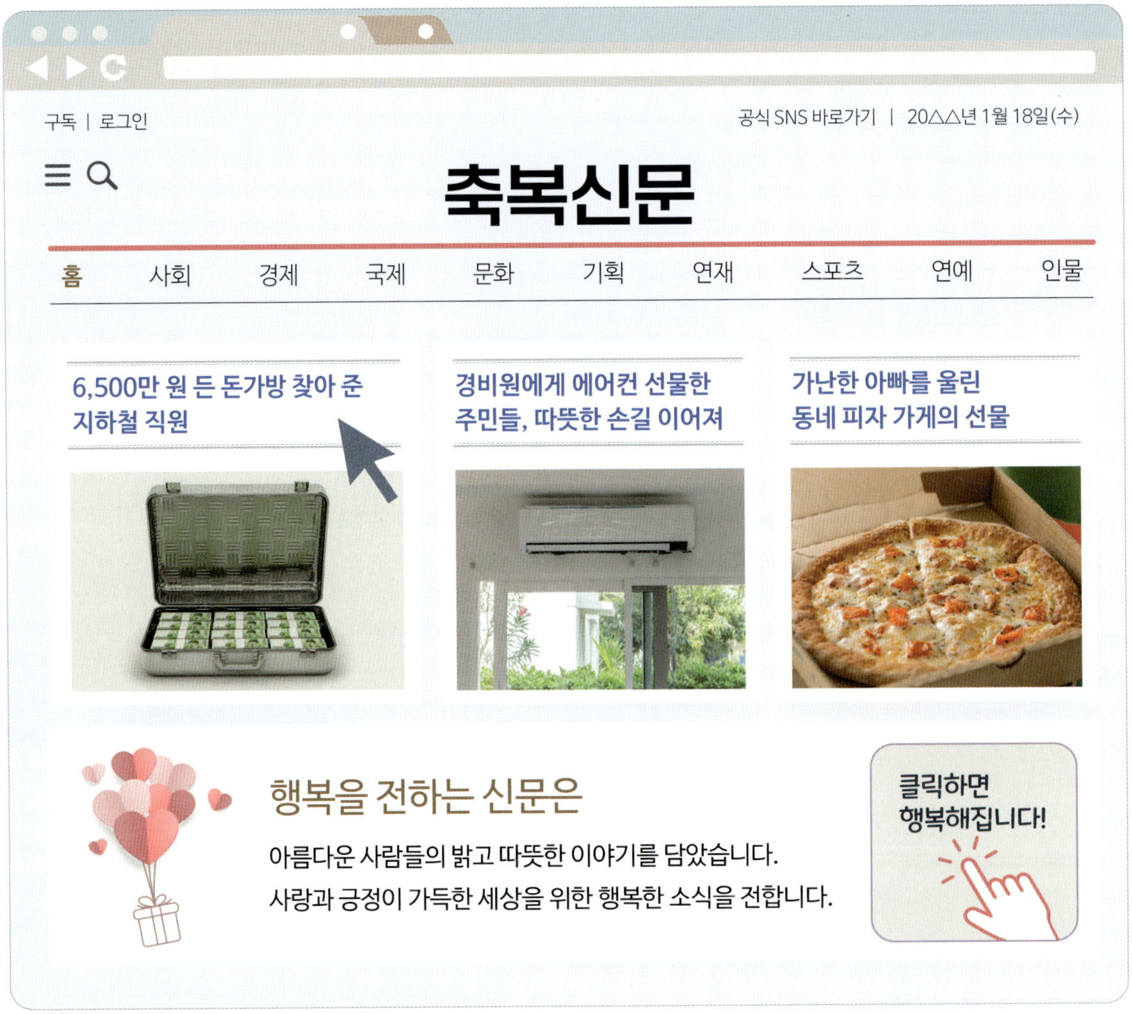

구독 | 로그인 　　　　　공식 SNS 바로가기 | 20△△년 1월 18일(수)

축복신문

홈　사회　경제　국제　문화　기획　연재　스포츠　연예　인물

- 6,500만 원 든 돈가방 찾아 준 지하철 직원
- 경비원에게 에어컨 선물한 주민들, 따뜻한 손길 이어져
- 가난한 아빠를 울린 동네 피자 가게의 선물

행복을 전하는 신문은

아름다운 사람들의 밝고 따뜻한 이야기를 담았습니다.
사랑과 긍정이 가득한 세상을 위한 행복한 소식을 전합니다.

클릭하면 행복해집니다!

읽기 다음은 행복 뉴스에 대한 기사문입니다. 글을 읽고 질문에 답해 보세요.

마음 따뜻해지는 '행복 뉴스' 등장
부정적 뉴스가 범람하는 시대에 위로와 희망의 메시지 전달

최근 긍정적인 뉴스, 이른바 '행복 뉴스'를 다루는 언론사들이 등장하면서 부정적인 뉴스에 피로감을 느끼는 사람들에게 따뜻한 위로와 희망을 주고 있다.

일반적으로 긍정적인 뉴스보다는 자극적이고 부정적인 뉴스가 관심을 끄는 화젯거리가 되기 마련이다. 신문을 보면 국내의 부정부패, 전염병, 사기, 경제 불황 소식부터 수천 킬로미터 떨어진 곳에서 일어난 세계의 재난 소식까지 부정적인 이야기로 가득 차 있다. 이러한 부정적 뉴스 때문에 피로감을 호소하는 독자가 늘자 이에 대한 대안으로 긍정적인 뉴스를 다루는 언론이 등장하기 시작했다.

올해 등장한 인터넷 언론《축복신문》도 그중 하나이다. 사건과 사고, 범죄 등 부정적인 뉴스를 주로 다루는 주류 매체와 달리《축복신문》은 각종 후원, 모금, 선행 사례, 미담 등 사람들에게 희망과 기쁨을 주는 뉴스만을 수집하여 보도하고 있다. 최명주 축복신문사 대표는 '이렇게나마 시민들에게 희망의 메시지를 전달할 수 있다는 점에 보람을 느낀다'고 하면서도 '자극적이고 부정적인 뉴스가 신문의 1면을 장식하고 긍정적인 기사는 큰 비중을 차지하지 못하는 현실을 **바꾸기에는** 역부족'이라며 안타까운 마음을 전했다.

시민들은《축복신문》과 같은 긍정적인 뉴스를 다루는 언론사가 많아지는 것을 반기는 분위기이다. 취업 준비생 소하율(27, 여) 씨는《축복신문》을 구독한 뒤로 '취업 준비로 인한 스트레스와 우울감이 해소되어 더욱 밝은 마음으로 하루를 시작할 수 있다'고 밝혔다. 전문가들도 부정적인 뉴스에 장기간 노출되면 수면 장애, 불안증, 우울증으로 이어질 수 있으므로 긍정적인 소식에 많이 노출되도록 사회적 차원의 노력이 필요하다고 입을 모았다.

김하늘 기자(snu1234@lei.com)

중심 내용 파악하기

1 기사의 중심 문장을 찾아 보세요.

세부 내용 파악하기

2 최근 '행복 뉴스'가 등장하게 된 배경은 무엇입니까?

3 이 글의 내용과 일치하는 것을 고르세요.

① 시민들은 긍정적인 뉴스가 많아지는 것에 회의적이다.
② 최근 주류 매체에서 긍정적인 뉴스의 비중이 늘어났다.
③ 부정적인 뉴스보다 긍정적인 뉴스가 더 화젯거리가 된다.
④ 전문가들은 부정적인 뉴스를 자주 접하는 데에 우려를 나타냈다.

추론하기

4 다음 중 《축복신문》에서 볼 수 있는 기사의 표제가 <u>아닌</u> 것을 고르세요.

① 물가 상승률, 10년 만에 최고치 기록
② K 중학교, 착한 댓글 달기 캠페인 시작
③ 과일 장사 노부부, 전 재산 S 대학교에 장학금으로 기부
④ 지하철 선로에 떨어진 노인 구한 청년, 올해의 화제 인물로 선정

확장 활동하기

5 글에서 언급한 '행복 뉴스'에 해당하는 기사를 찾아 표제를 공유해 보세요.

문법과 표현

동 -기에는 11쪽

긍정적인 기사는 큰 비중을 차지하지 못하는 현실을 바꾸기에는 역부족이다.

읽어 보세요 2

준비

1. 여러분은 포털 사이트나 온라인 동영상 플랫폼에서 추천해 주는 콘텐츠를 이용해 본 적이 있습니까? 이런 콘텐츠는 어떤 방식으로 제공되는 것일까요?

2. 맞춤형 뉴스에 대해 들어 본 적이 있습니까? 맞춤형 뉴스의 장점과 단점은 무엇일까요?

맞춤형 뉴스를 통해 일방적인 정보 수용에서 벗어나 능동적으로 콘텐츠를 구축하고, 정보를 효율적으로 탐색할 수 있다는 장점이 있습니다.

하지만 다양한 의견이나 이슈를 접할 기회를 차단해서 획일적이고 편향된 사고를 키울 수도 있습니다.

읽기 다음은 맞춤형 뉴스에 대한 칼럼입니다. 글을 읽고 질문에 답해 보세요.

필터 버블에 갇힌 세상

얼마 전 인터넷에서 옷을 싸게 판다는 광고를 보고 클릭했는데 들어가 보니 여성 의류만 파는 사이트였다. 한 번 들어갔을 뿐인데 그 이후로 내가 이용하는 인터넷 홈페이지는 모두 여성 의류 광고 창으로 도배가 되었다. 여성 의류를 살 일이 없는 나에게는 불편할 따름이었다.

인공 지능의 발달로 각종 인터넷 서비스가 맛집, 여행지, 쇼핑 목록 등 개인의 취향을 파악하여 맞춤형 정보를 제공하는 시대가 되었다. 특히 뉴스 이용자들이 자신의 성향에 맞는 뉴스를 선택할 수 있게 되면서 점차 인공 지능과 알고리즘이 추천한 뉴스에만 노출되게 된다. 최근에는 이러한 맞춤형 뉴스로 인해 이용자들이 선별된 정보만을 접하게 되는 현상인 이른바 '필터 버블'이 문제가 되고 있다.

혹자는 검색에 필요한 시간과 에너지를 절약할 수 있어 아주 편리하다고 찬사를 보내기도 한다. 그러나 맞춤형 뉴스를 단순히 기술 발전이 선사한 혜택으로만 간주하기에는 그 위험성이 너무 크다. 우선, 맞춤형 뉴스는 정보 편식을 초래한다. 기존에 관심을 가졌던 뉴스가 먼저 노출되다 보니 관심사가 아닌 정보와는 더욱 멀어질 수밖에 없다. 이러한 정보 편식은 끼리끼리 문화를 심화하고 인간 소외와 같은 또 다른 사회 문제를 양산한다. 둘째, 편향된 사고를 강요한다. 특정 입장의 의견이 다수인 사이트에서 소수의 반대 의견에 퍼부어지는 맹렬한 공격은 우리 일상에서 흔히 볼 수 있는 현상이다. 편파적인 보도나 자신의 성향에 부합하는 뉴스에만 노출되다 보면 다른 입장에서 생각할 기회를 가질 수 없으며 이는 결국 사회적인 대립과 분열로 이어진다. 마지막으로 논리적, 비판적 사고 능력을 저하시킨다. 인간은 반대 의견이나 새로운 문제에 **부딪힌 후에야 비로소** 인지적 성숙을 경험할 수 있다. 이에 반해 수동적으로 정보를 수용하는 데 익숙해지면 획일적 사고의 틀에 갇혀 사고력이 더 이상 성장하지 못하게 된다.

이 시점에서 우리에게 필요한 것은 미디어 문식성 교육이다. 미디어 문식성 교육은 가짜 뉴스를 판별하는 힘을 길러 줄 뿐 아니라, 다수의 목소리라고 믿었던 의견이 실은 필터로 걸러진 목소리일 수 있음을 인지하게 해 준다. 또한, 다름을 인정하고 비판적 사고를 갖게 함으로써 필터 버블 밖의 세상으로 나오게 해 줄 것이다.

글의 목적 파악하기
1 이 글을 쓴 목적은 무엇입니까?

세부 내용 파악하기
2 필터 버블이란 무엇입니까?

3 글쓴이가 말한 맞춤형 뉴스의 문제점을 정리해 보세요.

1) 정보 편식의 심화
2) _____
3) _____

4 글쓴이가 맞춤형 뉴스의 문제를 해결하기 위해 제안한 방법은 무엇입니까?

추론하기
5 다음 중 맞춤형 정보의 예에 해당하는 것을 모두 고르세요.

- ☐ 검색만 하고 구매하지 않은 상품이 인터넷 광고에 나온다.
- ☐ 자신이 클릭했던 뉴스와 유사한 뉴스를 첫 화면에 보여 준다.
- ☐ 모든 종류의 검색 결과를 보여 준 후 이용자에게 선택하게 한다.
- ☐ SNS에서 자신이 자주 검색한 연예인의 사진이 제일 위에 나온다.

이야기해 보세요

1 맞춤형 정보에 갇혀 있다고 느낀 적이 있습니까? 있다면 언제, 왜 그렇게 느꼈습니까?

2 맞춤형 정보에는 부정적인 측면만 있는 걸까요? 글쓴이의 의견에 대한 여러분의 생각을 이야기해 보세요.

문법과 표현

동 -은 후에야 (비로소) ☞ 11쪽
인간은 반대 의견이나 새로운 문제에 부딪힌 후에야 비로소 인지적 성숙을 경험할 수 있다.

기사문을 써 보세요.

준비해 보세요

1 글의 각 부분에 대한 설명으로 맞는 것을 연결해 보세요.

나티 뉴스

1) 표제 — 마음 따뜻해지는 '행복 뉴스' 등장

2) 부제 — 부정적 뉴스가 범람하는 시대에 위로와 희망의 메시지 전달

3) 전문 — 최근 긍정적인 뉴스, 이른바 '행복 뉴스'를 다루는 언론사들이 등장하면서 부정적인 뉴스에 피로감을 느끼는 사람들에게 따뜻한 위로와 희망을 주고 있다.

4) 본문 — 올해 등장한 인터넷 언론 《축복신문》은 오로지 긍정적인 뉴스만 다룬다. 사건과 사고, 범죄 등 부정적인 뉴스를 주로 다루는 주류 매체와 달리 《축복신문》은 각종 후원, 모금, 선행 사례, 미담 등, 사람들에게 희망과 기쁨을 주는 뉴스만을 수집하여 보도하고 있다. 시민들은 《축복신문》과 같이 긍정적인 뉴스를 다루는 언론사가 늘어난 것을 반기는 분위기이다. 취업 준비생 소하율(27, 여) 씨는 《축복신문》을 구독한 뒤로 취업 준비로 인한 스트레스와 우울감이 해소되어 더욱 밝은 마음으로 하루를 시작할 수 있다'고 밝혔다. 전문가들도 부정적인 뉴스에 장기간 노출되면 수면 장애, 불안증, 우울증으로 이어질 수 있으므로 긍정적인 소식에 많이 노출되도록 사회적 차원의 노력이 필요하다고 입을 모았다.

1) 표제 • • 제목에 보충 설명을 덧붙인 소제목

2) 부제 • • 기사 내용 요약

3) 전문 • • 사건의 세부 내용

4) 본문 • • 기사의 제목

- **표현을 연습해 보세요**

1 다음은 기사의 제목을 만드는 방법입니다. 전문을 읽고 표제와 부제를 만들어 보세요.

제목 만들기
> 표제는 기사의 가장 중요한 내용을 압축해서 표현합니다.
> 부제는 표제에 담지 못한 내용을 보충합니다.

- **성인 절반 이상 '전화 공포증' 호소**
  음성 통화보다 문자나 메신저 소통 선호

- **종이 신문 구독률 급감**
  20년 내 종이 신문이 사라질 것이라는 전망도

	전문	표제와 부제
1)	택배업계가 사상 최대의 호황을 누리고 있다. 재택근무가 늘어남에 따라 밖에서 쇼핑을 하기보다는 온라인으로 물품을 구매하는 사람들이 많아졌기 때문이다.	
2)	한국 게임이 여러 나라에서 선풍적인 인기를 얻고 있다. 한류의 흐름을 타고 이른바 K-게임도 세계로 뻗어 나가고 있는 것이다.	

2 다음은 기사의 전문에 사용하는 표현입니다. 표제와 부제를 보고 전문을 만들어 보세요.

전문 만들기
> 상황이나 배경을 제시하여 기사의 내용을 요약합니다.

- …는 추세이다
- …이 …으면서 화제[논란/문제]가 되고 있다
- …어(서) 큰 반향을 일으키다
- …다는 평가를 받고 있다

- 최근 종이 신문의 구독률이 낮아지고 **있는 추세이다**.
- 커피숍 '**모카모카**'가 최근 큰 인기를 얻고 있는 영화 〈커피 왕자〉의 촬영지로 **알려지면서 큰 화제가 되고 있다**.
- 스마트폰 시장에 획기적인 제품이 **나와** 소비자들에게 **큰 반향을 일으키고** 있다.
- 새로 출시된 맞춤형 뉴스 서비스 앱 '트루스'가 뉴스 소비의 새로운 시대를 **열었다는 평가를 받고 있다**.

	표제와 부제	전문
1)	**출생아 수 연속 90개월째 감소 중** 심각한 사회 문제로 등장	
2)	**김솔비 작가의 신작 《안녕》 국내외에서 뜨거운 반응** 평론가들에게도 호평	

3 다음은 기사문의 본문에서 다른 사람의 의견을 제시할 때 사용하는 표현입니다. 다음 표현을 사용하여 연습해 보세요.

다른 사람의 의견 제시하기

> 문제에 대한 전문가 또는 관계자의 조언, 시민의 의견 등을 요약하여 제시합니다.

- '…다'고 말하다[밝히다]
- …다고 입을 모으다
- '…다'며 우려를 표하다
- …다고 조언하다

- 최명주 축복신문사 대표는 '**이렇게나마 시민들에게 희망의 메시지를 전달할 수 있어 보람을 느낀다**' **고 밝혔다**. 전문가들은 이런 현상을 반기며 긍정적인 뉴스에 많이 노출되도록 사회적 차원의 노력이 **필요하다고 입을 모았다**.
- 이경민 소장은 '**음성 통화를 계속 피하게 되면 대인 기피증으로까지 발전할 수 있다**'**며 우려를 표했다**. 가족, 친구 등 가까운 사람과 전화를 자주 하다 보면 음성 통화에 대한 부담이 줄어들 수 **있다고 조언했다**.

1)
- 학생 A 양, 스마트폰은 생활에 필수적인 존재임.
- 교사들, 학생들이 수업 시간에 스마트폰만 봐서 수업을 진행하기가 어려움.

2)
- 소통 전문가 B 씨, 계속 음성 통화를 기피하고 메신저로만 소통하면 공감 능력이 저하될 수 있음.
- 짧은 통화라도 조금씩 연습하는 것이 좋음.

4 다음 기사를 읽고 표제, 부제 및 전문을 작성해 보세요.

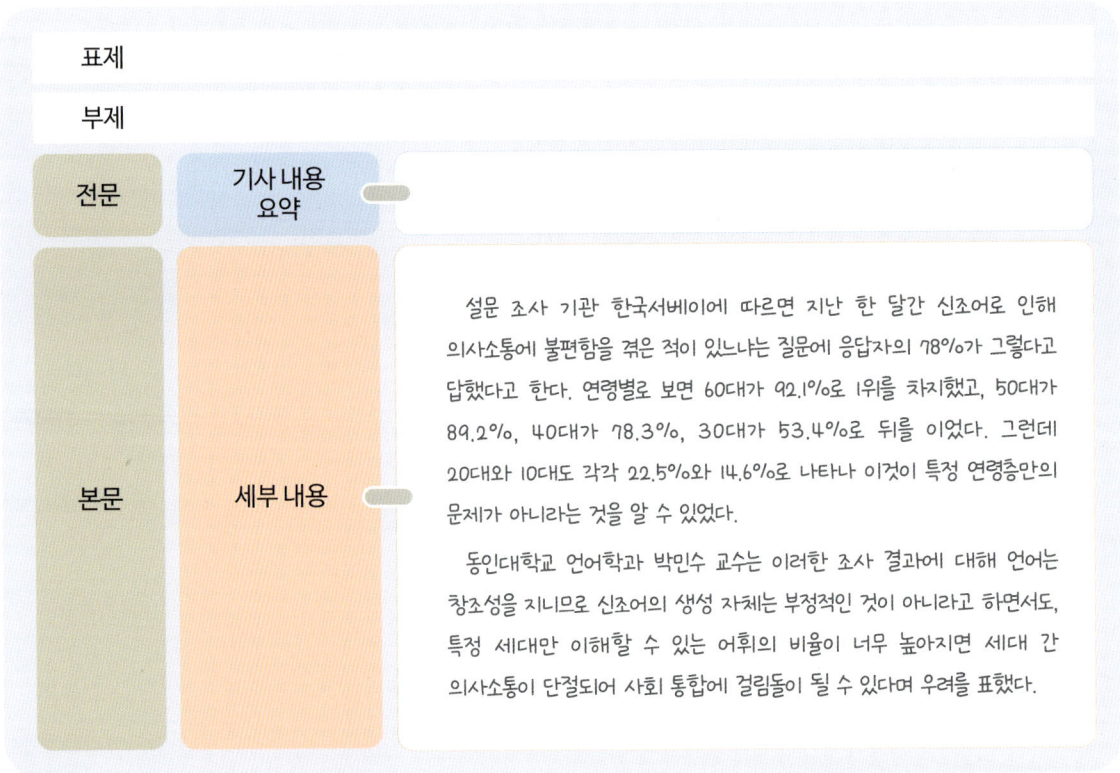

- 써 보세요

1 여러분 고향의 긍정적인 뉴스를 찾아 기사문을 써 보세요.

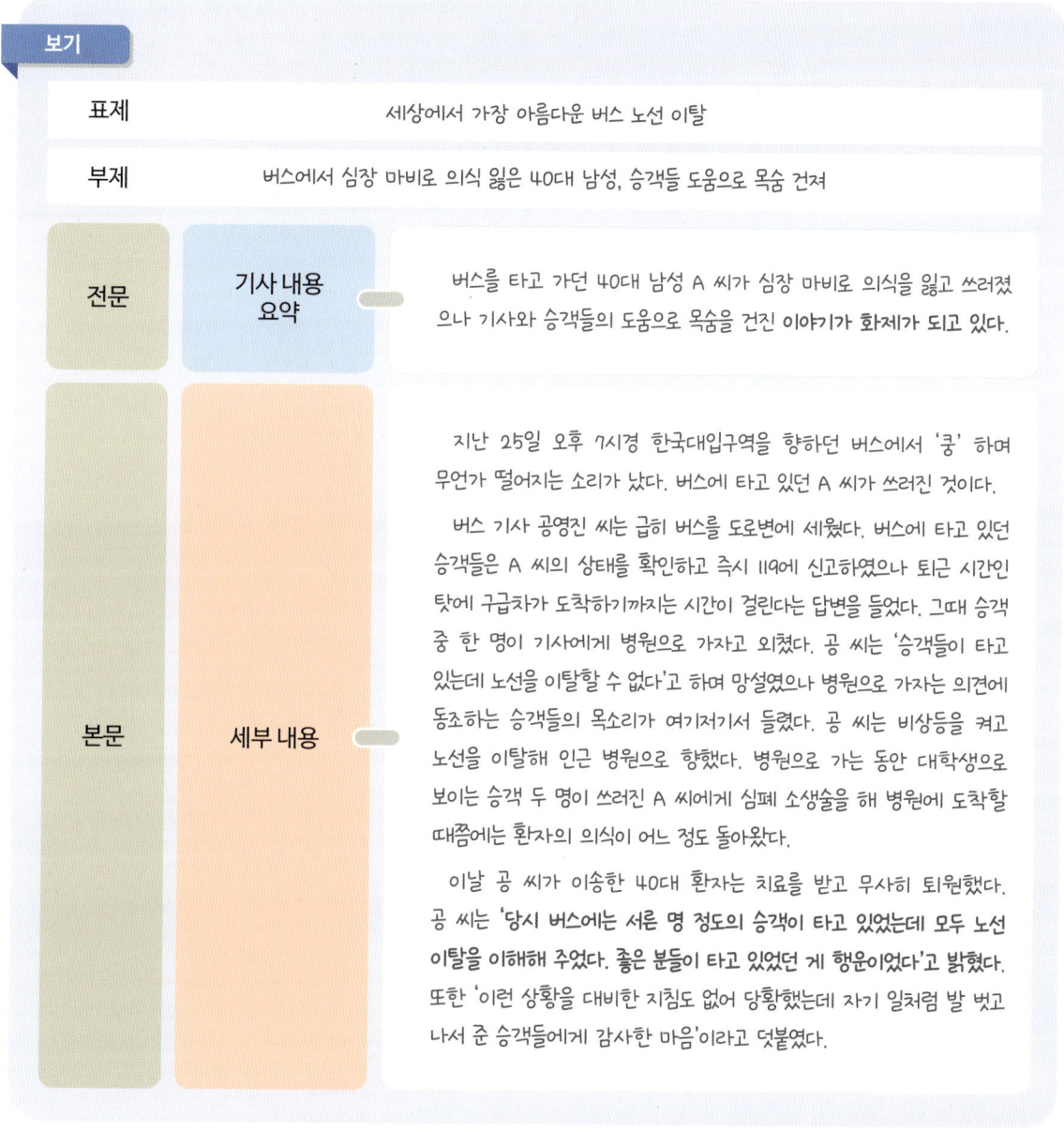

보기		
표제		세상에서 가장 아름다운 버스 노선 이탈
부제		버스에서 심장 마비로 의식 잃은 40대 남성, 승객들 도움으로 목숨 건져
전문	기사 내용 요약	버스를 타고 가던 40대 남성 A 씨가 심장 마비로 의식을 잃고 쓰러졌으나 기사와 승객들의 도움으로 목숨을 건진 이야기가 화제가 되고 있다.
본문	세부 내용	지난 25일 오후 7시경 한국대입구역을 향하던 버스에서 '쿵' 하며 무언가 떨어지는 소리가 났다. 버스에 타고 있던 A 씨가 쓰러진 것이다. 버스 기사 공영진 씨는 급히 버스를 도로변에 세웠다. 버스에 타고 있던 승객들은 A 씨의 상태를 확인하고 즉시 119에 신고하였으나 퇴근 시간인 탓에 구급차가 도착하기까지는 시간이 걸린다는 답변을 들었다. 그때 승객 중 한 명이 기사에게 병원으로 가자고 외쳤다. 공 씨는 '승객들이 타고 있는데 노선을 이탈할 수 없다'고 하여 망설였으나 병원으로 가자는 의견에 동조하는 승객들의 목소리가 여기저기서 들렸다. 공 씨는 비상등을 켜고 노선을 이탈해 인근 병원으로 향했다. 병원으로 가는 동안 대학생으로 보이는 승객 두 명이 쓰러진 A 씨에게 심폐 소생술을 해 병원에 도착할 때쯤에는 환자의 의식이 어느 정도 돌아왔다. 이날 공 씨가 이송한 40대 환자는 치료를 받고 무사히 퇴원했다. 공 씨는 '당시 버스에는 서른 명 정도의 승객이 타고 있었는데 모두 노선 이탈을 이해해 주었다. 좋은 분들이 타고 있었던 게 행운이었다'고 밝혔다. 또한 '이런 상황을 대비한 지침도 없어 당황했는데 자기 일처럼 발 벗고 나서 준 승객들에게 감사한 마음'이라고 덧붙였다.

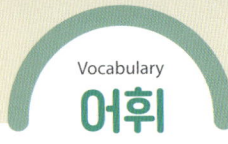

4-1. 디지털 시대의 소통

주제 어휘

경계(境界)를 허물다
서로 다른 두 지역이나 사물 등의 구분을 없애다.
요즘 기업들은 부서 간의 경계를 허물고 유연하게 일할 수 있는 문화를 만들려고 노력한다.
to break down boundaries

공감(共感) 능력(能力)이 저하(低下)되다
다른 사람의 입장을 이해하고 감정을 공유하는 능력이 떨어지다.
부모의 강압적 양육 방식으로 인해 아이들의 공감 능력이 저하될 수 있다는 연구 결과가 발표됐다.
ability to empathize declines

대면(對面) 의사소통(意思疏通)
직접 얼굴을 마주한 채 생각이나 말을 서로 전함.
대면 의사소통에서 중요한 것은 표정과 말투를 읽는 능력이다.
face-to-face communication

디지털
명 여러 자료를 한정된 숫자로 바꾸어 나타내는 방식.
디지털 시대는 컴퓨터의 발전과 함께 변화해 왔다.
digital

매체(媒體)를 활용(活用)하다
한쪽 작용을 다른 쪽으로 전달하는 수단이나 물체를 충분히 잘 이용하다.
학생회는 다양한 매체를 활용하여 학생들과 학교생활에 관한 정보를 나누고 있다.
to utilize media

메시지로 소통(疏通)하다
직접 만나지 않고 문자로 의사를 주고받다.
메시지로 소통할 때는 감정이나 표정을 정확히 전달하기 어려워서 오해가 생기곤 한다.
to communicate through messages

미디어를 이용(利用)하다
한쪽 작용을 다른 쪽으로 전달하는 수단이나 물체를 필요에 따라 이롭게 쓰다.
정보화 시대로 접어들면서 미디어를 이용하는 사람들이 늘고 있다.
to use media

비대면(非對面) 의사소통(意思疏通)
직접 얼굴을 마주하지 않고 생각이나 말을 서로 전함.
각종 디지털 매체가 발달하면서 멀리 있는 친구와도 비대면 의사소통이 가능하게 되었다.
non face-to-face communication

비언어적(非言語的) 요소(要素)
의사소통에서 언어를 제외한 몸짓, 표정 등의 요소.
대화할 때 주고받는 의미의 65%는 비언어적 요소를 통해 전달된다.
non-verbal elements

사진(寫眞)을 공유(共有)하다
사진을 다른 사람과 나누다.
벚꽃을 찍어 친구들과 사진을 공유했다.
to share photos

사회적(社會的) 관계(關係)를 맺다
사회 안에서 다른 사람과 관계를 만들다.
상대방이 어떤 사람이고 어떤 상황에 놓여 있는지 살피는 것이 사회적 관계를 맺을 때의 핵심이라고 할 수 있다.
to establish social relationships

소통(疏通)의 중심(中心)이 되다
생각이나 의견을 주고받는 주요 활동 공간이 되다.
이 메신저는 청소년들 사이에서 소통의 중심이 되고 있다.
to become the center of communication

실시간(實時間) 소통(疏通)
즉각적으로 서로의 생각을 나눔.
매체의 발달로 말미암아 멀리 있는 사람과 실시간 소통이 가능하게 되었다.
real-time communication

아날로그
명 여러 자료를 연속적인 숫자로 바꾸어 나타내는 방식. 디지털의 상대적인 말.
전자책이 많이 사용되는 디지털 시대에도 아날로그 방식인 종이책은 사라지지 않고 있다.
analog

앱/애플리케이션을 활용(活用)하다
소프트웨어 프로그램을 충분히 잘 이용하다.
단어를 외울 때 어휘 학습 앱을 활용하면 효과적이다.
to use an app/application

양방향(兩方向) 소통(疏通)
한쪽으로만 향하는 것이 아니라 양쪽으로 향하는 소통 방식.
라디오 방송은 청취자의 문자를 읽어 줌으로써 양방향 소통을 한다.
two-way communication

언어적(言語的) 요소(要素)
의사소통에서 언어가 담당하는 부분.
타인과 의사소통할 때 언어적 요소에만 중점을 두면 오해가 발생하기 쉽다.
linguistic elements

영상(映像)을 편집(編輯)하다
영상의 일부분을 삭제하거나 수정하는 등의 방식을 통해 새로운 영상 작품을 만들다.
요즘 청소년들은 영상을 짧게 편집하여 공유하는 것을 선호한다.
to edit a video

영상 통화(映像通話)를 선호(選好)하다
화면으로 상대방의 얼굴을 보면서 말을 주고받는 통화 방식을 좋아하다.
부모님과 떨어져 지내는 리사는 부모님과 연락할 때 영상 통화를 선호한다.
to prefer video calls

음성(音聲) 통화(通話)를 선호(選好)하다
전화로 목소리를 주고받는 통화 방식을 좋아하다.
요즘은 음성 통화를 선호하지 않고 메시지로 소통하는 것을 좋아하는 사람이 많다.
to prefer voice calls

일방향(一方向) 소통(疏通)
한 방향으로만 전달되는 소통 방식.
예전에는 TV 등에서 전달하는 정보를 일방적으로 받아들이는 일방향 소통이 대부분이었다.
one-way communication

정보(情報)를 교환(交換)하다
기기 사이에서 정보를 주고받다.
컴퓨터 통신의 발달로 전 세계 사람들과 정보를 교환할 수 있게 되었다.
to exchange information

즉각적(卽刻的)인 소통(疏通)
생각이나 말을 바로바로 주고받는 소통 방식.
라이브 쇼핑 방송은 댓글을 통한 즉각적인 소통이 가능하다는 점에서 TV 홈 쇼핑과 차별화된다.
immediate communication

콘텐츠를 생산(生産)하다
정보를 전달하는 매체 창작물을 만들다.
그는 콘텐츠를 생산해서 동영상 공유 플랫폼에 올리는 것을 좋아한다.
to produce content

콘텐츠를 소비(消費)하다
정보를 전달하는 매체 창작물을 보고 즐기다.
나는 쉬는 날이면 집에서 온라인 동영상 서비스를 통해 콘텐츠를 소비한다.
to consume content

콘텐츠를 재생산(再生産)하다
기존 콘텐츠를 편집해서 새로운 창작물을 만들다.
요즘 팬들은 좋아하는 가수와 관련된 콘텐츠를 재생산한다는 특징이 있다.
to reproduce content

듣기

들어 보세요 1

기피(忌避)하다
동 꺼리거나 싫어하여 피하다.
어렵고 더럽고 위험한 3D 직업을 기피하는 현상이 나타나고 있다.
to avoid

대인(對人) 기피증(忌避症) [기피쯩]
다른 사람을 상대하는 것을 매우 기피하는 증상.
팬데믹 시기에 대인 기피증에 걸린 사람이 많았다고 한다.
social anxiety disorder

말투(말套)
명 말을 하는 버릇.
민수는 말투가 거칠어서 평범하게 하는 말도 화난 것처럼 들린다.
speech habit

수치(數値)
명 계산하여 얻은 값.
위의 수치는 표본 조사를 통해 산출한 것이므로 어느 정도 오차가 발생할 수 있다.
figure

역설적(逆說的) [역썰쩍]
관 명 어떤 주장이나 이론이 보기에는 모순되는 듯하나 그 속에 중요한 진실이 숨어 있는 (것).
그녀는 계획이 없는 것이 최고의 계획이라는 역설적인 주장을 하였다.
paradoxical

튀어나오다
동 말이 갑자기 나오다.
"사실 널 좋아해."라는 말이 나도 모르게 튀어나왔다.
to blurt out

들어 보세요 2

공모(公募)하다
동 일반에게 널리 공개하여 모집하다.
이번 영화는 주연 배우를 일반인 대상으로 공모하여 뽑았다.
to have an open audition

끌어들이다
동 남을 부추기거나 속여서 자기편이 되게 하다.
친구가 나를 이 동아리에 끌어들였다.
to drag in

별개(別個)
명 관련성이 없이 서로 다름.
나는 한국어 실력과 토픽 점수는 별개라고 생각한다.
being separate

역(逆)으로
반대로.
다른 사람들이 영어를 배우러 외국에 갈 때, 그는 역으로 한국어 실력을 키우려고 한자를 공부했다.
inversely

원곡(原曲)
명 작곡가가 처음 작곡한 곡에서 다른 형식으로 바꾸지 않은 본래의 곡.
이 곡은 아이돌 민주가 부른 것으로 유명하지만, 사실 원곡은 가수 박찬성이 부른 것이다.
original song

특정(特定)
명 특별히 지정함.
이 소설은 실제로 존재하는 특정 단체나 인물과는 관계가 없습니다.
particular

말하기

그치다
동 더 이상의 진전이 없이 어떤 상태에 멈추다.
순대를 좋아한다고 응답한 외국인은 8%에 그쳤다.
to end up

남북(南北) 관계(關係)
남한과 북한 사이의 관계.
2000년 이후 남북 관계는 좋아졌다가 나빠지기를 반복하였다.
inter-Korean relations

머무르다
동 더 나아가지 못하고 일정한 수준이나 범위에 그치다.
지난해 한국의 경제 성장률은 2%에 머물렀다.
to end up

백분율(百分率) [백뿐뉼]
명 전체 수량을 100으로 하여 그것에 대해 가지는 비율.
상대 평가란 학생들의 점수를 백분율로 계산해 위에서부터 점수를 주는 방식이다. 점수에 상관없이 백분율이 10% 안에 들면 A를 받는다.
percentage

양질(良質)
명 좋은 바탕이나 품질.
양질의 제품을 만들기 위해 모든 직원이 노력하고 있다.
good quality

집계(集計)되다
통 이미 결과가 나온 계산들이 하나로 모이다.
전국 지하철의 이용자 수가 집계되었다.
to be counted

체류(滯留)
명 집을 떠나 어떤 곳에 가서 머물러 있음.
그는 캐나다에 1년간 체류 중이다.
stay

투입(投入)되다
통 사람이나 물건, 돈 등이 필요한 곳에 넣어지다.
이 영화에는 엄청난 제작 비용이 투입되었다.
to be put in

포괄적(包括的) [포괄쩍]
관 명 일정한 대상이나 현상 따위를 어떤 범위나 한계 안에 모두 끌어들이는 (것).
이 글의 내용은 너무 포괄적이어서 이해하기 어렵다. 구체적인 예가 필요하다.
comprehensive

4-2. 언론의 변화

주제 어휘

가짜 뉴스를 판별(判別)하다
거짓된 뉴스인지 아닌지를 판단하여 구별하다.
제목에 '충격', '경악' 등 자극적인 단어가 쓰인 글을 경계하는 것은 가짜 뉴스를 판별하는 방법 중 하나이다.
to identify fake news

기사(記事)를 작성(作成)하다
취재한 것을 바탕으로 기사를 쓰다.
기자들이 이번 경기의 결과에 대한 기사를 작성하고 있다.
to write an article

끼리끼리 문화(文化)
비슷한 문화나 규범을 가진 사람들끼리 어울리는 문화.
SNS는 끼리끼리 문화를 심화한다는 문제가 있다.
niche culture

뉴스를 선별(選別)하다
뉴스를 가려서 골라내다.
기자는 신문에 실을 만한 뉴스를 선별할 수 있는 능력이 필요하다.
to select the news

맞춤형(맞춤型) 뉴스
개인의 취향에 맞춰서 제공되는 뉴스.
요즘은 포털 사이트 첫 화면에 사용자가 관심을 보일 만한 맞춤형 뉴스가 뜨는 것이 일반적이다.
customized news

메시지를 전달(傳達)하다
사상이나 교훈을 전하다.
어려움 속에서도 꿈을 이룬 그의 이야기는 많은 사람에게 희망의 메시지를 전달한다.
to deliver a message

비판적(批判的) 사고(思考)
어떤 사태에 처했을 때, 그것에 대하여 다양한 관점에서 분석하고 평가하는 능동적인 사고.
독서를 많이 하면 비판적 사고 능력을 기를 수 있다.
critical thinking

사고(思考) 능력(能力)을 저하(低下)시키다
생각하는 능력을 떨어뜨리다.
지나친 스마트폰 사용은 사고 능력을 저하시킨다는 연구 결과가 발표됐다.
to reduce one's ability to think

수동적(受動的)으로 수용(受容)하다
정보의 진위 여부 등을 스스로 판단하지 않고 그대로 받아들이다.
교사의 말을 수동적으로 수용하기만 하면 학생의 사고 능력은 저하될 것이다.
to accept passively

여론(輿論)을 형성(形成)하다
사회 대중의 공통된 의견을 만들다.
시민 단체는 정부가 환경 보호에 대해 더 적극적으로 나서야 한다는 여론을 형성하였다.
to form public opinion

정보(情報)를 수집(收集)하다
여기저기 흩어진 지식 또는 자료를 한곳에 모으다.
발표 준비를 위해 주제와 관련된 정보를 수집하고 있다.
to gather information

취향(趣向)을 파악(把握)하다
어떤 사람이나 집단이 좋아하거나 하고 싶은 것에 대한 정보를 확실하게 이해하여 알다.
소개팅에 나간 정민이는 상대방의 취향을 파악하기 위해 많은 질문을 했다.
to identify one's preference

편파적(偏頗的)으로 보도(報道)하다
공정하지 못한 태도로 사람들에게 새로운 소식을 알리다.
그 방송국은 정치적 대립에 관한 뉴스를 편파적으로 보도했다는 이유로 국민들에게 비난을 받았다.
to report in a partial manner

편향(偏向)된 사고(思考)
한쪽으로 치우친 관점에서만 사건 등을 바라보는 생각의 방식.
자기가 보고 싶은 뉴스만 보다 보면 편향된 사고를 갖게 될 우려가 있다.
biased thinking

획일적(劃一的) 사고(思考) [회길쩍]
다양성이 무시된 생각의 방식.
획일적 사고로는 놀라운 속도로 발전하는 현대 과학을 따라잡을 수 없다.
uniform thinking

읽기

읽어 보세요 1

미담(美談)
명 사람을 감동시킬 만큼 아름다운 내용을 가진 이야기.
김 교수님이 아무도 모르게 어려운 학생들의 등록금을 내주고 있었다는 미담이 공개되었다.
moving story

범람(氾濫)하다
동 바람직하지 못한 것들이 마구 쏟아져 돌아다니다.
가짜 명품이 범람하는 것을 막기 위해 경찰이 대책을 마련하고 있다.
to flood

불안증(不安症) [부란쯩]
명 이유 없이 걱정이 많아지고 초조해지고 무서워지기까지 하는 증상.
불안증을 보이는 아들을 달래기 위해 어머니는 손을 꼭 잡아 주었다.
anxiety

언론사(言論社)
명 언론을 담당하는 회사. 신문사, 방송국 등이 있다.
언론사는 사건의 내용을 객관적으로 전달해야 한다.
media company

역부족(力不足)
명 힘이나 능력 등이 모자람.
그는 최선을 다했으나 역부족으로 실패하였다.
inadequacy

입을 모으다
둘 이상의 사람이 같은 말을 하다.
제주도에 갔다 온 사람들은 경치가 매우 아름다웠다고 입을 모아 말했다.
to say in unison

주류(主流)
명 어떤 분야의 주된 경향.
현재 한국의 주류 음악은 아이돌 음악이다.
mainstream

축복(祝福)
명 행운을 빎. 또는 그 행복.
두 사람은 친구들의 축복 속에서 결혼식을 올렸다.
blessing

화젯거리(話題거리)
명 이야기할 만한 재료나 소재가 되는 것.
김 부장님이 사직서를 제출했다는 소문은 회사 내에서 화젯거리가 되었다.
talk of the town

회의적(懷疑的)
관·명 어떤 일의 효과나 가능성 등에 대해 의심을 품는 (것).
사장님은 우리 팀의 제안서를 읽고 회의적인 반응을 보이셨다.
skeptical

후원(後援)
명 뒤에서 도와줌.
우리 학교는 한 사회적 기업의 후원으로 운영되고 있다.
sponsorship

읽어 보세요 2

구축(構築)하다
동 체계 등의 기초를 세우다.
온라인 수업을 위해 인터넷 환경을 새롭게 구축했다.
to establish

도배(塗褙)가 되다
인터넷 등의 가상 공간에서 글, 사진 등이 반복적으로 게시되는 일을 비유적으로 이르는 말.
인터넷 게시판은 정부의 정책을 비판하는 의견으로 도배가 되었다.
to be plastered with

맹렬(猛烈)하다
형 힘이나 분위기, 태도 등이 매우 강하고 거칠다.
그는 반대 의견을 가진 사람들을 맹렬하게 비난하였다.
to be fierce

문식성(文識性)
명 글을 읽고 이해할 수 있는 능력.
문식성을 기르기 위해서는 독서를 많이 해야 한다.
literacy

부합(符合)하다
동 사물이나 현상이 서로 꼭 들어맞다.
나의 가치관은 일반적인 한국인의 정서에 부합하지 않는다.
to correspond

분열(分裂)
명 집단이나 단체 등이 나뉨.
작은 의견의 차이가 결과적으로 동아리의 분열을 초래했다.
division

양산(量産)하다
동 많이 만들어 내다.
텔레비전이나 신문 등 미디어가 과도한 신조어를 양산한다는 비판을 받고 있다.
to mass produce

찬사(讚辭)를 보내다
칭찬하는 말이나 글을 전하다.
관객들은 영화를 관람한 후 감독에게 찬사를 보냈다.
to send praise

초래(招來)하다
동 일의 결과로서 어떤 현상을 생겨나게 하다.
음주 운전은 큰 사고를 초래할 수 있으니 절대 하지 말아야 한다.
to cause

탐색(探索)하다
동 보이지 않는 사물이나 현상 등을 찾아내거나 밝히기 위해서 자세히 보면서 찾다.
전공을 선택하기 전에 미리 진로를 탐색할 기회가 필요하다.
to explore

틀에 가두다
일정한 형식에 넣고 그 밖으로 나오지 못하게 하다.
교사는 학생의 생각을 고정된 틀에 가두지 않도록 해야 한다.
to confine

퍼붓다
동 욕설이나 비난 등을 마구 하다.
관중은 실수한 선수에게 욕설을 퍼부었다.
to bombard

혹자(或者)
명 어떤 사람.
혹자는 돈이 많아야 행복하다고 하지만, 나는 그 말에 동의하지 않는다.
someone

쓰기

걸림돌 [걸림똘]
명 일을 해 나가는 데에 방해가 되는 것을 비유적으로 이르는 말.
과거에 머물러 있는 사고방식은 새로운 시대를 살아가는 데에 걸림돌이 된다.
stumbling block

동조(同調)하다
동 남의 주장에 자신의 의견을 일치시키다.
나는 손을 들어 그의 의견에 동조한다는 표시를 했다.
to agree

반향(反響)을 일으키다
어떤 사건이나 발표 등이 세상에 영향을 미치어 반응을 일어나게 하다.
기존의 상식을 깨는 그의 주장은 사회에 큰 반향을 일으켰다.
to create a sensation

본문(本文)
명 전체 글에서 핵심이 되는 부분.
일반적으로 본문은 보통 전체 글의 중간 부분에 위치한다.
body of text

비상등(非常燈)
명 아주 긴급하거나 위급할 때에 남에게 그것을 알리기 위하여 켜는 등.
한국에서는 운전 중 다른 차 앞으로 끼어들었을 때 사과의 의미로 비상등을 켜는 것이 예의이다.
emergency light

뻗어 나가다
생각이나 유행 등이 퍼져 나가다.
한국 아이돌의 인기는 해외까지 뻗어 나갔다.
to spread out

사상(史上)
명 역사가 기록되기 시작되었을 때부터 지금까지.
카타르 월드컵은 월드컵 사상 최초로 11월에 개최되었다.
history of

생성(生成)
명 이전에 없던 것이 새로 생겨남.
A 연구소에서는 우주의 생성 과정을 연구하고 있다.
creation

심장 마비(心臟痲痹)
심장의 기능이 갑자기 멈추는 일.
의사들이 심장 마비를 일으킨 환자를 살리기 위해 노력하고 있다.
heart attack

심폐(心肺) 소생술(蘇生術)
심장이 멈춘 상태를 정상으로 회복시키는 치료 방법.
한 초등학생이 물에 빠진 사람을 심폐 소생술로 구해 화제가 되고 있다.
cardiopulmonary resuscitation (CPR)

압축(壓縮)하다
동 문장 등을 줄여서 짧게 하다.
그는 오늘 발표할 내용을 세 가지로 압축해 소개하였다.
to compress

업계(業界)
명 같은 산업이나 상업에 종사하는 사람들의 활동 분야.
우리 업계는 앞으로 경쟁이 더 치열해질 것으로 보인다.
industry

우려(憂慮)를 표하다
근심이나 걱정을 나타내다.
독서 교육 전문가는 "앞으로 책을 읽는 사람이 점차 없어질 것이다."라며 우려를 표했다.
to express concern

이송(移送)하다
동 다른 곳으로 옮겨 보내다.
지금 사건 현장에서 부상자들을 근처 병원으로 빨리 이송하기 위한 작업이 이루어지고 있습니다.
to transport

이탈(離脫)
명 어떤 범위 등에서 떨어져 나오거나 떨어져 나감.
기차의 선로 이탈 사고로 많은 사람이 다쳤다.
breakaway

전문(前文)
명 한 편의 글에서 앞부분에 해당하는 글.
이 글은 전문만 읽어도 전체 내용을 짐작할 수 있다.
preface

지침(指針)
명 생활이나 행동 등의 방법이나 방향을 이끌어 주는 원칙.
회사 지침에 따라 오늘부터 사무실에서는 금연입니다.
guideline

창조성(創造性)
명 새로운 것을 만드는 성질이나 특성.
인간의 언어는 창조성을 지니고 있다.
creativity

촬영지(撮影地)
[명] 사람, 사물, 풍경 등을 사진이나 영화로 찍거나 찍은 장소.
그 도시는 드라마 촬영지로 유명하다.
filming location

출생아(出生兒)
[명] 새로 태어난 아이.
현재 한국은 출생아 수가 급격히 줄어들고 있다.
newborn

통합(統合)
[명] 둘 이상의 단체 등을 하나로 합침.
유럽의 경제 통합으로 유로화가 등장했다.
integration

표제(標題)
[명] 신문이나 잡지 기사의 제목.
독자들이 기사에 흥미를 갖게 하기 위해서는 표제를 잘 지어야 한다.
headline

5

예술과 삶

5-1 우리 삶 속의 예술
5-2 삶의 공간과 흔적

5-1	우리 삶 속의 예술	5-2	삶의 공간과 흔적
듣기 1	공공 예술에 대한 인터뷰를 듣고 내용 파악하기	읽기 1	건축물에 대한 글을 읽고 인상 파악하기
듣기 2	온라인 전시 해설을 듣고 내용 파악하기	읽기 2	건축물에 대한 글을 읽고 글쓴이의 생각 파악하기
말하기	예술 작품 소개하기	쓰기	묘사하는 글 쓰기

Intro 5-1 우리 삶 속의 예술

1. '예술'이란 단어를 들으면 무엇이 떠오르는지 이야기해 보세요.

2. '예술'과 관련된 활동을 체험하거나 관람한 적이 있는지 이야기해 보세요.

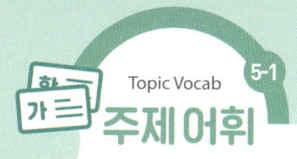

1 다음은 예술의 기능과 관련된 표현입니다. 사진에 해당하는 표현을 모두 찾아 써 보세요.

1)

감성을 키우다.

2)

3)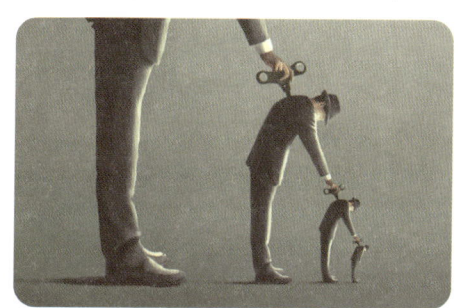

4)

백인현 제공

| 감성을 키우다 | 내면을 들여다보다 | 마음을 치유하다 | 매개체가 되다 | 사회를 비판하다 |
| 사회상/시대상을 반영하다 | 상상력을 표현하다 | 실용성을 지니다 | 정서적 안정을 얻다 | 현실을 풍자하다 |

2 다음은 공공 예술과 관련된 표현입니다. 빈칸에 알맞은 표현을 찾아 쓰고 공공 예술의 특성을 정리해 보세요.

> 🌐 LEI 위키 백과　　　　　　　공공 예술
>
> **공공 예술**이란 대중을 위한 공공의 가치를 작품의 소재로 삼는 예술을 뜻한다. 공공 예술은 문화적으로 소외되거나 개발이 덜 된 1) _____ 역할을 한다. 마을 전체의 벽에 그림을 그리거나 공원 내에 조각품을 전시함으로써 지역 주민들에게 2) _____ 기회를 제공한다. 또한 예술가들은 공공 예술을 통해 **대중과 소통하며** 3) _____ 수 있다. 나아가 공공 예술은 더 많은 사람이 그 지역을 방문하도록 하여 경제적 4) _____ .

공공 예술　　가치를 창출하다　　공감대를 형성하다　　대중과 소통하다　　예술을 향유하다/누리다　　지역을 활성화하다

들어 보세요 ①

준비

1. 이화마을이나 게이츠헤드와 같이 공공 예술 프로젝트를 통해 달라진 곳을 방문해 본 적이 있습니까? 어떤 점이 인상적이었습니까?

2. 공공 예술 프로젝트는 지역을 어떻게 변화시킬 수 있을까요?

| 듣기 | 다음은 예술 감독과의 인터뷰입니다. 잘 듣고 질문에 답해 보세요.

중심 내용 파악하기
1 무엇에 대한 인터뷰입니까?

세부 내용 파악하기
2 공공 예술이란 무엇입니까?

> 공공 예술이란 _____ 이나 _____ 을/를 작품의 소재로 삼는, _____ 을/를 위한 예술을 말한다.

3 인터뷰에서 언급된 두 지역의 전과 후를 비교해 보세요.

	전	후
영국의 게이츠헤드	탄광 산업의 쇠락으로 사람들이 도시를 떠나자 노인들만 남은 도시는 황폐해짐.	1)
이화마을	2)	드라마, 영화의 단골 촬영지가 되면서 많은 사람이 찾는 서울의 명소가 됨.

4 공공 예술이 앞으로 해결해야 할 과제는 무엇인지 써 보세요.

1) _____.

2) 정부 차원의 지속적 관리가 필요함.

추론하기
5 공공 예술의 과제를 해결하기 위한 방법으로 적절한 것을 모두 고르세요.

- ☐ 정해진 시간에만 관광객이 출입하도록 한다.
- ☐ 지역 주민들을 대상으로 아이디어를 공모한다.
- ☐ 외국의 유명한 예술가들을 초청해 프로젝트에 참여시킨다.
- ☐ 지역 주민들이 전시회 스태프로 참여하도록 해서 일자리를 만든다.

문법과 표현

명 을 명 으로 삼다 ☞ 12쪽
공공 예술이란 공공의 가치를 작품의 소재로 삼는 대중을 위한 예술이다.

형 -으면서(도) ☞ 12쪽
공공 예술이 강조하는 '가꾸기'라는 기능에 충실하면서도 지역 주민들과 공감대를 형성하려는 노력이 필요하다.

듣기

들어 보세요 2

준비

1. 아래 그림을 통해 무엇을 알 수 있습니까?

신윤복, 〈정변야화(井邊夜話)〉, 18세기, 《혜원전신첩》, 간송미술관

폴 시냐크, 〈우물가의 여인들〉, 1892년, 프랑스 오르세미술관

듣기 다음은 온라인 전시 해설의 일부입니다. 잘 듣고 질문에 답해 보세요.

중심 내용 파악하기

1. 이 전시에서는 어떤 그림을 볼 수 있습니까?

세부 내용 파악하기

2. 조선 후기 풍속화가 주목을 받는 이유는 무엇입니까?

3. 김홍도의 〈서당〉에 대한 설명으로 맞지 <u>않는</u> 것을 고르세요.

　① 조선 후기에 그려졌다.
　② 옷 주름이 섬세하게 묘사되었다.
　③ 양반에 대한 풍자가 드러나 있다.
　④ 체벌로 인해 가라앉은 분위기가 나타나 있다.

4 다음 그림은 김홍도의 〈서당〉입니다. 그림에 맞는 설명을 써 보세요.

- 신분: 상민
- 묘사: 짧은 저고리를 입고 있다.
- 느낌: 1)

- 묘사: 처진 눈썹, 볼록 튀어나온 볼
- 느낌: 2)

- 신분: 3)
- 묘사: 크게 웃고 있다.

김홍도, 〈서당〉, 18세기, 《단원풍속도첩》, 국립중앙박물관

추론하기

5 이 전시 해설에서 알 수 있는 조선 후기 사회의 모습을 모두 고르세요.

☐ 교육을 위한 체벌이 존재했다.
☐ 양반만 학교에 다닐 수 있었다.
☐ 양반과 상민의 옷차림이 달랐다.
☐ 양반이 상민을 무시하는 경우가 있었다.

이야기해 보세요

1 여러분 나라의 공공 예술 사례를 찾아 소개해 보세요.

2 여러분이 풍속화를 그린다면 현재의 어떤 모습을 담고 싶습니까? 그 이유와 함께 이야기해 보세요.

말하기 Speaking 5-1

🎤 **예술 작품을 소개해 보세요.**

▬ 준비해 보세요

1 박물관의 전시 해설 프로그램에 참가해 본 적이 있습니까?

> 이 작품은 조선 후기 풍속화가 신윤복의 작품 〈미인도〉입니다. 섬세하고 부드러운 선을 통해 전통적인 미인의 특징을 사실적으로 표현한 그림입니다.

ⓒ간송미술문화재단

2 예술 작품을 다른 사람에게 소개하려면 어떤 내용이 포함되어야 할까요?

> 누가 그렸는가?
> 언제 그렸는가?
> 그림의 소재는 무엇인가?
> 그림의 특성은 무엇인가?

기본 정보	묘사	인상
작가 제목 연도 주제 소재 시대적 배경	형태 색 재료 인물의 표정	분위기 느낌

- 표현을 연습해 보세요

1. 다음은 작품을 묘사할 때 사용하는 표현입니다. 다음 표현을 사용하여 연습해 보세요.

작품 묘사하기

> 작품 속 배경, 인물, 사물 등의 모습을 서술합니다.

- …은 채 …고 있습니다
- …은 명 / …는 명
- …어 있습니다

- 오른손으로 발목의 끈을 **잡은 채** 울고 있습니다.
- 크게 웃고 **있는** 오른편의 **아이들은** 긴 **옷을** 입고 있습니다.
- 선생님 앞에 있는 작은 책상 옆에는 회초리가 **놓여 있습니다**.

1)

얀 스테인, 〈마을 학교〉
1665년, 아일랜드국립미술관

2)

성협, 〈야연〉
19세기, 《성협풍속화첩》,
국립중앙박물관

2 다음은 작품의 인상을 나타낼 때 사용하는 표현입니다. 다음 표현을 사용하여 연습해 보세요.

인상 표현하기
▶ 작품의 분위기, 느낌을 나타냅니다.

- …이 느껴집니다 […을 느낄 수 있습니다]
- …으면서도 …어 보입니다
- …는 모습이 시선을 끕니다

- 섬세하게 표현된 옷 주름, 각기 다른 아이들의 표정에서 해맑음과 **생동감이 느껴집니다**.
- 훌쩍이는 아이를 바라보는 선생님의 처진 눈썹과 볼록 튀어나온 볼은 **친근하면서도 우스꽝스러워 보입니다**.
- 우는 아이를 안타깝게 **바라보는 모습이 시선을 끕니다**.

1) 얀 스테인, 〈마을 학교〉

2) 성협, 〈야연〉

이야기해 보세요

1 여러분 나라에서 유명하거나 여러분이 좋아하는 예술 작품을 찾아 보세요.

2 보기와 같이 소개할 내용을 메모해 보세요.

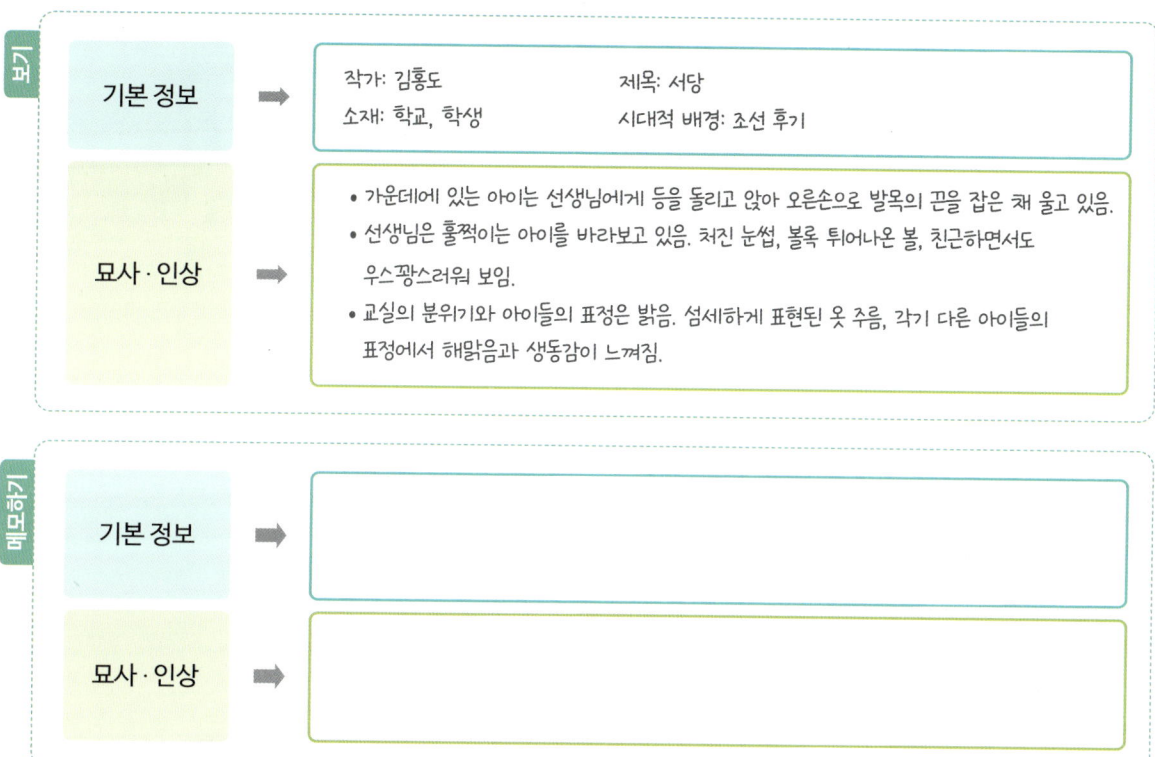

3 메모한 내용을 바탕으로 여러분이 선택한 예술 작품을 친구들에게 소개해 보세요.

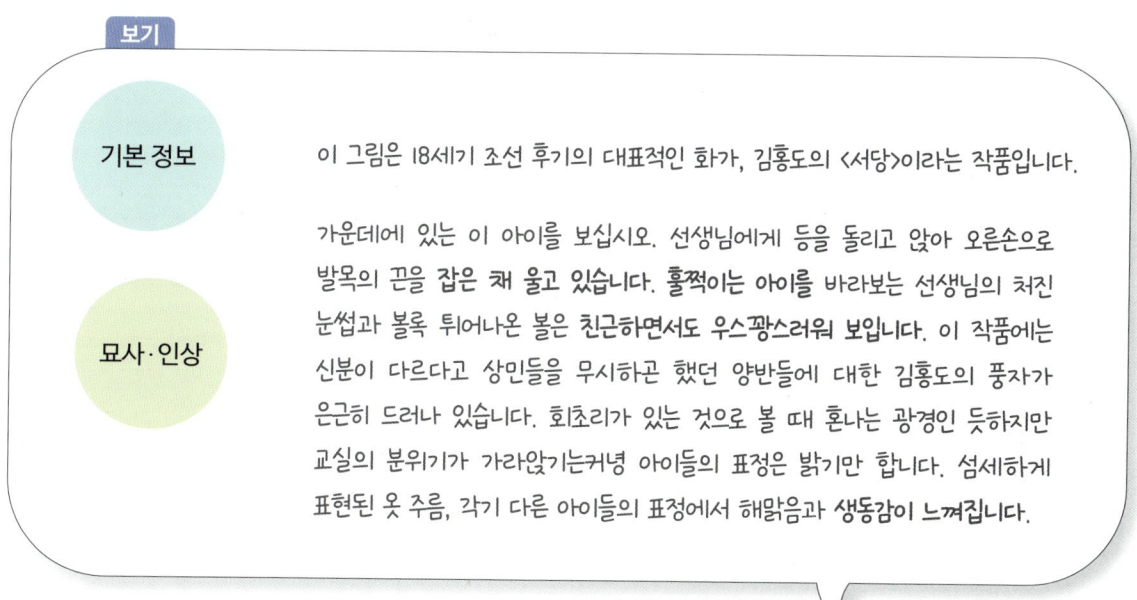

Intro 들어가기 5-2 삶의 공간과 흔적

카프레의 피라미드와 스핑크스(이집트, 기자)

에펠탑(프랑스, 파리)

타지마할(인도, 아그라)

불국사(한국, 경주)

1 여러분이 여행하면서 본 건축물 중 기억에 남는 것을 소개해 보세요.

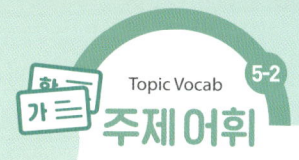

Topic Vocab 5-2 주제 어휘

1 다음은 건축물을 묘사하고 인상을 나타내는 데 필요한 표현입니다. 사진에 해당하는 표현을 모두 찾아 써 보세요.

묘사	인상
삼각형/정사각형/직사각형 원형/반원형 정육면체/직육면체 직선/곡선 길쭉하다/짤막하다 동그랗다 네모나다/네모반듯하다 대칭을 이루다	경이롭다 소박하다 완벽하다 군더더기가 없다 기품이 있다 조형미가 뛰어나다 압도되다 조화를 이루다 강렬한 인상을 남기다

서울대학교미술관(한국, 서울)

1) 네모나다.

오사카성(일본, 오사카)

2)

사그라다파밀리아대성당(스페인, 바르셀로나)

3)

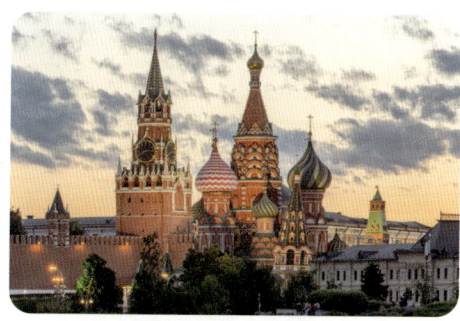

성바실리대성당(러시아, 모스크바)

4)

읽기 5-2

읽어 보세요 １

준비

1. 한국의 오천 원권, 오만 원권 지폐를 자세히 본 적이 있습니까? 각각의 지폐에 그려진 인물은 누구일까요?

2. 오천 원권을 잘 보면 건축물이 하나 그려져 있습니다. 이 건축물은 오천 원권에 그려져 있는 인물과 어떤 관련이 있을까요?

오죽헌 몽룡실

읽기 다음은 건축물에 대한 글입니다. 글을 읽고 질문에 답해 보세요.

강원도 강릉에는 화폐 속 인물의 탄생지가 있다. 그 인물은 바로 율곡 이이로, 오천 원권에 등장하며 그의 어머니 신사임당은 오만 원권에 등장한다. 오천 원권을 잘 들여다보면 율곡 이이 옆에 있는 아름다운 한옥을 찾을 수 있다. 이곳은 모범적인 어머니이자 아내, 예술가, 학자인 신사임당과 조선의 유학자 율곡 이이의 숨결을 고스란히 간직한 강릉 오죽헌이다. 오죽헌은 현재 한국에 남아 있는 건물 중 단일 주거 건축물로는 가장 오래되었으며, 보물 제165호로 지정되었다.

먼저 오죽헌(烏竹軒)의 이름을 살펴보자. 까마귀 오(烏), 대나무 죽(竹), 즉 까마귀처럼 검은 대나무가 자라고 있는 집이라 하여 오죽헌이라 불린다. 이곳 뒤뜰에는 아직도 그 옛날의 오죽이 자라고 있다. 예로부터 대나무는 선비의 곧은 성품과 정직성, 그리고 청렴한 기상의 상징이었다. 이곳의 대나무 역시 한겨울 풍상에도 변함없는 모습을 드러내며 한국의 대선비인 율곡의 상징이 되었다.

안채와 사랑채

오죽헌의 정면은 대청마루, 툇마루와 온돌방 이렇게 세 칸으로 이루어져 있다. 왼쪽의 마루방은 율곡 이이가 어린 시절 공부하던 곳이며, 오른쪽의 온돌방은 신사임당이 용꿈을 꾸고 율곡을 낳은 곳이라 몽룡실이라는 이름을 얻게 되었다. 몽룡실은 조형미가 뛰어나고 간결미가 돋보인다. 이곳의 지붕면은 책을 반쯤 펼쳐 놓은 팔(八) 자형을 띠며, 전체적인 곡선이 부드러우면서도 견고한 맞배지붕 형식이다. 아래로는 지붕을 떠받치는 간결한 나무 기둥이 조화를 이룬다. 오죽헌을 지나면 안채와 사랑채가 나타난다. 안채는 안주인이 생활하던 공간이고, 사랑채는 바깥주인이 거처하던 공간이다. 특히 자연스럽게 배치한 초석 위의 네모난 기둥은 단정하고 소박하며 추사 김정희의 글씨도 새겨져 있어 **멋스럽기가 이를 데 없다.** 이러한 구조는 관아, 서원 등 지방의 상류 주택에 많이 적용되었다. 조선 중종 때 지어진 오죽헌은 건축학적으로도 그 가치를 인정받고 있다.

오죽헌의 뜰에는 보기에도 든든한 배롱나무가 우뚝 서 있다. 600년 이상 된 배롱나무에는 100일 동안 꽃이 핀다는 백일홍이 흐드러지게 피어 있고, 그 위로는 새들이 노래하며 날아다닌다. 고요하면서도 넉넉한 품으로 우리를 반기는 오죽헌은 현대인에게 여유를 주는 기품 있는 공간이다.

배롱나무

문법과 표현

형 -기(가) 이를 데 없다 13쪽

사랑채의 기둥은 추사 김정희의 글씨가 새겨져 있어 멋스럽기 이를 데 없다.

중심 내용 파악하기
1 이 글이 소개하고 있는 건축물은 무엇입니까?

세부 내용 파악하기
2 이 글이 소개하고 있는 건축물의 이름은 무엇에서 유래하였습니까?

3 각 장소에 대한 설명으로 알맞은 것을 연결해 보세요.

마루방	•	•	바깥주인이 거처하던 곳
온돌방	•	•	안주인이 생활하던 곳
사랑채	•	•	신사임당이 용꿈을 꾸고 율곡을 낳은 곳
안채	•	•	율곡이 어린 시절 공부하던 곳

4 사랑채를 보고 글쓴이가 받은 인상에 해당하는 것을 모두 고르세요.

☐ 소박하다 ☐ 고요하다 ☐ 웅장하다
☐ 멋스럽다 ☐ 완벽하다 ☐ 단정하다

읽어 보세요 2

준비

1. 여러분은 한국 전통 건축물을 본 적이 있습니까? 여러분이 느낀 한국 전통 건축물의 특징에 대해 이야기해 보세요.

광화문

환구단

흥화문

북촌한옥마을

읽기

읽기 다음은 건축물에 대한 글입니다. 글을 읽고 질문에 답해 보세요.

가 서대문역에서 광화문역 쪽으로 걸어가다 보면 경희궁의 정문인 흥화문이 나온다. 붉은색 기둥에 아름다운 곡선을 가진 지붕을 올려놓은 형상이다. 그런데 그 흥화문에서 시선을 조금만 오른쪽으로 돌리면 붉은색을 품은 건축물이 또 하나 있다. 분명히 현대 건축물인데도 그 색 때문에 마치 경희궁의 일부인 듯한 인상을 준다.

나 이 건축물은 서울역사박물관이다. 서울의 역사와 전통문화를 정리하여 시민들에게 보여 줄 목적으로 2002년 개관하였다. 그런데 이 건축물의 위치가 과거 경희궁의 전각들이 있었던 곳이라는 사실을 알고 나니 이곳의 붉은색이 더욱 눈길을 끈다.

다 서울역사박물관의 정면을 바라보고 서면 붉은 기둥이 2층을 떠받치고 있는 듯한 모습을 볼 수 있다. 2층은 네모반듯한 모양인데, 직선 모양의 건물 틀 역시 붉은색을 띤다. 그 틀 사이사이에 창문을 만들어 빛이 들어올 수 있게끔 해 놓았다.

라 건물의 뒤편으로 돌아가면 소박한 정원 위쪽으로 구름다리가 놓여 있다. 이 구름다리의 틀 역시 붉은색이나, 정면과 구별하기 위함인지 사선 모양을 넣어 변화를 꾀하였다. 구름다리를 받치고 있는 기둥의 아랫부분은 흰색 돌로 되어 있는데, 이는 궁궐의 주춧돌과 유사한 모양이다. 이 건축물이 경희궁과 맥락을 같이했다는 것을 보여 주는 징표인 것이다. 주춧돌 근처에는 작은 석탑도 몇 개 놓여 있어 궁궐의 분위기를 더욱 강하게 느낄 수 있다.

마 경희궁은 서울의 5대 궁궐 중 하나였으나, 현재는 전각이 거의 다 사라졌다. 서울역사박물관이 경희궁을 닮은 것은 우리 선조들이 남긴 삶의 흔적에 대한 동경과 그리움 그리고 우리 것을 지키려는 고민의 **결과였으리라**. 경희궁의 전각들이 가지고 있던 아름다운 곡선 모양의 지붕까지 살렸으면 좋았으리라는 아쉬움이 남기는 하지만, 경희궁과 큰 위화감을 보이지 않으며 서 있는 그 모습에서 전통과 현대의 공존 가치와 지속 가능성을 엿볼 수 있다.

서울역사박물관 정면

서울역사박물관 뒤편

문법과 표현

동 형 -으리라   13쪽

서울역사박물관이 경희궁을 닮은 것은 우리 것을 지키려는 고민의 결과였으리라.

중심 내용 파악하기
1 이 글이 소개하고 있는 건축물은 무엇입니까?

세부 내용 파악하기
2 나에 따르면, 현재의 서울역사박물관이 있는 곳은 예전에 어떤 곳이었습니까?

3 다~라를 읽고 사진에 대한 설명으로 알맞은 것을 연결해 보세요.

석탑도 몇 개 놓여 있어 궁궐의 분위기가 강하게 느껴진다.

네모반듯한 모양에, 직선의 붉은색 틀이 있고 사이사이에 창문이 있다.

구름다리의 틀은 사선 모양이고 기둥의 아랫부분에는 흰색 주춧돌이 있다.

4 이 건축물에 대한 글쓴이의 생각으로 맞는 것을 고르세요.

① 경희궁과 어울리지 않는다.
② 시민들에게 위화감을 준다.
③ 궁궐 전각을 완벽하게 재현했다.
④ 전통을 지키려는 고민의 결과로 탄생했다.

이야기해 보세요

1 전통 건축 양식과 현대 건축 양식을 결합한 건축물을 짓는 것에 대해 여러분은 어떻게 생각하는지 이야기해 보세요.

은평한옥마을

Writing 쓰기 5-2

📝 건축물을 묘사하는 글을 써 보세요.

준비해 보세요

1 전통적 요소가 반영된 현대 건축물이나 특별한 이야기가 담긴 건축물의 사례를 찾아 보세요.

동대문디자인플라자(DDP) (서울, 한국)

DDP를 설계한 영국 건축가 자하 하디드
"조선 시대 화가 이인문의 〈강산무진도〉에서 영감을 받아 부드럽게 펼쳐지는 곡선의 아름다움 구현"

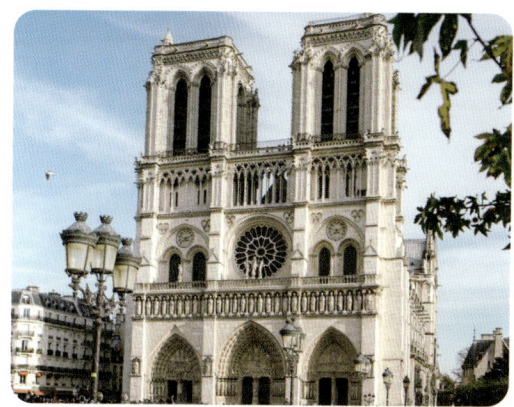

노트르담대성당 (파리, 프랑스)

빅토르 위고의 소설 《파리의 노트르담》, 디즈니 애니메이션 〈노트르담의 꼽추〉의 배경이 된 성당. 황제 나폴레옹 1세의 대관식이 진행됨.

표현을 연습해 보세요

1 다음은 외양을 묘사할 때 사용하는 표현입니다. 다음 표현을 사용하여 연습해 보세요.

외양 묘사하기

▶ 대상의 겉모습을 마치 그림 그리듯 생생히 표현합니다.

- …(은) 모양이다
- …는 듯한 모습[모양]이다
- 마치 …는 것 같다
- …처럼[같이] 생기다[보이다]
- …을 닮다

- 이 건물은 **네모반듯한 모양이다**.
- 붉은 기둥이 2층을 떠받치고 **있는 듯한 모습이다**.
- **마치** 용이 하늘로 **날아오르는 것 같다**.
- 이 흰색 건물은 거대한 **풍선처럼 생겼다**.
- 부드러운 곡선의 지붕은 건물 뒤에 있는 산의 **모양을 닮았다**.

1) 시드니 오페라하우스

2) 남양주 피아노 화장실

2 다음은 인상을 나타낼 때 사용하는 표현입니다. 다음 표현을 사용하여 연습해 보세요.

인상 표현하기

▶ 대상을 보고 갖게 된 주관적인 느낌, 생각 등을 나타냅니다.

- …이 눈길을 끈다
- …기(가) 이를 데 없다
- …과 조화를 이루다
- …다는 느낌을 받다[느낌이 들다]
- …는 듯한 인상을 주다[남기다]

- 이 건축물의 **붉은색이** 더욱 **눈길을 끈다**.
- 사랑채의 기둥은 추사 김정희의 글씨가 새겨져 있어 **멋스럽기 이를 데 없다**.
- 이 박물관 건물은 조형미가 뛰어나며 뒤에 위치한 전통 **한옥과 조화를 이루고 있다**.
- 완벽한 대칭을 이루는 건물의 외관을 보면 경이롭고 **신비롭다는 느낌을 받는다**.
- 현대 건축물인데도 그 색 때문에 마치 경희궁의 **일부인 듯한 인상을 준다**.

1) 시드니 오페라하우스

2) 남양주 피아노 화장실

3 다음 표현을 사용하여 건축물을 묘사하고 이에 대한 인상을 써 보세요.

미국 오하이오 바구니 빌딩

곡선   바구니 모양   강렬한 인상을 남기다   조화를 이루다   조형미가 뛰어나다

- 써 보세요

1 여러분이 찾은 전통적 요소가 반영된 현대 건축물이나 특별한 이야기가 담긴 건축물에 대해 보기와 같이 개요를 작성해 보세요.

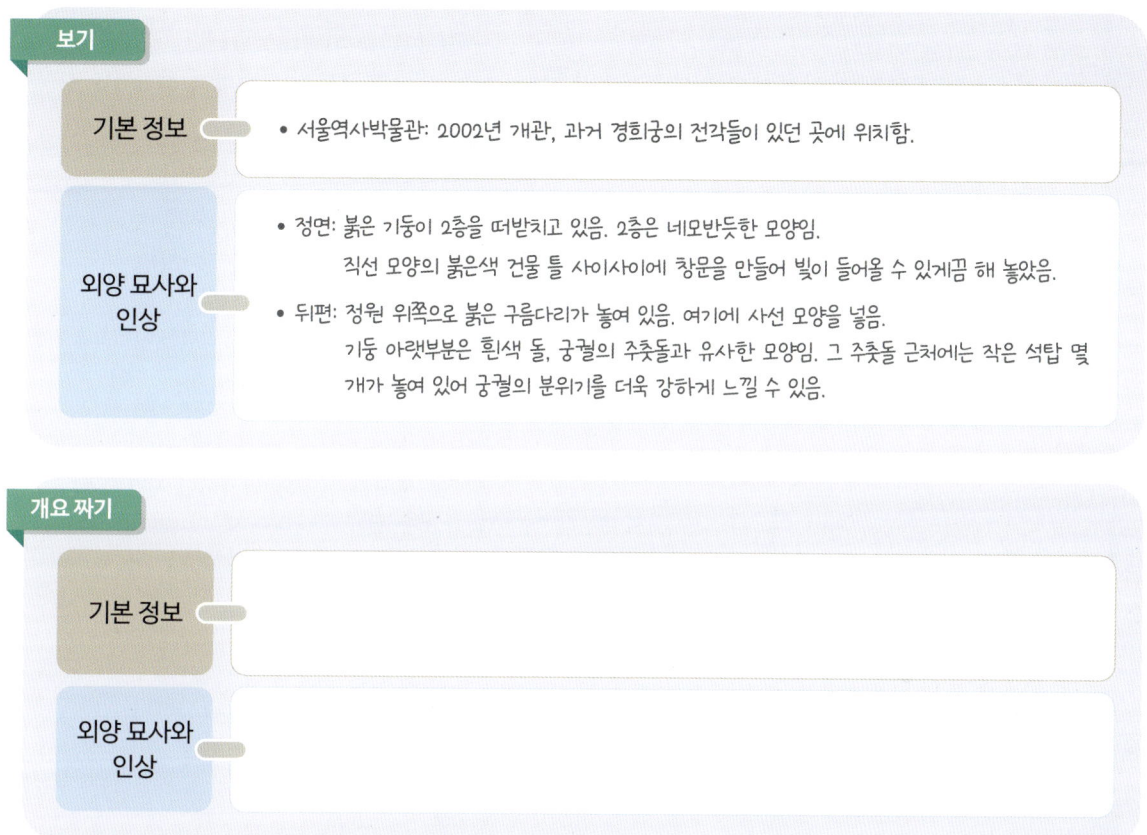

2 개요를 바탕으로 건축물을 묘사하는 글을 써 보세요.

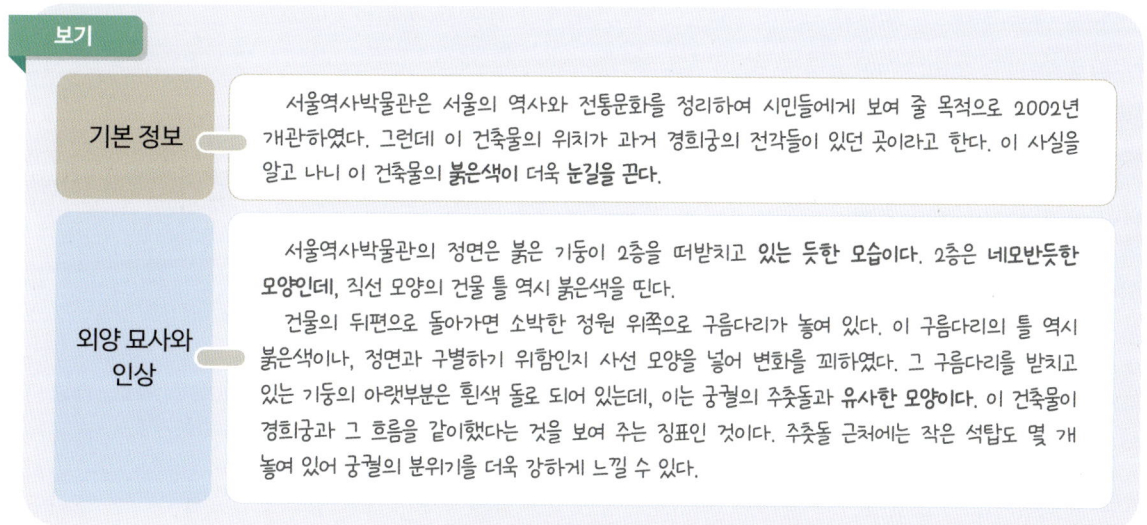

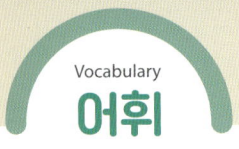

5-1. 우리 삶 속의 예술

주제 어휘

가치(價値)를 창출(創出)하다
어떤 것의 의미나 중요성을 만들어 내다.
SNS는 기업에게 고객과의 소통 창구를 제공함으로써 새로운 가치를 창출하고 있다.
to create value

감성(感性)을 키우다
외부 세계의 자극이나 변화를 느끼는 성질을 기르다.
연극, 오케스트라 등 예술 동아리 활동은 청소년의 감성을 키우는 데 도움이 된다.
to develop sensitivity

공감대(共感帶)를 형성(形成)하다
서로 같은 감정, 의견, 주장을 가지는 부분을 만들다.
김 부장님은 젊은 세대와 자주 어울리고 대화하면서 공감대를 형성하려고 노력한다.
to form a consensus

공공(公共) 예술(藝術)
일반에게 공개된 장소에서 이루어지는 예술이나 활동.
요즘은 국내에서도 공공 예술 작품을 많이 볼 수 있다.
public art

내면(內面)을 들여다보다
사람의 속마음을 자세히 살펴보다.
심리학은 인간의 깊은 내면을 들여다보고 분석하는 학문이다.
to look into one's inner self

대중(大衆)과 소통(疏通)하다
(정치인이나 연예인 등이) 많은 사람과 생각이나 의견을 주고받다.
작품을 통해 대중과 소통할 때 예술은 진정한 의미를 갖는다.
to communicate with the public

마음을 치유(治癒)하다
마음의 병을 낫게 하다.
미술 치료는 상처받은 마음을 치유하고 자아 성찰을 할 수 있도록 돕는다.
to heal the heart

매개체(媒介體)가 되다
둘 사이의 관계를 맺어 주는 역할을 하다.
SNS는 최근 젊은 세대 사이에서 소통의 매개체가 되고 있다.
to become a medium

사회(社會)를 비판(批判)하다
사회의 옳고 그름을 판단하여 밝히거나 잘못된 점을 지적하다.
가수 A 씨는 노래 가사를 통해 사회를 비판했다.
to criticize society

사회상(社會相)을 반영(反映)하다
당시 사회의 모습을 나타내다.
김 감독의 영화는 현대 사회의 삭막한 사회상을 반영한다.
to reflect social realities

상상력(想像力)을 표현(表現)하다
실제로 경험하지 않은 현상이나 사물을 마음속으로 그려 보고 그것을 실제로 나타내다.
아이들은 역할 놀이를 통해 상상력을 표현하고 의사소통 능력을 기를 수 있다.
to express one's imagination

시대상(時代相)을 반영(反映)하다
특정 시대에 나타나는 사회적 현상이나 모습을 나타내다.
이 드라마는 30년 전의 시대상을 잘 반영하여 기성세대에게 좋은 평가를 받고 있다.
to reflect the times

실용성(實用性)을 지니다
실제적인 쓸모를 갖다.
요즘은 예쁜 디자인보다 실용성을 지닌 제품이 인기를 끌고 있다.
to have practicality

예술(藝術)을 누리다
예술을 마음껏 즐기다.
B시는 모든 시민이 예술을 누릴 기회를 확대하기 위해 '찾아가는 미술관' 프로그램을 운영할 예정이라고 밝혔다.
to enjoy art

예술(藝術)을 향유(享有)하다
예술을 누리고 가지다.
그는 늘 시간에 쫓겨 살았지만 은퇴 후에는 매일 미술관과 음악회에 다니며 예술을 향유하고 있다.
to take pleasure in art

정서적(情緒的) 안정(安靜)을 얻다
사람의 마음에 일어나는 여러 감정이 편안한 상태가 되도록 하다.
마음이 혼란스러울 때는 음악 감상이나 악기 연주를 통해 정서적 안정을 얻을 수 있다.
to be emotionally stable

지역(地域)을 활성화(活性化)하다 [활썽화]
지역을 꾸며 활기차게 만들다.
우리 미술 동아리는 매년 낙후된 마을에 벽화를 그리거나 조형물을 설치해 지역을 활성화하는 것을 돕는다.
to revitalize the area

현실(現實)을 풍자(諷刺)하다
현재 사회의 문제점 등을 다른 것에 비유하여 비웃으면서 비판하다.
영화 〈기생충〉은 양극화된 한국 사회의 현실을 풍자하여 작품성을 인정받았다.
to satirize reality

듣기

들어 보세요 1

낙후(落後)되다
동 기술이나 문화, 생활 등의 수준이 일정한 기준에 도달하지 못하다.
C시는 주변의 다른 지역에 비해 낙후되었다.
to fall behind

쇠락(衰落)
명 약하고 말라서 떨어짐.
새로운 시대를 따라가지 못하는 기업은 쇠락의 길을 걷게 된다.
decline

예스럽다
형 옛것과 같은 맛이나 멋이 있다.
안동하회마을에 갔을 때 예스러운 풍경에 마음이 안정되는 느낌을 받았다.
to be quaint

우여곡절(迂餘曲折)
명 복잡하고 어려운 사정.
그 선수는 우여곡절을 거쳐 겨우 올림픽에 출전할 수 있었다.
twists and turns

전락(轉落)하다
동 상태나 상황이 안 좋게 바뀌다.
사람들이 모두 떠나 버리자 마을은 낙후된 지역으로 전락하고 말았다.
to fall

조형물(造形物)
명 여러 가지 재료를 이용하여 구체적인 형태로 만든 물체.
공원을 장식할 조형물이 완성되었다.
sculpture

지역 공동체(地域共同體)
한 지역의 일정한 범위 안에서 자연스럽게 이루어진 생활 공동체.
주민들은 지역 공동체를 통해 서로 긴밀하게 협력함으로써 공동의 가치와 목표를 추구할 수 있다.
local community

초청(招請)하다
동 사람을 불러서 초대하다.
더욱 깊이 있는 논의를 위해 이번 회의에는 전문 강사를 초청하였다.
to invite

탄광(炭鑛)
명 석탄을 캐내는 광산.
석탄의 사용이 줄면서 많은 탄광이 폐쇄되었다.
coal mine

풍류(風流)
명 멋스럽게 즐기는 일. 또는 그렇게 노는 일.
한국 사람들은 옛날부터 풍류를 즐겨 온 민족이라고 한다.
artistic appreciation

활기(活氣)를 불어넣다
활발한 기운을 가지도록 자극을 주다.
선생님은 지친 아이들에게 활기를 불어넣어 주기 위해 재미있는 놀이를 제안하였다.
to invigorate

황폐(荒廢)하다
동 집, 건물 등이 거칠어져 못 쓰게 되다.
지금 농촌에는 황폐한 땅과 빈집이 늘어나고 있다.
to be dilapidated

흉물(凶物)
명 모양이 흉하게 생긴 사람이나 동물 또는 사물.
에펠 탑이 처음 만들어졌을 때는 흉물이라고 싫어하는 사람들도 있었다고 한다.
eyesore

들어 보세요 2
광경(光景)
명 어떤 일이나 현상이 벌어지는 장면 또는 모양.
나는 한라산에 갔을 때 본 경이로운 광경을 아직도 잊지 못한다.
sight

귀중(貴重)하다
형 귀하고 중요하다.
사랑하는 가족들과 함께 보내는 이 시간이 내게는 무엇보다도 귀중하다.
to be precious

드러나다
동 겉에 나타나 있거나 눈에 띄다.
이 그림은 겉으로 드러난 것만 볼 것이 아니라 그 뒤에 숨은 작가의 의도를 봐야 한다.
to be exposed

볼록
부 물건의 겉 부분이 조금 튀어나온 모양.
요즘 살이 쪄서 배가 볼록 튀어나왔다.
bulgingly

상민(常民)
명 예전에, 양반이 아닌 보통 백성을 가리키던 말.
조선 시대 상민의 대부분은 농업에 종사하였다.
commoner

생동감(生動感)
명 살아 움직이는 듯한 느낌.
이 그림은 물의 흐름을 생동감 있게 담아낸 작품이다.
liveliness

애환(哀歡)
명 슬픔과 기쁨을 아울러 이르는 말.
이 소설은 1960년대 서민들의 애환을 보여 준다.
joy and sorrow

엿보다
동 어떤 사실을 바탕으로 실제 상태를 짐작하여 알다.
이 그림을 통해 100년 전 사람들이 어떻게 살았는지를 엿볼 수 있다.
to get a glimpse of

우스꽝스럽다
형 말이나 행동, 모습 등이 특이하여 재미있다.
코미디언 A 씨는 우스꽝스러운 몸짓으로 관객들을 웃겼다.
to be ridiculous

은근히
부 행동 등이 드러나지 않고 은밀하게.
박 과장은 다른 직원들을 은근히 무시한다.
covertly

의젓하다
형 말이나 행동 등이 점잖고 무게가 있다.
10년 만에 만난 조카는 의젓한 고등학생이 되어 있었다.
to be mature

쩔쩔매다
동 다른 사람이나 일에 눌려 어찌할 바를 모르고 기를 펴지 못하다.
사장님이 화를 내자 그는 쩔쩔매며 아무 말도 못 했다.
to be flustered

처지다
동 물체가 힘없이 아래 방향으로 향하다.
너무 많은 빨래를 널었더니 빨랫줄이 아래로 처졌다.
to sag

체벌(體罰)
명 몸에 직접 고통을 주어 벌함. 또는 그런 벌.
요즘은 학교에서 체벌이 금지되어 있다.
corporal punishment

튀어나오다
동 겉으로 툭 내밀어져 나오다.
그는 남들에 비해 입이 앞으로 튀어나와 있다.
to protrude out

해맑다
형 사람이나 자연의 모습이 맑고 순수하다.
아이들의 해맑은 미소를 보면 언제나 기분이 좋아진다.
to be innocent

회초리
명 (주로 아이들에게 벌을 줄 때) 때리기 위해 쓰는 가는 나뭇가지.
예전에는 선생님이 회초리로 학생에게 벌을 주었지만, 요즘에는 학생을 때리면 안 된다는 인식이 있다.
switch/rod/stick

훌쩍이다
동 콧물을 들이마시는 소리를 내며 울다.
지수는 슬픈 영화를 보면서 훌쩍였다.
to sniffle

희로애락(喜怒哀樂) [히로애락]
명 기쁨과 노여움과 슬픔과 즐거움을 아울러 이르는 말.
박 선생은 좀처럼 희로애락을 얼굴에 드러내지 않는 사람이다.
all sorts of emotions

5-2. 삶의 공간과 흔적

주제 어휘

강렬(强烈)한 인상(印象)을 남기다
마음속에 강한 느낌을 주어 잊지 않게 하다.
그 배우의 눈빛 연기는 관객들에게 강렬한 인상을 남겼다.
to leave a strong impression

경이롭다(驚異롭다)
형 놀랍고 신기한 데가 있다.
이번 경기에서 그는 경이로운 기록을 세웠다.
to be phenomenal

곡선(曲線)
명 부드럽게 굽은 선.
요즘에는 곡선 형태의 모니터가 인기를 끌고 있다.
curve

군더더기가 없다
쓸데없이 붙은 것이 없다.
좋은 글은 군더더기가 없이 간결한 글이다.
to be without unnecessary detail

기품(氣品)이 있다
고상한 품격이 있다.
한복을 입은 그 두 사람은 기품이 있어 보였다.
to look elegant

길쭉하다
형 조금 길다.
A 사에서 새로 출시된 스마트폰은 길쭉한 모양이다.
to be elongated

네모나다
형 모양이 네모처럼 되어 있다.
과거에 사람들은 지구가 네모나다고 믿었다.
to be squared

네모반듯하다
형 네모나게 반듯하다.
그 도시는 도로가 네모반듯하게 나 있어서 어디에서도 쉽게 길을 찾을 수 있다.
to be square

대칭(對稱)을 이루다
한 선을 중심으로 상하 또는 좌우가 같다.
최근에는 완벽한 대칭을 이루는 건축물이 인기가 없다.
to be symmetric

동그랗다
형 모양이 원처럼 둥글게 되어 있다.
그녀는 얼굴이 동그래서 실제 나이보다 어려 보인다.
to be round

반원형(半圓形)
명 원둘레의 반과 이를 잇는 직선으로 이루어지는 반원의 모양.
아이는 노란 종이를 반원형으로 오려서 반달을 만들었다.
semicircle

삼각형(三角形)
명 세 개의 선으로 둘러싸인 도형.
'트라이앵글'이라는 악기의 이름은 그 모양이 삼각형인 것에서 유래했다.
triangle

소박(素朴)하다
형 꾸밈이나 거짓이 없고 수수하다.
어머니는 돈이 많건 적건 항상 소박한 밥상을 좋아하셨다.
to be simple

압도(壓倒)되다
동 보다 뛰어난 힘이나 재주에 눌려 꼼짝 못 하게 되다.
나는 불국사의 화려함에 압도되었다.
to be overwhelmed

완벽(完璧)하다
형 단점이 없이 완전하다.
지금까지의 계획은 매우 완벽해서 아무 문제를 느끼지 못했다.
to be perfect

원형(圓形)
명 둥근 모양.
이탈리아의 콜로세움은 위에서 보면 원형이다.
circle

정사각형(正四角形)
명 네 각이 모두 직각이고, 네 선의 길이가 모두 같은 사각형.
경주의 첨성대는 아랫부분과 윗부분 모두 네 선의 길이가 정확히 일치하는 정사각형이다.
square

정육면체(正六面體)
명 크기와 모양이 같은 여섯 개의 정사각형으로 이루어진 정다면체.
정육면체 모양의 대표적인 물건으로는 주사위가 있다.
cube

조형미(造形美)가 뛰어나다
만들어진 모습이 입체감 있고 예술적이어서 매우 아름답다.
불국사의 다보탑은 조형미가 뛰어난 석탑이다.
to have outstanding three dimensional beauty

조화(調和)를 이루다
서로 잘 어울리다.
건물을 지을 때는 주변의 자연과 조화를 이루는지 고려해야 한다.
to harmonize

직사각형(直四角形)
명 네 각이 모두 직각인 사각형. 주로 정사각형이 아닌 것을 가리킨다.
가로와 세로의 비율이 1.6:1 정도인 직사각형이 황금비를 이루어 가장 아름답다.
rectangle

직선(直線)
명 곧은 선.
스케이트를 탈 때는 직선 구간보다 곡선 구간에서 넘어지기 쉽다.
straight line

직육면체(直六面體)
명 모든 면이 직사각형이고 마주 보는 세 쌍의 직사각형이 각각 평행한 육면체.
우리 주변에서는 냉장고, 옷장 같은 직육면체를 많이 볼 수 있다.
cuboid

짤막하다
형 조금 짧은 듯하다.
우리 강아지는 항상 짤막한 다리로 나를 쫓아다닌다.
to be stumpy

읽기

읽어 보세요 1

간결미(簡潔美)
명 글이나 말 등에 군더더기가 없이 간단하고 깔끔한 데서 볼 수 있는 아름다움.
수필 〈오해〉의 문장에는 간결미가 있다.
beauty of brevity

거처(居處)하다
동 일정하게 자리를 잡고 살다.
집에 화재가 발생해서 당분간 호텔에서 거처하게 되었다.
to dwell

견고(堅固)하다
형 (건물 등이) 단단하다.
이 건물은 건축된 지 100년이 지났지만 아직도 안전하고 견고하다.
to be sturdy

고스란히
부 조금도 줄어들거나 변한 것 없이 원래의 상태 그대로.
나는 월급을 받으면 한 푼도 쓰지 않고 고스란히 부모님께 드린다.
in its entirety

고요하다
형 매우 조용하다.
아무도 없는 집에 오니 사방이 고요해서 마음이 한결 편해졌다.
to be tranquil

관아(官衙)
명 조선 시대에, 나라와 관련된 업무를 처리하던 곳.
조선 시대에 백성들은 억울한 일을 당하면 관아에 고발했다.
government office (in Joseon dynasty)

기상(氣像)
명 사람이 타고난 마음씨. 또는 그것이 겉으로 드러난 모양.
그는 언제나 활발한 기상을 보인다.
spirit

까마귀
명 까마귓과의 새를 모두 아울러 가리키는 말. 몸은 보통 검은색이다.
'까마귀 날자 배 떨어진다'라는 말은 아무 관계가 없는 일이 우연히 동시에 일어나서 관계가 있는 것처럼 의심받을 때 쓰는 속담이다.
crow

대청마루(大廳마루)
명 한옥에서, 방과 방 사이에 있는 큰 마루.
여름에 대청마루에 앉아서 시원한 수박을 먹는 것이 한옥에 사는 즐거움이다.
deck

떠받치다
동 쓰러지지 않도록 밑에서 위로 받쳐서 버티다.
필로티 구조란 1층에는 방이 없고 기둥이 2층을 떠받치고 있는 건축 형식을 말한다.
to hold up

뜰
명 집 안의 앞뒤나 좌우에 붙어 있는 빈터.
뜰에 풀이 많이 자란 걸 보니 아무도 살지 않는 집인 듯하다.
garden

맞배지붕
명 한옥에서, 건물의 측면 벽이 삼각형으로 된 지붕.
맞배지붕은 한옥에서 가장 간단한 지붕 형식으로, 수덕사의 대웅전 지붕이 대표적이다.
gable roof

바깥주인(바깥主人)
명 예전에, 집안의 남자 주인을 부르던 말.
그 집 바깥주인은 몇 해 전에 세상을 떠났고 지금은 시어머니와 며느리만 그 집에서 살고 있다.
man of the house

사랑채(舍廊채)
명 한옥에서, 안채와 떨어져 남자 주인이 주로 생활하는 공간.
사랑채는 주로 바깥주인이 거처하며 손님을 대접하던 공간이다.
men's living quarters

새기다
동 나무나 돌 등을 파내어 글씨나 형태를 만들다.
그는 도장에 자신의 이름을 새겼다.
to engrave

서원(書院)
명 조선 시대에, 선비들이 모여서 학문에 관해 이야기하던 곳.
서원은 조선 시대의 학교로서, 현대의 대학교와 유사한 기능을 담당하였다.
educational institution (in Joseon dynasty)

선비
명 조선 시대에, 지식은 많지만 높은 지위에 욕심내지 않고 서원 등에서 학문을 연구하던 사람을 가리키는 말.
조선 시대의 선비는 높은 지위나 돈에 욕심을 내지 않아 성품이 훌륭하다는 인식이 있었다.
scholar (in Joseon dynasty)

숨결 [숨껼]
명 사물이나 현상의 어떤 기운이나 느낌을 생명체에 비유하여 가리키는 말.
고요한 바다에서 자연의 숨결을 느낄 수 있었다.
breath

안주인(안主人) [안쭈인]
명 예전에, 집안의 여자 주인을 부르던 말.
조선 시대 안주인의 역할은 아이를 건강하게 키우고 살림을 잘 꾸리는 것이었다.
woman of the house

안채
명 한옥에서, 한 집에 두 채 이상의 집이 있을 때 안쪽에 있는 집.
안채는 주로 안주인이 생활하던 공간이다.
women's living quarters

온돌방(溫突房) [온돌빵]
명 온돌을 놓아 난방 장치를 한 방.
한국 사람들은 아파트에 살더라도 온돌방처럼 바닥이 따뜻한 난방 방식을 선호한다.
ondol room

우뚝
부 눈에 띄게 위를 향해 서 있는 모양.
제주도 한가운데에는 한라산이 우뚝 서 있다.
soaringly

유학자(儒學者)
명 유학을 연구하는 사람. 유학이란, 중국의 공자로부터 시작된 전통적인 학문을 말한다.
조선 시대의 중심 사상은 유학이었으므로 유학자들이 조선의 정치를 담당했다.
Confucian scholar

정면(正面)
명 똑바로 마주 보이는 면.
건물 정면에 간판을 달았다.
front side

정직성(正直性)
명 마음에 거짓이나 꾸밈이 없이 바르고 곧은 특성.
어머니는 나에게 정직성이 가장 중요하므로 절대 거짓말을 하지 말라고 말씀하셨다.
honesty

지붕면(지붕面)
명 지붕에 기와를 덮은 윗면.
지붕면이 평평한 건물은 비나 눈이 올 때 피해를 입을 수 있으므로 주의해야 한다.
roof side

청렴(淸廉)하다
형 성품이 훌륭하고 욕심이 없다.
정치인은 무엇보다 청렴해야 한다고 생각한다.
to have integrity

초석(礎石)
명 기둥 밑에 기초로 받쳐 놓은 돌.
초석을 견고하게 쌓지 않은 건물은 무너지기 쉽다.
cornerstone

탄생지(誕生地)
명 역사 인물 혹은 유명한 인물이 태어난 곳.
경상북도 안동은 천 원권 지폐에 등장하는 퇴계 이황의 탄생지로도 유명하다.
birthplace

품
명 따뜻한 보호를 받는 환경을 비유적으로 이르는 말.
자연의 품에 안기자 마음이 편안해졌다.
embrace

풍상(風霜)
명 바람과 서리를 합쳐서 부르는 말.
밤새 풍상을 견디고 꽃이 피어났다.
wind and frost

흐드러지다
형 매우 탐스럽거나 한창 싱싱하게 우거져 있다.
봄이 되면 제주도에는 유채꽃이 흐드러지게 핀다.
to be in full bloom

읽어 보세요 2

개관(開館)하다
동 도서관, 영화관, 박물관 등이 처음으로 문을 열다.
국립한글박물관은 2014년에 개관하였으며, 한글에 대한 많은 기록물이 전시되어 있다.
to open

구름다리
명 도로나 계곡 등을 잇기 위해 공중에 걸쳐 놓은 다리.
우리가 어제 다녀온 구름다리는 두 산을 잇고 있었는데, 그 높이가 매우 높았다.
overpass

동경(憧憬)
명 어떤 것을 매우 그리워하여 그것만을 생각함.
화려한 생활에 대한 동경으로 아이돌이 되려는 청소년이 많아지고 있다.
longing

받치다
동 물건의 밑이나 옆에 다른 물건을 대다.
그녀는 쟁반에 커피를 받치고 조심조심 걸어왔다.
to prop

변화(變化)를 꾀하다
성질, 상태 등을 변하게 하려고 방법을 찾으며 애쓰다.
시대의 흐름에 맞춰 우리 회사도 변화를 꾀하고자 노력하고 있다.
to attempt to make changes

사선(斜線)
명 한 직선을 기준으로 똑바로 그려지지 않고 경사가 있는 선.
사선으로 내리는 비 때문에 우산을 썼는데도 치마가 다 젖었다.
slant

사이사이
명 어떤 장소나 사물, 행동, 사건 등의 중간중간.
그는 일을 하는 사이사이에 음악을 들었다.
in between

석탑(石塔)
명 돌을 이용하여 쌓은 탑.
한국에서 제일 유명한 석탑인 석가탑과 다보탑은 1,000년도 넘게 불국사에 서 있다.
stone pagoda

선조(先祖)
명 먼 옛날의 조상.
예로부터 우리 선조들은 겸손을 중요하게 생각했다.
ancestor

위화감(違和感)
명 조화를 이루지 않는 느낌.
오랫동안 외국 생활을 하다가 한국에 오니 한국 문화에 위화감이 들었다.
disharmony

전각(殿閣)
명 궁궐이나 절에 있는 건축물을 이르는 말.
1553년, 경복궁에 화재가 발생해서 많은 전각이 불에 탔다고 한다.
palace quarters

주춧돌
명 기둥 밑에 기초로 받쳐 놓은 돌.
튼튼한 주춧돌을 놓아야 건물이 무너지지 않는다.
cornerstone

지속(持續) 가능성(可能性)
인간이 사는 환경이나 이용하는 자원 등을 계속해서 사용할 수 있는 환경적 또는 경제·사회적 특성.
지속 가능성을 추구한다는 것은 다음 세대의 행복을 침해하지 않는 범위 내에서만 자원을 개발한다는 의미이다.
sustainability

징표(徵標)
명 어떤 것의 특별하거나 다른 점을 드러내 보이는 특징.
그는 사랑의 징표로 세상에 하나밖에 없는 반지를 그녀에게 선물하였다.
token

형상(刑象)
명 사물이 생긴 모양이나 상태.
그 바위는 거북의 형상을 하고 있어서 많은 관광객이 신기한 듯 사진을 찍는다.
shape

쓰기

외양(外樣)
명 겉으로 보이는 모양.
오랜만에 만난 그녀는 알아볼 수 없을 만큼 외양이 변하였다.
outward appearance

주관적(主觀的)
관 명 자기의 의견이나 관점을 기초로 하는 (것).
이 해석은 지나치게 주관적이라 문제가 있다.
subjective

6

지역의 문화와 방언

6-1 한국의 지역 문화
6-2 한국어의 다양한 모습

갈꺼? 안 갈꺼?

6-1	한국의 지역 문화	6-2	한국어의 다양한 모습
듣기 1	제주도 지역 문화에 대한 방송 프로그램을 듣고 정보 찾기	읽기	한국의 지역 방언에 대한 보고서를 읽고 내용 파악하기
듣기 2	지역 문화에 대한 발표를 듣고 정보 찾기	쓰기	보고서 쓰기
말하기	발표하기		

6-1 한국의 지역 문화

1 지역마다 그 지역 특유의 의식주 문화, 놀이 문화, 축제 등이 있습니다. 여러분이 알고 있는 한국의 지역 문화에 대해 이야기해 보세요.

Topic Vocab 6-1 주제 어휘

1 다음은 지역 문화와 관련된 표현입니다. 관계있는 표현을 모두 찾아 써 보세요.

1) 이 소설의 배경이 된 지역은 고향의 정서를 느낄 수 있어 많은 여행객에게 사랑받는 곳이다. — 향토적이다

2) 전라남도 보성은 녹차가 많이 생산되기로 유명하다.

3) 강원도는 한반도의 다른 지역과 차별화되는 기후로 인해 독특한 식문화가 발달하였다.

4) 지리산에 위치한 청학동은 전통문화를 잘 지키고 후손들에게 물려주려고 노력하는 마을로 알려져 있다.

5) '한국의 맛' 박람회에서는 전주비빔밥 등 지역별 전통 음식 약 80종을 선보였다.

6) 돼지국밥은 누구나 값싸게 즐길 수 있는 소박한 음식이다.

7) 제주 해녀 문화는 그 의미의 중요성이 인정되어 2016년에 유네스코 무형 문화유산 목록에 올랐다.

| 특산물 | 토속/향토 음식 | 서민적이다 | 향토적이다 | 가치를 인정받다 |
| 개성이 뚜렷하다 | 문화를 보존하다 | 문화를 전승하다 | 문화유산에 등재되다 | 문화유산으로 지정되다 |

2 다음은 지형과 관련된 표현입니다. 각 사진을 보고 지형의 특징을 이야기해 보세요.

설악산 국립 공원

서천 갯벌

대관령/평창 고원

경북 울릉군 나리 분지

> 산이 높고 **험준해요**. 강원도의 동부는 **산악 지대**예요.

갯벌   고원   분지   산맥   평지   산악 지대   해안/내륙 지방   척박하다   험준하다

듣기

들어 보세요 1

준비

1 이 사람들은 지금 무엇을 하고 있습니까? 어디에 가면 이런 모습을 볼 수 있을까요?

> **무형 문화유산 소개**
>
> ### 제주 해녀
>
> 제주 해녀는 공동체 전체가 해마다 잠수 일수와 작업 시간, 채취할 수 있는 해산물의 최소 크기를 정하여 남획을 방지한다. 제주 해녀 문화는 자연에 순응하며 삶을 일구는 대표적인 사례이다.

2 다음은 다큐멘터리 장면 중 일부입니다. 무엇을 하는 것 같습니까? 여러분이 알고 있는 전통적 어업 방식과 비교하여 이야기해 보세요.

해산물을 채취하는 모습 해산물을 가지고 오는 모습 불턱에서 쉬는 모습

| 듣기 | 다음은 제주도 지역 문화에 대한 방송 프로그램입니다. 잘 듣고 질문에 답해 보세요.

중심 내용 파악하기

1 무엇을 소개하고 있습니까?

세부 내용 파악하기

2 이 다큐멘터리에 나올 수 있는 장면을 모두 고르세요.

①

②

③

④

3 제주 해녀에 대한 설명으로 맞지 <u>않는</u> 것을 고르세요.

① 혼자서는 바다에 들어가지 않는다.
② 15살 때 물에 들어가는 것을 배우기 시작한다.
③ 바다에 들어갈 때 특수한 장비를 사용하지 않는다.
④ '불턱'이라는 장소에서 정보를 공유하거나 휴식을 취한다.

4 "숨이 허락하는 만큼만 머물다 오거라."라는 말에서 알 수 있는 해녀들의 철학은 무엇입니까?

5 제주 해녀 문화의 의미에 해당하는 것을 모두 고르세요.

☐ 공동체 문화 형성   ☐ 바다의 생태계 보전
☐ 수산업 발전에 기여   ☐ 여성의 사회적 역할 제시

문법과 표현

동형 -을지언정 ☞ 14쪽

제주 해녀들은 자신의 몸이 고단할지언정 어머니로서, 딸로서 거친 바다에 맞서 왔다.

들어 보세요 2

준비

1. 강원도는 어디에 있습니까? 강원도에 대해 아는 것을 이야기해 보세요.

2. 강원도의 특산물과 향토 음식을 조사하고 어떤 특징이 있는지 이야기해 보세요.

특산물

옥수수 / 감자
명태 / 오징어
미역

향토 음식

북어식해 / 감자범벅
오징어순대 / 올챙이국수
메밀막국수

듣기 다음은 지역 문화에 대한 발표입니다. 잘 듣고 질문에 답해 보세요.

중심 내용 파악하기

1 이 발표의 주제는 무엇입니까?

세부 내용 파악하기

2 강원도 음식과 관계있는 말을 모두 고르세요.

☐ 담백하다　☐ 간이 세다　☐ 소박하다　☐ 비리다　☐ 건강에 좋다

3 특산물과 지역을 알맞게 연결해 보세요.

전략 익히기

4 이 발표에서 청중의 주의를 끌기 위해 사용한 전략을 모두 고르세요.

☐ 주장 강조하기　　　　☐ 속담 인용하기
☐ 청중 설득하기　　　　☐ 청중에게 질문하기

이야기해 보세요

1 여러분 고향의 향토 음식을 소개해 보세요.

문법과 표현

동 -는지라, **형** -은지라, **명** 인지라 ☞ 14쪽

영동과 영서 지방의 지형과 기후가 다른지라 두 지역의 음식 문화도 뚜렷이 구별된다.

말하기 Speaking 6-1

🎤 청중의 주의를 끌고 이해를 돕는 발표를 해 보세요.

준비해 보세요

1 발표의 구성을 생각해 보세요. 각 단계에 어떤 내용이 들어가야 할지 아래에서 골라 번호를 써 보세요.

도입	
본론	
마무리	

① 주제 소개하기　　　　　　　　② 요약 및 정리하기
③ 자료 제시하기　　　　　　　　④ 세부 내용 제시하기
⑤ 질문 유도하기　　　　　　　　⑥ 주제를 선택한 이유 제시하기

2 발표를 시작하는 방법에는 여러 가지가 있습니다. 다음 발표 방식을 비교해 보세요.

지금부터 강원도의 향토 음식에 대해 발표하겠습니다.

여러분은 여행의 가장 큰 즐거움이 무엇이라고 생각하십니까? 한국 속담에 "금강산도 식후경이다."라는 말이 있습니다.
…
그래서 오늘은 강원도의 향토 음식에 대해 말씀드리겠습니다.

3 다음 중 반 친구들을 대상으로 발표를 할 때 효과적인 방법을 모두 골라 보세요.

☐ 청중의 참여와 관심을 유도하는 발표
☐ 처음부터 세부 내용으로 시작하는 발표
☐ 원고를 그대로 옮겨 적은 PPT를 활용한 발표
☐ 내용의 이해를 도울 수 있는 시각 자료를 사용한 발표

- 표현을 연습해 보세요

1 다음은 발표를 시작할 때 청중의 주의를 끌기 위해 사용하는 표현입니다. 다음 표현을 사용하여 연습해 보세요.

질문으로 시작하기
> 청중의 경험과 관련되거나 호기심을 자극할 수 있는 질문을 던집니다.

- 여러분(은) [여러분에게] …습니까?

- **여러분에게** 여행의 가장 큰 즐거움은 **무엇입니까?**

인용으로 시작하기
> 속담이나 유명한 문구를 인용하면서 시작합니다.

- …에 …이라는 말이 있습니다
- …이라는 말이 널리 알려져 있습니다

- 한국 속담에 "금강산도 식후경이다."라는 말이 있습니다.
- "제주도에는 바람과 돌과 여자가 많다"라는 말이 널리 알려져 있습니다.

1) 제주 해녀 문화

'해녀'에 대해 들어 본 적이 있는가?

2) 정보 여과 현상(필터 버블)

한국 속담 '우물 안 개구리'

2 다음은 청중의 이해를 돕기 위해 사용하는 표현입니다. 다음 표현을 사용하여 연습해 보세요.

내용의 흐름을 밝히며 연결하기
> 내용을 전환할 때 다음에 이야기할 내용을 안내합니다.

- …에 앞서 우선 …을 살펴보겠습니다
- 먼저 [우선] …부터 살펴보겠습니다. 다음은 [마지막으로] …에 대해 이야기하겠습니다
- 이어서 …을 소개하겠습니다

- 강원도의 향토 음식 **소개에 앞서 우선** 강원도의 지형적 **특성을 살펴보겠습니다.**
- **먼저** 영서 지방의 향토 **음식부터 살펴보겠습니다. 다음은** 영동 지방의 향토 **음식에 대해 이야기하겠습니다.**
- **이어서** 강원도의 대표적인 향토 **음식을 소개하겠습니다.**

자료 제시하기

> 그래프나 그림 등의 자료를 제시합니다.

- 이 사진[그림/그래프/도표/지도/자료]을 봐 주십시오. 이 사진[그림/그래프/도표/지도/자료]은 …입니다
- 이 사진[그림/그래프/도표/지도/자료]에서 볼 수 있듯이…

- 이 사진을 봐 주십시오. 이 사진은 강원도의 유명한 음식인 춘천 **닭갈비입니다**.
- 이 지도에서 볼 수 있듯이 강원도는 태백산맥을 기점으로 영동과 영서 지방으로 나뉩니다.

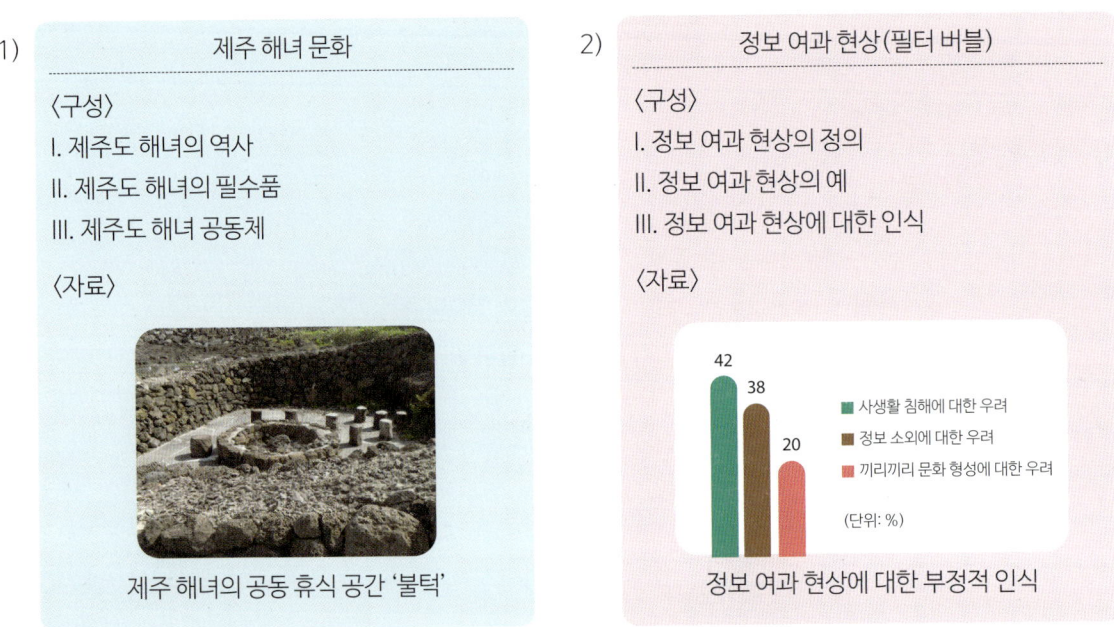

1) 제주 해녀 문화

〈구성〉
I. 제주도 해녀의 역사
II. 제주도 해녀의 필수품
III. 제주도 해녀 공동체

〈자료〉

제주 해녀의 공동 휴식 공간 '불턱'

2) 정보 여과 현상(필터 버블)

〈구성〉
I. 정보 여과 현상의 정의
II. 정보 여과 현상의 예
III. 정보 여과 현상에 대한 인식

〈자료〉

42 / 38 / 20
■ 사생활 침해에 대한 우려
■ 정보 소외에 대한 우려
■ 끼리끼리 문화 형성에 대한 우려
(단위: %)

정보 여과 현상에 대한 부정적 인식

이야기해 보세요

1 여러분 고향의 지역 문화 중 친구들에게 소개해 주고 싶은 것을 찾아 보세요.

의식주 문화   놀이 문화   지역 행사   ?

2 보기와 같이 발표할 내용을 메모해 보세요.

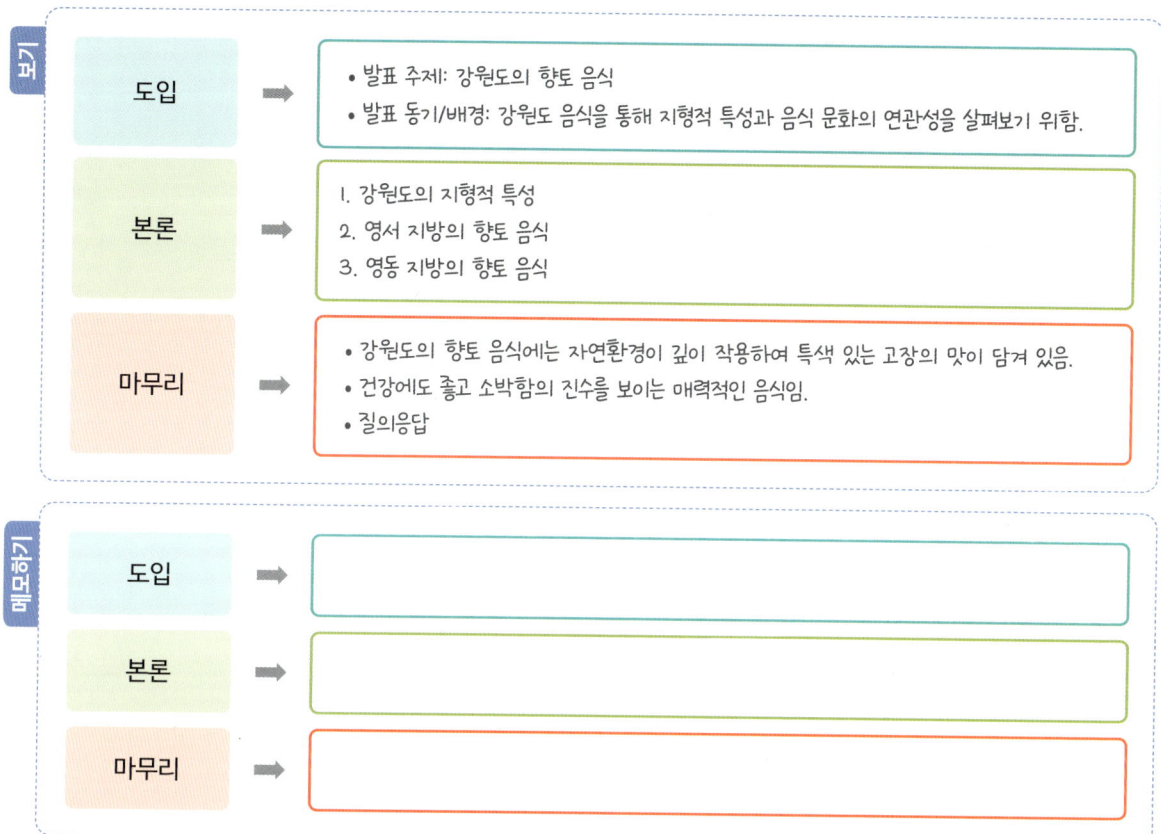

3 메모한 내용을 바탕으로 발표해 보세요.

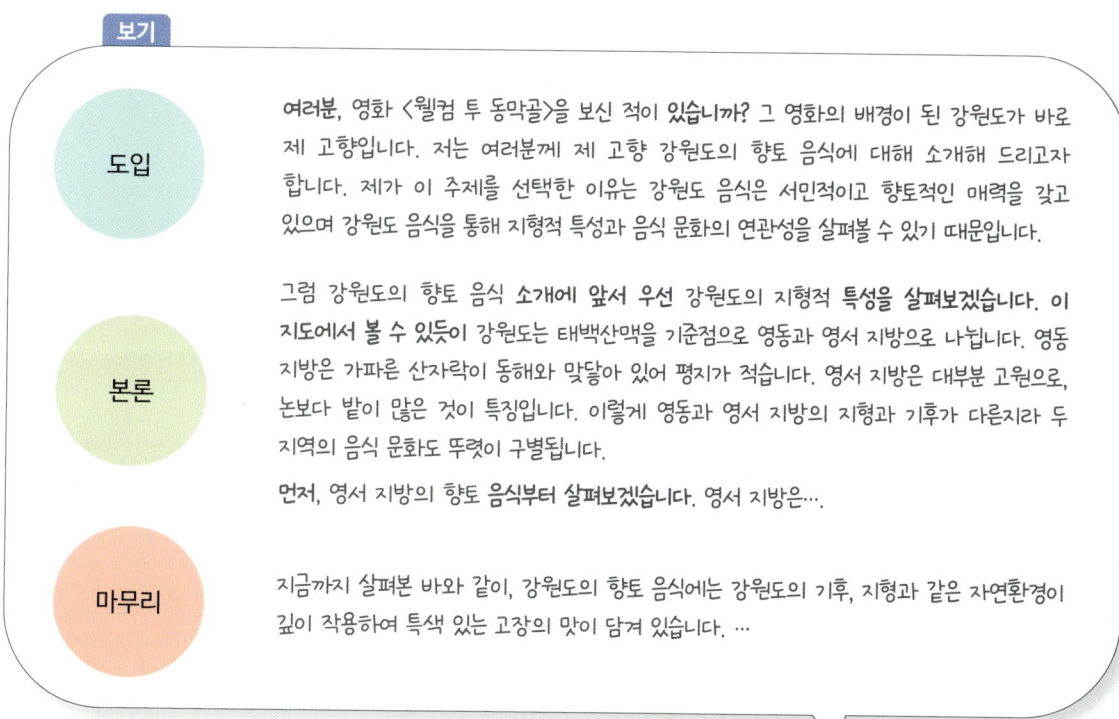

Intro 6-2 한국어의 다양한 모습

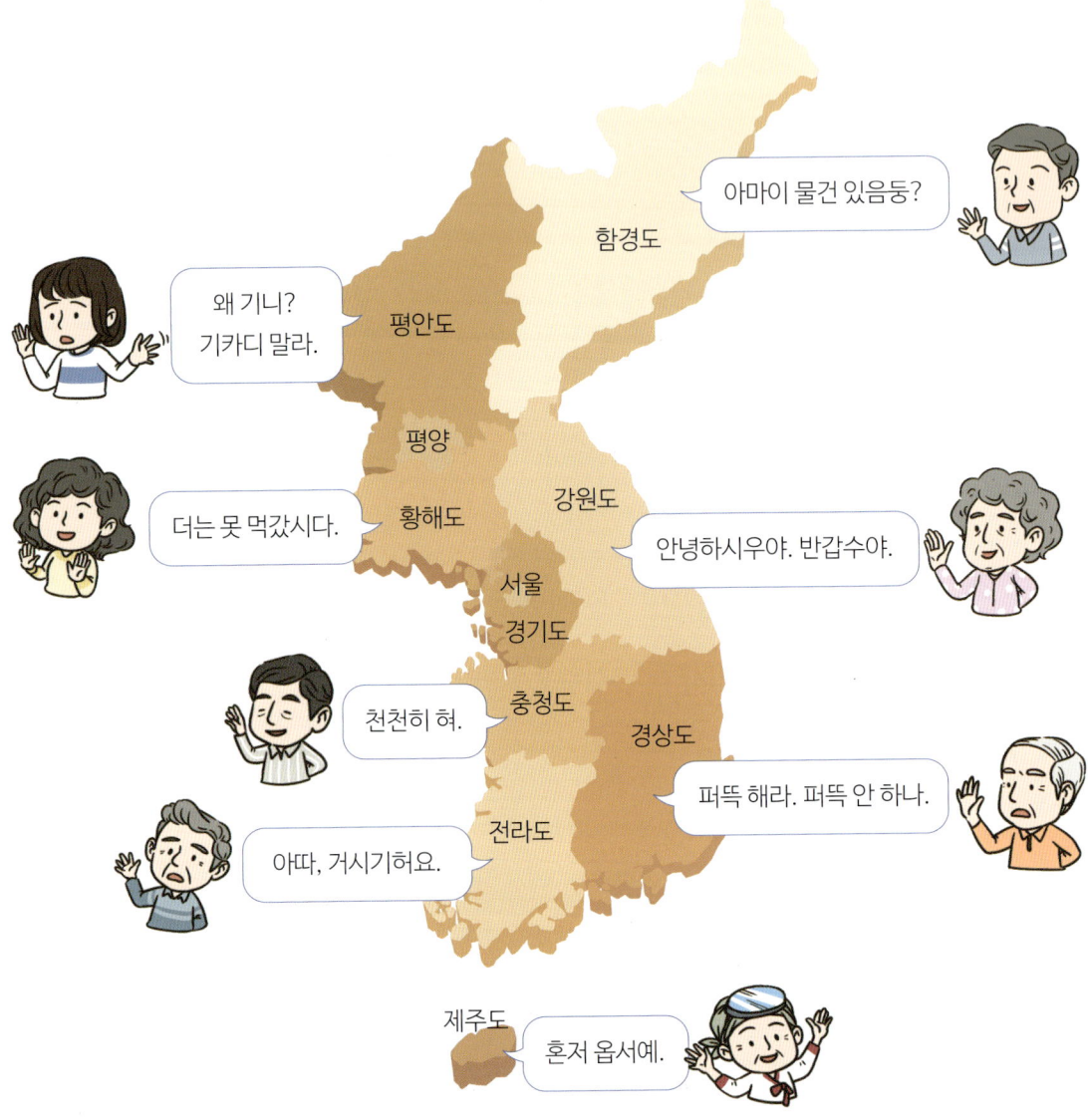

1 위의 말이 무슨 뜻일지 추측하여 이야기해 보세요.

2 여러분이 배운 표준어와 어떤 점이 다른지 이야기해 보세요.

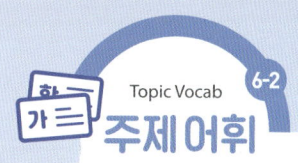

주제 어휘

1 다음은 지역 방언과 관련된 표현입니다. 관계있는 표현을 찾아 써 보세요.

1) 김만정의 소설 《벌교》 속 등장인물이 쓰는 어휘는 전라도 지역민의 감정과 사상을 드러낸다. — 의식을 반영하다

2) 표준어 교육으로 인해 각 지역의 특색 있는 사투리가 점점 없어지고 있다.

3) 부산에서 오랫동안 한국어를 공부한 올리비아는 부산 지역의 말을 사용한다.

4) 고향의 사투리를 들으면 시골의 평화로운 분위기가 느껴진다.

5) 충청도 사투리가 느린 것은 충청도 지역민의 여유로움이 담겨 있기 때문이다.

6) 나는 제주도 사투리를 처음 들었을 때 하나도 알아듣지 못했다.

7) A 지역의 말은 무뚝뚝한 느낌을 주는 반면 B 지역의 말은 부드러운 느낌을 준다.

8) 사투리는 그 지역 사람들의 태도나 분위기를 나타낸다.

| 방언/사투리 | 소멸되다 | 말투가 다르다 | 의사소통이 안 되다 |
| 의식을 반영하다 | 정서가 담겨 있다 | 정서를 대변하다 | 정취를 느끼다 |

2 다음은 지역 방언의 특징을 나타내는 표현입니다. 아래 표현을 사용하여 여러분이 알고 있는 한국어의 지역 방언에는 어떤 특징이 있는지 이야기해 보세요.

> 제가 생각하는 경상 방언의 특징은 **억양이 세다는** 점이에요. 경상 방언에는 **독특한 어휘도 많이 있어요**. 예컨대 '천지삐까리'는 넓은 범위로 널려 있다는 의미이고, '깔롱'은 차림새, 행동 등이 세련되고 아름답다는 뜻이에요.

| 독특한 어휘가 있다 | 발음이 다르다 | 성조가 있다/없다 | 악센트가 있다/없다 |
| 억양이 독특하다 | 억양이 세다 | 장단의 구별이 있다/없다 | |

읽기 6-2

읽어 보세요

준비

1. 지역 방언이 많이 사용되는 한국 영화나 드라마를 본 적이 있습니까? 기억에 남는 표현이 있으면 이야기해 보세요.

2. 다음 그림을 보고 서로 소통이 어려운 이유를 이야기해 보세요.

읽기 다음은 한국의 지역 방언, 즉 사투리에 대한 보고서입니다. 글을 읽고 질문에 답해 보세요.

Ⅰ. 서론

최근 제작되는 한국 영화에는 사투리가 자연스럽게 들어간다. 영화 속 사투리는 그 지역민들의 정서를 대변하여 영화의 묘미를 살린다는 평가를 받으며, 관객은 사투리를 통해 고향의 푸근한 정취를 느끼거나 다른 지역의 문화를 접하며 흥미로워한다. 그러나 한국 영화 속에서 사투리가 쓰인 역사는 그리 길지 않다.

사투리가 영화에서 본격적으로 주목받은 것은 임권택 감독의 〈서편제〉(1993)부터였다. 이 영화에서는 전라도 사투리가 사용되었다. 그의 또 다른 영화 〈태백산맥〉(1994)에서도 전라도 사투리가 쓰였다. 다만, 이 두 편의 영화는 전라도를 무대로 **한 까닭에** 전라도 사투리가 쓰이는 것이 아주 당연했고, 그런 이유로 대중의 초점이 사투리보다는 그 영화 전면에 흐르는 주제 의식에 맞춰져 있었다. 사투리 자체가 영화의 주역으로 등장하는 것은 2000년 이후이다. 이런 현상은 사투리에 대한 대중의 관심과 더불어 획일화되어 가는 우리말의 다양성을 확보하려는 감독과 작가들의 **문제의식에서 비롯되었다**고 할 수 있다.

이에 본 보고서는 2000년 이후 개봉한 두 편의 영화를 분석함으로써 각 영화에 반영된 사투리의 대표적인 특징을 살펴보는 데에 그 목적이 있다.

Ⅱ. 영화 〈황산벌〉로 보는 경상도 사투리와 전라도 사투리의 특징

이준익 감독의 영화 〈황산벌〉(2003)은 사투리에 대한 독특한 발상을 소재로 한다. 영화의 시대적 배경은 660년에 벌어진 신라(현재 경상도 지역)와 백제(현재 전라도 지역) 간의 전투이다. 이 영화는 신라 측 인물들과 백제 측 인물들이 각각 경상도, 전라도 사투리를 사용한다는 설정으로 전개된다. 다만, 이 영화에서는 당시 사투리가 아닌 현대 사투리가 사용된다. 따라서 현대 경상도와 전라도 사투리를 비교할 수 있는 좋은 자료가 되고 있다.

우선 이 영화를 통해 드러난 경상도 사투리의 특징을 살펴보자.

- 그래, 뭐 좀 건진나? (그래, 뭐 좀 건졌어?)
- 뭐라캤노? (뭐라고 했냐?)

경상도 사투리의 대표적인 특징 중 하나는 의문문의 종류에 따라 종결 어미가 달라진다는 점이다. '예/아니요'로 답할 수 있는 의문문은 '건진나?'처럼 'ㅏ' 모음으로 끝나지만, 특정한 답을 요구하는 의문문은 '이거 누 책이고?'(이거 누구 책이니?)처럼 'ㅗ' 모음으로 끝난다. 우리말에서 이런 구분은 중세 시대까지 엄격하게 적용되었지만 대부분의 지역에서 소멸되었고 현재는 경상도에만 남아 있다.

다음은 전라도 사투리의 대표적인 특징을 살펴보겠다.

- 계백아, 니가 1. 거시기혀야 쓰겄다.
- 니들 나랑 2. 거시기혀야 쓰겄다.
- 이번 작전은 한마디로 머시기헐 때꺼정 갑옷을 3. 거시기한다.

　이 영화에 나오는 '거시기'라는 표현은 전라도 사투리의 흥미로운 어휘이다. '거시기'는 딱 맞는 표현이 얼른 생각나지 않거나 바로 말하기 곤란할 때에 그 대신으로 쓰는 말이다. 위의 대사에서 1번 거시기는 '설득하다', 2번 거시기는 '싸우러 나가다', 3번 거시기는 '절대로 벗지 않는다'라는 뜻이다. 언뜻 들으면 절대로 이해할 수 없을 것 같은 표현이지만, 전라도 출신들은 대부분 맥락을 통해서 바로 이해한다고 한다. 비슷한 표현으로 위 대사에 나오는 '머시기'도 있다. 이 영화에서 전라도 사투리를 쓰는 백제 군인들은 이 말들을 즉시 이해하는 반면, 경상도 사투리를 쓰는 신라 군인들은 듣고도 전혀 이해하지 못한다. '거시기'처럼 맥락을 통해 이해해야 하는 표현이 많은 것이 전라도 사투리의 특징이다.

Ⅲ. 영화 〈웰컴 투 동막골〉로 보는 강원도 사투리의 특징

　대중이 '순박함'으로 상징되는 강원도 사투리를 따라 하게 만든 영화는 배종 감독의 〈웰컴 투 동막골〉(2005)이다. 강원도는 태백산맥에 의해 크게 동서로 양분되는데, 말 또한 그렇게 둘로 나뉜다. 그중 영동 지역의 말에는 특유의 억양과 함께 독특한 어미와 단어가 있어 매우 순박한 느낌을 준다. 이 영화에서 쓰인 말은 영동 사투리 중에서도 강릉 사투리에 해당한다.

- 뱀이가 깨물믄 <u>마이</u> 아파.
- 쟈들하고 친구<u>나</u>?
- 여가 뜨거와. <u>마이</u> 아파.

　이 대사를 얼핏 보면 경상도 말과 비슷하다. 실제로 영동 지역 사투리는 경상도 사투리와 비슷한 점이 있다. 받침을 확실하게 발음하지 않는다든지 모음 'ㅓ'와 'ㅡ'가 구분되지 않는다든지 하는 점이 그렇다. 그러나 억양이나 음장을 살펴보면 차이가 난다. 예를 들어 '많이'라는 뜻의 '마이'의 경우, 경상도 사투리에서는 짧게 발음하지만 영동 지역 사투리에서는 길게 발음한다. 의문문의 종결 어미 '-나'도 경상도 사투리와 달리 매우 높은 음까지 올라가서 순박한 느낌을 준다.

Ⅳ. 결론

　이상과 같이 영화에 나온 한국어 사투리의 특징에 대해 알아보았다. 영화에 나오는 대사는 일상어와 거의 유사하다. 게다가 영화에는 희로애락의 상황이 나타나므로 영화에 쓰인 사투리를 보면 그 지역 사람들이 각 상황에서 어떤 표현을 쓰는지 알 수 있다.

　또한 위에서 살펴본 것과 같이 사투리는 단순히 언어적인 측면에 그치지 않고 그 지역 사람들의 특성을 보여 주기도 한다. 예를 들어 전라도 사람들은 단어를 직접적으로 말하지 않고도 서로 의사소통이 가능한 것으로 볼 때 눈치와 맥락을 매우 중요하게 생각한다는 것을 알 수 있다. 따라서 사투리를 조사하는 것이야말로 각 지역의 언어는 물론이고 그 지역 사람들의 특성까지 파악할 수 있다는 점에서 한국을 이해하는 데에 도움을 준다고 할 수 있다.

중심 내용 파악하기

1 이 보고서에 제목을 붙여 보세요.

세부 내용 파악하기

2 보고서의 내용을 정리해 보세요.

> ① 경상도 사투리의 특징
> - 의문문의 종류에 따라 종결 어미가 달라짐.
>   - '예/아니요'로 답할 수 있는 의문문:
>   'ㅏ' 모음으로 끝남.
>   - 특정한 답을 요구하는 의문문:
>   1) _____
>
> ② 전라도 사투리의 특징
> - 2) _____
>   예) 거시기, 머시기
>
> ③ 강원도 사투리의 특징
> - 순박함.
> - 경상도 사투리와의 공통점:
>   3) _____
>   _____
> - 경상도 사투리와의 차이점:
>   억양과 음장이 다름.

3 읽은 내용과 일치하면 ○, 일치하지 않으면 × 하세요.

1) 사투리를 통해 그 지역 사람들의 특성을 알 수 있다. (   )
2) 지역 방언이 영화에서 처음으로 사용된 것은 2000년도 이후이다. (   )
3) 영화에서 사용되는 지역 방언을 통해 관객들은 고향의 정서를 느낄 수 있다. (   )

전략 익히기

4 방언에 대한 보고서를 쓰기 위해 글쓴이가 선택한 전략에 해당하는 것을 모두 고르세요.

☐ 방언학자의 말을 인용하고 있다.   ☐ 각 지역 사투리를 비교하고 있다.
☐ 영화 속 사투리를 예로 들고 있다.   ☐ 방언을 보존해야 한다고 주장하고 있다.

이야기해 보세요

1 여러분 고향에도 지역 방언이 있습니까? 여러분 고향과 다른 지역의 방언을 비교해 보세요.

문법과 표현

동 -는 까닭에, 형 -은 까닭에, 명 인 까닭에 ☞ 15쪽
이 두 편의 영화는 전라도를 무대로 한 까닭에 전라도 사투리가 쓰이는 것이 아주 당연했다.

명 에서 비롯되다 ☞ 15쪽
이런 현상은 사투리에 대한 대중의 관심과 더불어 획일화되어 가는 우리말의 다양성을 확보하려는 감독과 작가들의 문제의식에서 비롯되었다.

쓰기 6-2

📄 보고서를 써 보세요.

준비해 보세요

1 보고서를 쓸 때의 태도로 옳은 것을 모두 고르세요.

☐ 첫 문장부터 구체적인 내용을 쓴다.
☐ 보고서의 목적을 밝힌 후 내용을 쓴다.
☐ 주제가 생각나면 바로 글을 쓰기 시작한다.
☐ 서론-본론-결론의 개요를 만든 다음 글을 쓴다.

표현을 연습해 보세요

1 다음은 보고서의 서론에서 목적을 설명할 때 사용하는 표현입니다. 다음 표현을 사용하여 연습해 보세요.

> **목적 설명하기**
> ▶ 보고서를 쓰는 목적을 밝힙니다.
>
> • 본 보고서의 목적은 …이다
> • 본 보고서는 …는 데에 그 목적이 있다
> • 본 보고서에서는 …에 대해 분석하고자 하다

- **본 보고서의 목적은** 경상도와 전라도 사투리를 비교하는 **것이다**.
- **본 보고서는** 영화에 나오는 사투리의 대표적인 특징을 **살펴보는 데에 그 목적이 있다**.
- **본 보고서에서는** 영동 지역 **사투리에 대해 분석하고자 한다**.

1) 제주 방언에 대한 대학생의 태도와 사용 양상 조사
   목적: 제주 방언에 대한 대학생의 태도와 사용 양상을 조사함.

2) 청소년의 신조어 사용 양상 연구
   목적: 청소년의 신조어 사용 양상을 살펴봄.

3) 강릉 향토 음식의 인지도 분석 연구
   목적: 강릉 향토 음식의 인지도를 분석함.

2 다음은 보고서의 결론에 사용하는 표현입니다. 다음 표현을 사용하여 연습해 보세요.

마무리하기

▶ 핵심 내용을 요약 정리합니다.

- 이상과 같이 …에 대해 알아보았다. 위에서 살펴본 것과 같이 …

- **이상과 같이** 영화에 나온 각 지역 사투리의 **특징에 대해 알아보았다. 위에서 살펴본 것과 같이** 사투리는 단순히 언어적인 측면에 그치지 않고 그 지역 사람들의 특성을 보여 주기도 한다.

▶ 보고서의 의의를 강조합니다.

- 본 보고서를 통해 …을 알 수 있었다
- …이야말로, …다고 할 수 있다
- …다는 점에서 의의를 찾을 수 있다

- **본 보고서를 통해** 전라도 사람들은 눈치와 맥락을 매우 중요하게 생각한다는 **것을 알 수 있었다**.
- 따라서 사투리를 조사하는 **것이야말로** 각 지역의 언어는 물론이고 그 지역 사람들의 특성까지 파악할 수 있다는 점에서 한국을 이해하는 데에 도움을 **준다고 할 수 있다**.
- 본 보고서는 지역 방언 연구를 통해 지역 주민들의 방언 사용 실태를 **파악했다는 점에서 의의를 찾을 수 있다**.

1) 제주 방언에 대한 대학생의 태도와 사용 양상 조사
   - 요약: 제주 지역 대학생들은 제주 방언에 대해 긍정적으로 인식하고 있으며 제주 방언을 가장 많이 사용하는 상황은 가족이나 친구들과 일상적인 대화를 나눌 때였음.
   - 의의: 제주 지역 대학생들의 제주 방언에 대한 인식을 알 수 있었음.

2) 청소년의 신조어 사용 양상 연구
   - 요약: 청소년의 80%가 신조어를 사용한 경험이 있으며 대부분 신조어 사용에 긍정적인 태도를 보임.
   - 의의: 신조어 사용에 대해 조사하는 것은 청소년의 언어문화를 이해할 수 있다는 점에서 세대 간의 소통 확대에 도움을 줌.

3) 강릉 향토 음식의 인지도 분석 연구
   - 요약: 전반적으로 강릉 향토 음식에 대한 인지도가 낮은 것으로 나타남.
   - 의의: 강원도 지역 문화 발전을 위한 방향성을 제시했음.

쓰기

- 써 보세요

1 다음 중 보고서로 써 보고 싶은 주제를 선택해 보세요.

지역 방언   지역 문화   윤리 경영   공공 예술

2 보기와 같이 개요를 작성해 보세요.

보기

주제	영화를 통해 본 한국의 지역 방언
서론 (도입, 목적)	• 영화 속에서 사용되는 사투리는 영화의 묘미를 살림. • 2000년 이후 개봉한 두 편의 영화를 분석함으로써 사투리의 특징을 살펴봄.
본론	(1) 영화 〈황산벌〉 경상도 사투리와 전라도 사투리의 특징 – 음운 특징 – 형태 특징 – 어휘 특징	(2) 영화 〈웰컴 투 동막골〉 강원도 사투리의 특징 – 음운 특징 – 형태 특징 – 어휘 특징
결론 (요약, 의의)	• 사투리의 특징을 살펴보는 것은 지역의 언어와 사람들의 특성을 이해하는 데 도움이 됨.

개요 짜기

주제	
서론 (도입, 목적)	
본론	
결론 (요약, 의의)	

3 개요를 바탕으로 보고서를 써 보세요.

보기

서론	최근 제작되는 한국 영화에는 사투리가 자연스럽게 들어간다. 사투리는 그 지역민들의 정서를 대변하여 영화의 묘미를 살린다는 평가를 받는다. 이에 **본 보고서는** 2000년 이후 개봉한 두 편의 영화를 분석함으로써, 각 영화에 나오는 사투리의 대표적인 특징을 **살펴보는 데에 그 목적이 있다.**
본론	이준익 감독의 영화 〈황산벌〉은 현대 경상도와 전라도 사투리를 비교할 수 있는 좋은 자료가 되고 있다. 경상도 사투리의 대표적인 특징 중 하나는 의문문의 종류에 따라 종결 어미가 달라진다는 점이다. '예/아니요'로 답할 수 있는 의문문은 '건진나?'처럼 '아' 모음으로 끝나지만, 특정한 답을 요구하는 의문문은 '이거 누 책이고?'처럼 '오' 모음으로 끝난다. (중략) 대중이 '순박함'으로 상징되는 강원도 사투리를 따라 하게 만든 영화는 배종 감독의 〈웰컴 투 동막골〉이다. 이 영화에서 쓰인 말은 영동 사투리 중에서도 강릉 사투리에 해당한다. 영동 지역 사투리는 경상도 사투리와 비슷한 점이 있다. 받침을 확실하게 발음하지 않는다든지 모음 '어'와 '으'가 구분되지 않는다든지 하는 점이 그렇다. 그러나 억양이나 음장을 살펴보면 차이가 있다. (중략)
결론	**이상과 같이** 영화에 나오는 한국어 사투리의 **특징에 대해 알아보았다.** 위에서 **살펴본 것과 같이** 영화에는 희로애락의 상황이 나타나므로 영화에 쓰인 사투리를 보면 그 지역 사람들이 각 상황에서 어떤 표현을 쓰는지 알 수 있다. 사투리는 단순히 언어적인 측면에 그치지 않고 그 지역 사람들의 특성을 보여 주기도 한다. 따라서 사투리를 조사하는 **것이야말로** 각 지역의 언어는 물론이고 그 지역 사람들의 특성까지 파악할 수 있다는 점에서 한국을 이해하는 데에 도움을 준다고 **할 수 있다.**

느그 아버지 뭐하시노?

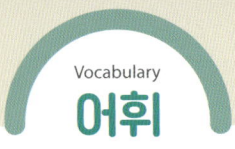

6-1. 한국의 지역 문화

주제 어휘

가치(價値)를 인정(認定)받다
어떤 것의 의미나 중요성이 확실하다고 여겨지다.
이 그림은 세계적으로 가치를 인정받는 작품이다.
to be recognized its value

개성(個性)이 뚜렷하다
다른 것과 구별되는 고유의 특성이 강하다.
줄리는 항상 자신만의 개성이 뚜렷한 노래를 만든다.
to have a distinct personality

갯벌
명 바닷가의 지형 중 하나. 바닷물이 빠질 때는 물 밖으로 드러나고 바닷물이 들어올 때는 물에 잠기는 평탄한 땅.
한국의 서해에는 갯벌이 발달해 있어서 매년 갯벌 축제가 개최된다.
mudflat

고원(高原)
명 높은 곳에 있는 넓은 벌판.
산 중턱에 이르니 끝없는 고원이 펼쳐졌다.
plateau

내륙(內陸) 지방(地方)
바다에서 멀리 떨어진 육지 안쪽의 지역.
오늘 밤 전국이 흐린 가운데 강원도 내륙 지방을 중심으로 비가 내리겠습니다.
inland region

문화(文化)를 보존(保存)하다
행동 및 생활 양식을 잘 보호하여 지키다.
해녀 문화를 보존하기 위해 해녀들의 생활상을 기록하는 작업을 추진하고자 한다.
to preserve the culture

문화(文化)를 전승(傳承)하다
행동 및 생활 양식을 물려받아 잇다. 또는 잇게 하다.
국가는 판소리 문화를 전승하기 위해 국악을 공부하는 학생들에게 특별 장학금을 수여했다.
to pass on culture

문화유산(文化遺産)에 등재(登載)되다
문화적인 가치가 높아 후손들에게 물려줄 필요가 있다고 인정하는 것들의 목록에 오르다.
불국사와 석굴암은 유네스코 세계 문화유산에 등재되었다.
to be registered as a cultural heritage

문화유산(文化遺産)으로 지정(指定)되다
문화적인 가치가 높아 후손들에게 물려줄 필요가 있는 것으로 정해지다.
문화유산으로 지정된 지역은 문화유산 보호를 위해 개발이 제한된다.
to be designated as a cultural heritage

분지(盆地)
명 주위가 높은 지형으로 둘러싸인 평지.
대구는 분지에 형성된 대표적인 도시이다.
basin

산맥(山脈)
명 산들이 길게 이어져 큰 줄기를 이루고 있는 지형.
두 지역은 산맥으로 가로막혀 있어서 통행이 어려웠다.
mountain range

산악(山岳) 지대(地帶)
산들이 높고 험준하게 솟아 있는 구역.
산악 지대에서 실종자가 발생하여 구조대가 출동하였다.
mountainous area

서민적(庶民的)이다
경제적이나 신분적으로 특권을 가지지 못한 일반 사람의 성격을 지니다.
민준이는 재벌가의 아들답지 않게 서민적이고 소탈했다.
to be like a common person

척박(瘠薄)하다
형 땅이 기름지지 못하다.
척박한 땅을 보니 앞으로 뭘 먹고 살아야 할지 막막했다.
to be barren

토속(土俗) 음식(飮食)
그 지역의 특색 있는 음식.
제주도의 토속 음식에는 성게미역국, 모자반국 등이 있다.
local specialty food

특산물(特産物)
명 어떤 지역에서 특별히 생산되는 물건.
제주도의 특산물에는 귤과 갈치가 있다.
regional product

평지(平地)
명 바닥이 평평하고 넓은 땅.
무릎이 안 좋은 사람은 경사가 가파른 산보다는 평지를 걷는 것이 좋다고 한다.
flatland

해안(海岸) 지방(地方)
바닷가에 맞닿은 지역.
바람이 많이 부는 해안 지방에서는 지붕을 낮게 짓는 경우가 많다.
coastal region

향토(鄕土) 음식(飮食)
시골에서 전통적으로 내려오는 음식.
여행을 하면서 그 지역의 특성을 살린 향토 음식을 먹어 보는 것은 좋은 경험이 된다.
traditional local food

향토적(鄕土的)이다
고향이나 시골의 느낌이 들다.
작가 김유정은 본인의 소설에 향토적인 정서를 담았다.
to be local

험준(險峻)하다
형 땅이나 산이 높고 경사가 가파르다.
우리는 밧줄에 의지해 험준한 절벽을 올라갔다.
to be steep

듣기

들어 보세요 1

그물망(그물網)
명 그물코 같은 구멍이 있는 망.
그들은 생선을 잡기 위해 그물망을 치고 있다.
net

날카롭다
형 소리나 냄새 등이 거슬릴 정도로 매우 강하다.
고양이의 날카로운 울음소리에 나도 긴장하지 않을 수 없었다.
to be sharp

남획(濫獲)
명 동물이나 물고기 등을 마구 잡음.
수많은 생물이 남획과 환경 파괴로 인하여 빠른 속도로 사라지고 있다.
overfishing/overhunting

맨몸으로
아무것도 지니지 않은 상태로.
맨몸으로 외국에 가서 살아 본 경험은 나의 삶을 완전히 바꿔 놓았다.
barehanded

생계(生計)를 꾸리다
경제적으로 생활을 이끌어 나가다.
요즘은 부부가 둘 다 일하지 않으면 생계를 꾸려 나가기 힘들다.
to make a living

생태계(生態系)
명 어느 환경 안에서 사는 생물들과 그 생물들을 조절하는 요인을 포함한 종합 체계.
무분별한 개발로 인해 생태계가 파괴되고 있다.
ecosystem

수산업(水産業)
명 수산물을 잡거나 가공하는 등의 일과 관련된 산업.
이 지역은 바다가 가까워서 수산업이 발달하였다.
fishing industry

수심(水深)
명 강이나 바다, 호수 등 물의 깊이.
한국의 동해는 수심이 갑자기 깊어지므로 바닷가에서 멀리 나가면 위험하다.
water depth

순응(順應)하다
동 환경이나 변화에 적응하여 익숙해지거나 체계 등에 적응하여 따르다.
때로는 현실에 순응하는 태도가 행복을 불러오기도 한다.
to conform

숨을 고르다
불안정하던 숨을 안정적으로 쉬도록 조절하다.
뛰어오느라 숨을 거칠게 쉬던 영지에게 어머니는 우선 숨을 좀 고르라고 하셨다.
to catch one's breath

숭고(崇高)하다
형 뜻이 높고 훌륭하다.
자식을 위해 무슨 일이든 하는 어머니는 언제나 숭고한 존재이다.
to be noble

어업(漁業)
명 수산물을 잡거나 기르는 산업이나 직업.
선진국들의 어업은 '잡는 어업'에서 '기르는 어업'으로 변화하고 있다.
fishery

이상향(理想鄕)
명 인간이 생각할 수 있는 최선의 상태를 갖춘 완전한 사회.
남들이 보기엔 평범한 시골 마을이지만 그에겐 이상향이나 다름없는 곳이다.
utopia

잠수(潛水)
명 물속으로 잠겨 들어감. 또는 그런 일.
바다에서 잠수를 하면 아름다운 물고기를 많이 볼 수 있다.
diving

저조(低調)하다
형 효율이나 비율, 성적 등이 낮다.
현재 한국의 큰 문제 중 하나는 출산율이 저조하다는 것이다.
to be low

주체적(主體的)
관 명 어떤 일을 실천하는 데 자유롭고 스스로 하는 성질이 있는 (것).
행복을 위해서는 주체적인 삶을 사는 것이 중요하다.
independent

짊어지다
동 책임이나 의무를 맡다.
새 대통령은 국가의 미래를 짊어지겠다고 말했다.
to bear

채취(採取)하다
동 자연에서 나는 것을 베거나 캐거나 하여 얻다.
이 산에서는 산삼을 채취하는 것이 금지되어 있다.
to collect

철학(哲學)
명 자신의 경험에서 얻은 가치관, 세계관 등을 가리키는 말.
그는 언제나 최선을 다해야 한다는 철학을 가지고 살아간다.
philosophy

터전
명 살림의 근거지가 되는 곳.
나는 어릴 때부터 서울이 삶의 터전이었다.
base

틀을 깨다
기존의 격식이나 형식을 벗어나다.
그 영화는 기존의 틀을 깨고 새로운 양식을 도입했다.
to break the mold

휘파람
명 입술을 동글게 하고 혀끝으로 입김을 불어서 맑게 내는 소리. 또는 그런 일.
나는 어렸을 때 밤에 휘파람을 불면 뱀이 나온다고 할머니께 혼난 적이 있다.
whistle

들어 보세요 2

각기(各其)
부 각각 저마다.
한국은 국토가 작은 나라지만 지역별로 각기 다른 음식 문화가 발달해 있다.
respectively

간이 세다
음식이 매우 짜다.
이 음식은 간이 세서 못 먹겠다.
taste be strong

금강산(金剛山)도 식후경(食後景)이다
아무리 재미있는 일이라도 배가 부르고 난 뒤에 즐길 수 있다는 것을 비유적으로 나타내는 말.
'금강산도 식후경'이라는데 일단 밥부터 먹고 합시다.
You can't enjoy something great if you're hungry.

기준점(基準點) [기준쩜]
명 계산하거나 측정할 때 기준이 되는 점.
이번 평가는 형식이 아닌 내용을 기준점으로 삼는다.
benchmark

끼다
동 곁에 두거나 가까이 하다.
이 도로는 해변을 끼고 있다.
to run along

논
명 물을 대어 주로 벼를 심어 가꾸는 땅.
논에서는 주로 벼를 심어 쌀을 재배한다.
paddy field

뚜렷이
부 흐리지 않고 아주 분명하게.
한 달 전에 있었던 일을 뚜렷이 기억한다.
distinctly

맛을 돋우다
맛을 좋게 하다.
젓갈을 사용해서 맛을 돋웠다.
to enhance the taste

맞닿다
동 마주 닿다.
프랑스와 독일은 서로 맞닿아 있다.
to be adjacent

매력적(魅力的)
관 명 사람의 마음을 사로잡아 끄는 힘이 있는 (것).
그 가수의 목소리는 매우 매력적이다.
attractive

메밀
명 메밀 풀의 열매. 전분이 많아 가루를 내어 국수나 묵 등을 만들어 먹는다.
여름에는 메밀로 국수를 해 먹으면 좋다.
buckwheat

무침
명 채소나 말린 생선 등에 양념하여 무친 반찬.
나물은 무침으로 먹는 것이 일반적이다.
seasoned dish

골뱅이무침

물회
명 잡은 지 얼마 되지 않은 생선이나 오징어를 익히지 않고 잘게 썰어서 만든 음식.
물회는 그 새콤한 맛 때문에 사람들이 좋아한다.
spicy cold raw fish soup

오징어물회

밭
명 물을 대지 않거나 필요할 때만 물을 대어서 채소나 곡물을 심어 농사를 짓는 땅.
우리 어머니는 밭에서 고추, 상추, 파 등을 직접 기르신다.
field

배추밭

별미(別味)
명 특별히 좋은 맛. 또는 그 맛을 지닌 음식.
이 식당의 김치찜은 별미이다.
delicacy

분(紛)
명 딱딱한 물건을 부드러울 정도로 작게 부수거나 갈아서 만든 것.
메밀을 갈아 메밀 분을 만들었다.
powder

비린내
명 생선 등에서 나는 안 좋은 냄새.
추어탕은 보양식이지만 비린내 때문에 안 먹는 사람도 있다.
fishy smell

산자락(山자락)
명 평지와 만나는 산 밑의 가파른 부분.
산자락에 작은 집들이 모여 있는 마을이 보였다.
base of the mountain

삼면(三面)
명 세 방면.
한반도는 동쪽, 서쪽, 남쪽의 삼면이 바다에 맞닿아 있다.
three sides

상대적(相對的)
관 명 서로 맞서거나 비교되는 관계에 있는 (것).
문화는 상대적이기 때문에 어느 문화가 더 좋거나 안 좋다고 말할 수 없다.
relative

수제비
명 밀가루를 반죽하여 맑은장국이나 미역국 등에 적당한 크기로 떼어 넣어 익힌 음식.
수제비를 맛있게 만들기 위해서는 반죽이 매우 중요하다.
hand-pulled dough soup

김치수제비

어휘 목록 201

식해(食醢)
명 생선에 약간의 소금과 밥을 섞어 숙성시킨 음식.
식해는 강원도, 경상도에서 주로 먹기 때문에 서울이나 서해 쪽에서는 보기 힘들다.
salted and fermented fishes with grains

작물(作物)
명 논밭에 심어 가꾸는 곡식이나 채소.
이 지역의 주요 작물은 고추이다.
crop

작용(作用)하다
동 어떤 현상을 일으키거나 영향을 미치다.
고등학교 때 받은 상이 대학교에 합격하는 데에 크게 작용했다.
to come into play

조개
명 바닷물이나 민물에서 사는, 단단하고 둥글고 납작한 두 쪽의 껍질 속에 사람이 먹을 수 있는 살이 들어 있는 동물.
바닷가에서는 조개를 구워 먹는 것을 추천한다.
clam

주(主)를 이루다
주요하거나 기본이 되다.
최근 케이 팝은 빠른 음악이 주를 이루고 있다.
to dominant

지역별(地域別)
지역에 따라서 나눈 구별.
한국에도 지역별 방언이 있지만 제주 방언을 제외하고는 서로 이해하기 어렵지 않다.
each region

진수(眞髓)
명 사물이나 현상의 가장 중요하고 본질적인 부분.
이 소설은 문학의 진수가 무엇인지 잘 보여 주고 있다.
essence

질척대다
동 반죽 등이 물기가 매우 많아 찰진 느낌이 자꾸 들다.
반죽이 질척거려 수제비를 만들기 어렵다.
to be soggy

청중(聽衆)
명 강연이나 음악 등을 듣기 위하여 모인 사람들.
그의 강연이 끝나자 청중은 크게 박수를 쳤다.
audience

추어탕(鰍魚湯)
명 미꾸라지를 삶은 후, 그 물에 된장을 풀어 우거지 등과 함께 끓인 국.
추어탕은 삼계탕과 함께 한국의 대표적인 보양식 중 하나이다.
loach soup

튀각
명 다시마나 죽순 등을 잘라 기름에 튀긴 반찬.
튀각은 바삭해서 과자처럼 먹기도 한다.
deep fried vegetables without batter

다시마튀각

해조류(海藻類)
명 바다에서 나는 식물 중 김, 미역, 다시마 등의 종을 아울러 가리키는 말.
미역은 대표적인 해조류이다.
marine algae

말하기

문구(文句) [문꾸]
명 글의 구절.
그는 책을 읽다가 마음에 드는 문구가 있으면 수첩에 적는 습관이 있다.
phrase

본론(本論)
명 말이나 글에서 주장이 있는 부분.
주장하는 글은 서론-본론-결론으로 이루어져 있으며, 본론이 가장 중요한 부분이다.
body

질의응답(質疑應答)
명 모르는 점을 묻고 물음에 대답하는 일.
질의응답 시간은 발표가 모두 끝난 후에 가지겠습니다.
Questions & Answers (Q&A)

호기심(好奇心)을 자극(刺戟)하다
새롭고 신기한 것을 좋아하거나 모르는 것을 알고 싶어 하는 마음이 생기게 하다.
그 영화는 제목이 아주 독특해서 사람들의 호기심을 자극했다.
to arouse curiosity

6-2. 한국어의 다양한 모습

주제 어휘

독특(獨特)한 어휘(語彙)가 있다
특별하게 다른 단어가 있다.
제주도 방언에는 독특한 어휘가 많이 있다.
to have unique vocabulary

말투가 다르다
말하는 버릇이나 형식이 같지 않다.
그는 직접 만나 대화할 때와 전화할 때 말투가 다르다.
speech habit be different

발음(發音)이 다르다
말할 때 내는 소리가 서로 다르다.
같은 한국어라도 지역에 따라 발음이 다를 수 있다.
pronunciation be different

방언(方言)
명 어느 한 언어에서, 사용 지역 또는 사회 계층에 따라 분화된 말의 체계.
이 마을은 여러 지역의 방언이 뒤섞여 있는 곳이다.
dialect

사투리
명 어느 한 지역에서만 쓰는, 표준어가 아닌 말.
제니는 외국인인데도 불구하고 부산에서 오래 살아서 부산 사투리를 구사한다.
regional dialect

성조(聲調)가 없다
한 음절 안에서 나타나는 소리의 높낮이가 없다.
현대 한국어는 일부 방언을 제외하고는 성조가 없다고 할 수 있다.
to not have intonation

성조(聲調)가 있다
한 음절 안에서 나타나는 소리의 높낮이가 있다.
중국어는 성조가 있는 대표적인 언어이다.
to have intonation

소멸(消滅)되다
동 사라져 없어지게 되다.
사람들이 사용하지 않는 단어는 소멸되기 마련이다.
to become extinct

악센트가 없다
한 문장 안에서 나타나는 소리의 높낮이가 없다.
서울말은 악센트가 심하지 않아 악센트가 없는 것처럼 들린다.
to not have an accent

악센트가 있다
한 문장 안에서 나타나는 소리의 높낮이가 있다.
한국어는 악센트가 있지만, 악센트로 인해 어휘의 의미가 달라지는 경우는 없다.
to have an accent

억양(抑揚)이 독특(獨特)하다
말소리의 높낮이가 특별하게 다르다.
진희는 어릴 때부터 여러 지역에서 살아서 억양이 독특하다.
intonation be unique

억양(抑揚)이 세다
말소리의 높이가 주는 느낌이 강하다.
식당 직원의 억양이 세서 다소 불친절하게 느껴졌다.
intonation be strong

의사소통(意思疏通)이 안 되다
생각이나 말이 통하지 않다.
기성세대와 청년 세대는 가치관이 전혀 달라 의사소통이 안 되는 경우가 있다.
to be unable to communicate

의식(意識)을 반영(反映)하다
느낌이나 생각을 나타내다.
그 예술가는 자신의 의식을 반영하여 이상적인 인간의 모습을 담은 조각상을 만들었다.
to reflect consciousness

장단(長短)의 구별(區別)이 없다
음의 길이에 따른 의미 차이가 없다.
현대 한국어에서는 장단의 구별이 거의 없어졌다.
vowel length distinction does not exist

장단(長短)의 구별(區別)이 있다
음의 길이에 따른 의미 차이가 있다.
15세기의 한국어에는 장단의 구별이 있었다고 한다.
vowel length distinction exists

정서(情緒)가 담겨 있다
기분, 감정, 분위기가 들어 있다.
화가 공영민의 작품에는 그리움의 정서가 담겨 있다.
to contain sentiment

정서(情緒)를 대변(代辯)하다
감정, 기분, 분위기를 대신 나타내다.
사투리는 그 지역 사람들의 정서를 대변한다.
to represent sentiment

정취(情趣)를 느끼다
감정, 기분, 분위기를 느끼다.
궁궐을 산책하면 옛 정취를 느낄 수 있어 좋다.
to feel the mood

읽기

읽어 보세요

묘미(妙味)
명 미묘한 재미나 흥미.
이 영화의 묘미는 배우들의 연기이다.
charm

발상(發想) [발쌍]
명 어떤 생각을 해 냄. 또는 그 생각.
문제를 해결하기 위해서는 발상의 전환이 필요하다.
thinking

본격적(本格的)
관·명 모습을 제대로 갖추고 적극적으로 이루어지는 (것).
두 시가 되어서야 겨우 본격적인 회의를 시작할 수 있었다.
full-scale

순박(淳朴)하다
형 거짓이나 꾸밈이 없이 순수하다.
시골 사람들이 모두 순박하다는 것은 편견이다.
to be naive

양분(兩分)되다
동 둘로 나뉘다.
새로운 정책에 대한 국민들의 의견이 양분되었다.
to be divided into two parts

얼핏
부 잠깐 나타나는 모양.
쌍둥이는 얼핏 보면 같은 사람으로 착각할 수 있다.
at first glance

의문문(疑問文)
명 상대에게 질문을 하여 그 답을 요구하는 문장.
영어와 달리 한국어는 의문문을 만들기 위해 어순을 바꿀 필요가 없다.
interrogative sentence

일상어(日常語) [일쌍어]
명 보통으로 늘 쓰는 말.
이 소설은 일상어를 사용하여 독자의 관심을 끌었다.
everyday language

전면(全面)
명 모든 부분.
문제 해결을 위해서는 문제의 일부만 보아서는 안 되고 전면을 보아야 한다.
all aspect

종결 어미(終結語尾)
한 문장을 끝내는 어미.
'-습니다'는 높임을 표현하는 종결 어미이다.
sentence-closing ending

주역(主役)
명 주된 역할. 또는 주된 역할을 하는 사람이나 사물.
놀랍게도 신입 사원이 문제 해결의 주역이 되었다.
key role

주제(主題) 의식(意識)
소설이나 영화 등을 통해 작가나 감독이 이야기하고자 하는 것.
그 드라마는 장애인에 대한 편견을 없애자는 주제 의식으로 많은 사람의 주목을 받았다.
subject matter

중세(中世)
명 역사의 시대 구분의 하나로, 고대 이후 시기를 말한다.
유럽 역사에서 '중세'는 5세기부터 15세기까지의 1,000년 정도를 가리킨다.
the Middle Ages

지역민(地域民)
명 그 지역에서 사는 사람.
우리 동네는 지역민을 위한 문화 시설이 잘 갖추어져 있다.
local resident

푸근하다
형 감정이나 분위기 등이 부드럽고 따뜻하여 편안한 느낌이 있다.
집에 가면 어머니의 푸근한 마음이 느껴진다.
to be warm

7

심리학의 이해

7-1 마음의 이해

7-2 집단 속의 자아

7-1	마음의 이해
듣기 1	심리학 개론 강의를 듣고 내용 정리하기
듣기 2	심리 현상에 대한 발표를 듣고 질의응답 정리하기
말하기	발표 후 질의응답하기

7-2	집단 속의 자아
읽기 1	동조 현상에 대한 심리 칼럼을 읽고 실험 내용 정리하기
읽기 2	사회적 태만에 대한 심리 칼럼을 읽고 개요 파악하기
쓰기	실험의 내용과 결과 분석하여 글 쓰기

Intro 들어가기 7-1 마음의 이해

| 목차 |

1. 나는 왜, 자꾸 다른 사람 탓을 할까?　　23
2. 나는 왜, 누가 시키면 공부하기 싫어질까?　45
3. 나는 왜, 배부른데도 계속 먹고 싶어질까?　63
4. 나는 왜, 다른 사람과 다르게 생각할까?　　89
5. 나는 왜, 자꾸 안 좋은 꿈을 꿀까?　　　　101
6. 나는 왜, 결정을 빨리 못 할까?　　　　　127
7. 나는 왜, 자꾸 혼잣말을 할까?　　　　　　143

1 위의 목차 중에 공감되는 문장이 있습니까? 그 이유는 무엇인지 이야기해 보세요.

2 위의 책은 각 질문에 대해 어떻게 답을 할지 추측해 보세요.

Topic Vocab 7-1 주제 어휘

1 다음은 심리학과 관련된 표현입니다. 빈칸에 알맞은 표현을 찾아 써 보세요.

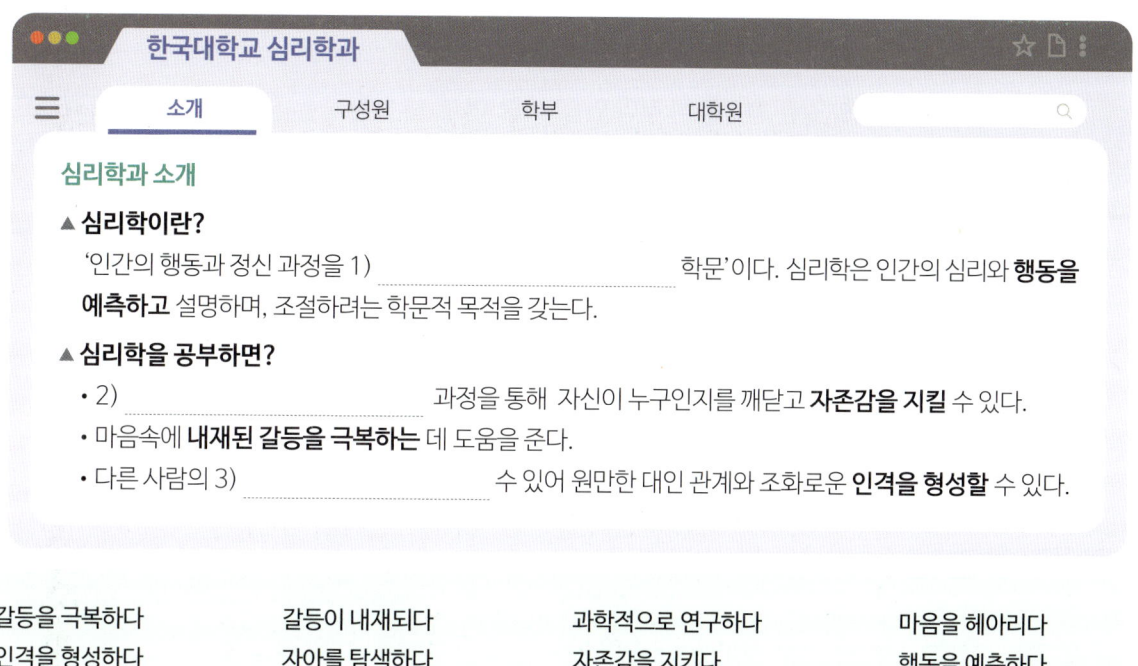

| 갈등을 극복하다 | 갈등이 내재되다 | 과학적으로 연구하다 | 마음을 헤아리다 |
| 인격을 형성하다 | 자아를 탐색하다 | 자존감을 지키다 | 행동을 예측하다 |

2 다음은 인간의 행동과 관련된 표현입니다. 그림에 해당하는 표현을 모두 찾아 써 보세요.

1) 충동구매하다
2) _____
3) _____
4) _____
5) _____
6) _____

| 변명하다 | 억제하다 | 절제하다 | 충동구매하다 | 남을 의식하다 |
| 무의식적/의식적으로 행동하다 | | 반발심이 생기다 | 탓으로 돌리다 | 핑곗거리/구실을 만들다 |

들어 보세요 1

준비

1 여러분은 아래와 같은 행동을 한 적이 있습니까? 언제, 왜 이런 행동을 했는지 이야기해 보세요.

듣기 다음은 심리학 개론 강의의 일부입니다. 잘 듣고 질문에 답해 보세요.

중심 내용 파악하기

1 오늘 강의의 주제는 무엇입니까?

세부 내용 파악하기

2 강의 노트를 작성해 보세요.

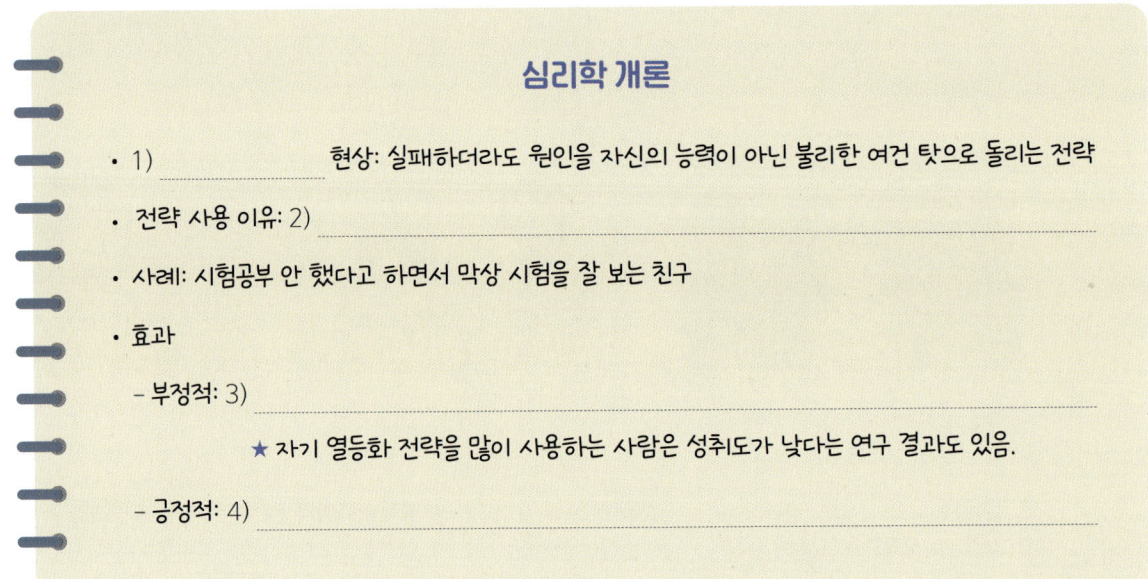

3 들은 내용과 일치하면 ○, 일치하지 않으면 × 하세요.

1) 타인의 마음은 이해하기 어렵지만 내 마음은 이해하기 쉽다. ( )
2) 심리학을 공부하면 대인 관계를 원만하게 하는 데에 도움이 될 수 있다. ( )
3) 심리학은 인간의 마음을 연구하는 것으로 과학적인 학문으로 볼 수 없다. ( )
4) 인간은 하지 말아야 할 행동임을 알면서도 무의식적으로 그렇게 행동하는 경우가 있다. ( )

들어 보세요 2

[준비]

1 여러분은 '청개구리 이야기'를 압니까? 청개구리는 왜 항상 엄마 말과 반대로 행동했을까요?

[듣기 2-1] 다음은 심리 현상에 대한 학생의 발표입니다. 잘 듣고 질문에 답해 보세요.

중심 내용 파악하기

1 다음 표를 완성해 보세요.

발표 주제		1)
발표 내용	첫 번째 부분	2)
	두 번째 부분	3)

문법과 표현

명 은 고사하고 ☞ 16쪽
타인의 마음은 고사하고 자신의 마음도 헤아리기 어렵다.

듣기 7-1

세부 내용 파악하기

2 발표에서 소개된 심리 현상이 나타나는 원인은 무엇입니까?

3 이런 심리 현상을 활용한 사례로 소개된 것을 모두 고르세요.

☐ 한정판 출시 ☐ 마감 임박 문구 ☐ 홈 쇼핑 세일 행사
☐ 착한 소비 캠페인 ☐ '투표하지 마' 캠페인 ☐ "이 노래 듣지 마." 가사

추론하기

4 리액턴스 효과로 인한 행동으로 볼 수 <u>없는</u> 것을 고르세요.

① '낙서 금지'라는 표지 아래에 낙서가 더 많다.
② 부모님이 연애를 반대할수록 연인과의 사랑이 더 깊어진다.
③ 동료들이 맡은 업무는 내가 맡은 업무보다 항상 쉬워 보인다.
④ "너는 못 할 거야."라는 말을 들으면 갑자기 도전해 보고 싶어진다.

듣기 2-2 다음은 발표에 이어진 질의응답입니다. 잘 듣고 질문에 답해 보세요.

세부 내용 파악하기

1 청중의 질문과 그에 대한 응답을 정리해 보세요.

질문 1	질문: 응답:
질문 2	질문: 응답:

확장 활동하기

2 여러분이 청중이라면 어떤 질문을 하고 싶은지 이야기해 보세요.

이야기해 보세요

1 '자기 열등화'나 '리액턴스 효과'에 해당하는 행동을 한 적이 있습니까? 여러분의 경험 혹은 주변의 사례를 이야기해 보세요.

문법과 표현

동 -으려다가도 16쪽

공부하려다가도 부모님이 "빈둥대지 말고 공부 좀 해."라고 잔소리를 하시면 공부할 마음이 달아난다.

말하기 (Speaking 7-1)

🎤 발표 후 청중과 질의응답을 해 보세요.

준비해 보세요

1 여러분은 발표 후 질의응답 시간에 당황한 적이 있습니까? 여러분의 경험을 이야기해 보세요.

2 다음 상황에서 적절한 질의응답 방식을 선택하고 그 이유를 이야기해 보세요.

> 상황 1: 발표를 듣고 이해되지 않거나 궁금한 점이 있을 때

- 리액턴스 효과가 나타나는 이유에 대한 설명이 부족합니다. 다시 설명해 주시기 바랍니다. ☐
- 먼저 좋은 발표 감사합니다. 말씀하신 내용 중 리액턴스 효과가 나타나는 이유가 좀 명확하지 않은 것 같은데 그 부분에 대해 좀 더 자세히 설명해 주실 수 있습니까? ☐

> 상황 2: 청중의 질문에 대한 답을 모를 때

- 아, 그 부분은 아직 밝혀진 바가 없습니다. ☐
- 제가 생각하지 못했던 부분을 짚어 주셔서 감사합니다. 교육 분야에서도 활용이 되고 있다고 들었는데 이 부분은 좀 더 조사해 보고 추후에 답변을 드려도 되겠습니까? ☐

7-1. 마음의 이해 **213**

- 표현을 연습해 보세요

1 다음은 발표를 듣고 질문을 할 때 사용할 수 있는 표현입니다. 다음 표현을 사용하여 연습해 보세요.

질문하기

▶ 발표에 대한 감사의 표현을 합니다.
- 먼저 좋은[유익한] 발표 감사합니다
- 발표 잘 들었습니다
- 저도 …어서 아주 흥미롭게 들었습니다

▶ 들은 내용 중 명확하게 이해되지 않는 부분을 확인합니다.
- 명확하지 않은 부분이 있어서 여쭤보려고 합니다. …에 대해 좀 더 자세히 설명해 주시겠습니까?
- …다고 하셨는데 …다는 의미로 이해하면 되겠습니까?

▶ 발표에서 언급되지 않았으나, 추가로 알고 싶은 것에 대해 질문합니다.
- …는지 궁금합니다

- **먼저 유익한 발표 감사합니다.** 그런데 **명확하지 않은 부분이 있어서 여쭤보려고 합니다.** 청개구리 심리를 억제할 수 있는 **방법에 대해 좀 더 자세히 설명해 주시겠습니까?**
- **발표 잘 들었습니다.** 강원도 음식에는 고추장 양념을 많이 **쓴다고 하셨는데** 그러면 강원도 음식은 대체로 **맵다는 의미로 이해하면 되겠습니까?**
- **저도** 평소 심리학에 관심을 갖고 **있어서 아주 흥미롭게 들었습니다.** 그럼 교육 분야에서는 리액턴스 효과를 어떻게 활용하고 **있는지 궁금합니다.**

1) 발표 주제: 자기 열등화 현상
   - 명확하지 않은 점: 자기 열등화의 긍정적인 측면

2) 발표 주제: 리액턴스 효과
   - 발표 내용: 삶의 가치가 분명한 사람은 순간의 심리적 착각에 속을 확률이 줄어듦.
   - 이해한 바: 이런 행동을 하는 이유가 삶의 가치가 분명하지 않기 때문임.

3) 발표 주제: 강원도의 향토 음식
   - 궁금한 점: 닭갈비가 강원도 향토 음식의 특징과 거리가 있는데도 춘천을 대표하는 음식이 된 이유

2 다음은 청중의 질문에 대해 응답할 때 사용할 수 있는 표현입니다. 다음 표현을 사용하여 연습해 보세요.

응답하기

▶ 질문에 대한 감사의 표현을 합니다.
- 먼저 좋은 질문 감사합니다
- 좋은 질문을 해 주셔서 감사드립니다

▶ 질문에 대한 부연 설명을 합니다.
- 제 말씀은 …다는 의미[뜻]입니다
- …다고 말씀드릴 수 있습니다

▶ 질문에 대한 답변을 준비하지 못했을 때는 솔직하게 이야기합니다.
- 그 부분에 대한 것은 미처 조사를 못 했습니다. 좀 더 조사해 보고 답변을 드려도 되겠습니까?

- **먼저 좋은 질문 감사합니다. 제 말씀은** 나의 행동이 내가 추구하는 삶의 방향과 맞는지를 성찰하는 것이 청개구리 심리를 조절하는 방안이 될 수 **있다는 뜻입니다.**
- **좋은 질문을 해 주셔서 감사드립니다.** 자기 열등화 전략을 자주 쓰면 자신의 능력을 제대로 발휘하지 못할 가능성이 **커진다고 말씀드릴 수 있습니다.**
- 제가 생각하지 못했던 부분을 짚어 주셔서 감사합니다. **그 부분에 대한 것은 미처 조사를 못 했습니다. 좀 더 조사해 보고 답변을 드려도 되겠습니까?**

1) 자기 열등화는 부정적 측면만 있다는 말인가?

   발표 주제: 자기 열등화 현상
   - 응답 내용: 성취도 측면에서 부정적인 결과로 이어질 가능성이 높지만 감정적인 측면에서는 긍정적인 효과도 있음.

2) 강원도에 북한과 관련이 깊은 음식이 많은 이유는 무엇인가?

   발표 주제: 강원도의 향토 음식
   - 응답 내용: 한국 전쟁 이후 북한 실향민들이 강원도에 자리를 잡으며 먹거리를 개발했기 때문임.

3) 리액턴스 현상을 활용했을 때 역효과가 난 사례가 있는가?

   발표 주제: 리액턴스 현상
   - 응답 내용: 조사 후 답변을 줄 예정임.

이야기해 보세요

1 6단원에서 준비한 발표 원고를 서로 교환해 보세요. 친구의 원고를 읽고 질문을 준비해 보세요.

> 여러분에게 여행의 가장 큰 즐거움은 무엇입니까? 한국 속담에 "금강산도 식후경이다."라는 말이 있죠. 저는 여행을 하면 가장 먼저 그 지역의 음식을 맛봅니다. 그렇게 지역별로 다양한 음식을 접하면서 한국의 향토 음식에도 관심을 갖게 되었습니다. 여러분도 아시다시피 한국은 국토의 삼면이 바다에 접해 있고 산이 많습니다. 이러한 지형적 특성으로 인해 지역별로 기후 차이가 크고, 특산물이나 음식 문화도 각기 다릅니다. 저는 오늘 여러분께 한국의 지역 음식 중 강원도의 향토 음식을 소개하고자 합니다. 제가 이 주제를 선택한 이유는 서민적이고 향토적인 특성을 가장 잘 보여 주는 강원도 음식을 조사하여 지형적 특성과 음식 문화의 연관성을 살펴보기 위해서입니다.
>
> 강원도의 향토 음식 소개에 앞서 우선 강원도의 지형적 특성을 살펴보겠습니다. …
>
> 강원도의 향토 음식은 전라도나 경상도 지역의 음식에 비해 상대적으로 덜 알려져 있지만, 지역 특산물로 담백하게 요리해 건강에 좋으면서도 소박함의 진수를 보이는 매력적인 음식이라고 생각합니다. 여러분도 어딘가를 여행할 때 그 지역의 지형적 특성과 음식 문화를 연결 지어 생각해 보시는 것은 어떨까요? 지금까지 제 발표를 들어 주셔서 감사합니다. 혹시 궁금한 점이 있으면 질문해 주시기 바랍니다.

질문 1.

질문 2.

2 준비한 것을 바탕으로 친구와 질의응답을 해 보세요.

> 보기

질문하기: 발표 잘 들었습니다. 저도 이번 방학에 속초 여행을 계획하고 있어서 아주 흥미롭게 들었습니다. 제가 알기로 닭갈비도 춘천의 대표 음식인데요, 말씀하신 강원도 향토 음식의 특징과는 좀 거리가 있는 것 같습니다. 그럼에도 닭갈비가 춘천을 대표하는 음식이 된 이유가 무엇인지 궁금합니다.

응답하기: 먼저 좋은 질문 감사합니다. 닭갈비는 토막 낸 닭을 포를 뜨듯이 도톰하게 펴서 양념에 재웠다가 여러 채소와 함께 철판에 볶아 먹는 요리로, 1960년대 말 강원도 춘천의 선술집에서 술안주로 개발되었습니다. 값이 싸고 배불리 먹을 수 있는지라 휴가나 외출 나온 군인들이 즐겨 먹었고, 대학생들에게도 인기를 끌게 되었다고 말씀드릴 수 있습니다.

집단 속의 자아

1 사람들은 왜 이런 말이나 행동을 할까요?

2 이런 행동은 어떤 문제를 일으킬 수 있을지 이야기해 보세요.

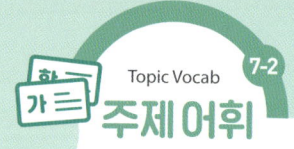

Topic Vocab 7-2 주제 어휘

1 다음은 과학적 실험 연구 과정과 관련된 표현입니다. 각 단계에 해당하는 표현을 찾아 써 보세요.

1) 연구 문제를 설정하다

평소 칭찬의 효과에 대해 관심이 있었던 심 박사는 '칭찬이 학습 성과에 어떤 영향을 미칠까?'라는 궁금증을 갖고 연구를 시작했다.

2) _____

심 박사는 아이들에게 노력에 대한 칭찬을 해 주어도 학습 성과에는 차이가 없을 것이라고 예상했다.

3) _____

심 박사는 아이들을 두 집단으로 나누어 한 집단에만 칭찬을 해 주고 학습 성과를 비교하기로 했다.

4) _____

심 박사는 A 집단과 B 집단의 아이들에게 수학 문제를 풀게 한 뒤 A 집단에는 칭찬을 해 주지 않고, B 집단에는 "정말 노력을 많이 했구나."라는 칭찬을 해 주었다. 그리고 아이들의 성적 변화를 관찰했다.

5) _____

심 박사의 예상과 달리, 아무런 칭찬을 받지 않은 아이들은 성적에 변화가 없었다. 반면 노력에 대한 칭찬을 받은 아이들은 어려운 문제에 도전하려는 모습을 보였고, 성적도 향상되었다.

6) _____

이 실험의 결과로 노력에 대한 칭찬은 학습 성과에 긍정적인 영향을 미친다는 것을 알 수 있었다.

가설을 검증하다	가설을 세우다	결론을 도출하다	실험을 설계하다
실험을 진행하다	연구 문제를 설정하다		

2 다음은 인간의 행동과 관련된 표현입니다. 각 상황에 해당하는 표현을 모두 찾아 써 보세요.

월요일이 조별 과제 마감이에요. 그런데 너무 귀찮아서 과제는 들여다보지 않고 게임만 하고 있어요. 다른 조원들이 열심히 할 테니까 성적은 별로 걱정 안 돼요.

1) 게으름을 피우다.

마이클이 항상 나에게 친절해서 나를 좋아한다고 생각했어요. 그래서 나도 용기를 내어 고백했는데 거절당했어요. 제가 친절과 관심을 구별하지 못했나 봐요.

2) _____

친구들이 주말에 여행을 가자고 했어요. 저는 솔직히 가고 싶지 않았지만, 친구들의 의견에 따랐어요.

3) _____

저는 친구들이 함께 여행을 가자고 했지만, 시험 때문에 거절했어요. 그 이후로 친구들이 같이 놀자는 연락을 안 해요.

4) _____

| 동조하다 | 무임승차하다 | 배척하다/배척당하다 | 혼동하다 | 게으름을 피우다 |
| 분위기에 휩쓸리다 | 집단의 행동을 따르다 | 착각에 빠지다 | 책임을 미루다 | |

읽기 7-2

읽어 보세요 1

준비

1. 여러분은 다음과 같은 일을 경험한 적이 있습니까? 여러분이라면 이런 상황에서 어떻게 행동할지 이야기해 보세요.

7-2. 집단 속의 자아

> 다음은 '동조 현상'에 대한 심리 칼럼입니다. 글을 읽고 질문에 답해 보세요.

왜 우리는 다른 사람들이 하는 대로 따라 하는 걸까?

사람들은 영화를 보거나 책을 고를 때 예매 순위나 베스트셀러 순위에 영향을 받곤 한다. 또한 어떤 식당 앞에 사람들이 줄을 서 있으면 먹고 싶었던 음식이 아닌데도 따라서 줄을 서는 경우도 있다. 이런 현상은 왜 나타나는 것일까?

1969년 미국의 심리학자 스탠리 밀그램(Stanley Milgram)은 집단 구성원의 수에 따라 개인이 집단을 따라 하는 비율이 어떻게 달라지는지 알아보기 위해 실험을 했다. 실험은 뉴욕 번화가를 지나는 행인 1,424명을 대상으로 진행되었다. 먼저 실험 진행자 한 명이 거리를 걷다가 갑자기 발걸음을 멈추고 하늘을 올려다보았다. 다음으로 실험 진행자의 수를 두 명, 세 명, 다섯 명, 열 명, 열다섯 명으로 점차 늘려 가며 실험 진행자의 행동을 따라 하는 행인이 얼마나 있는지 관찰했다.

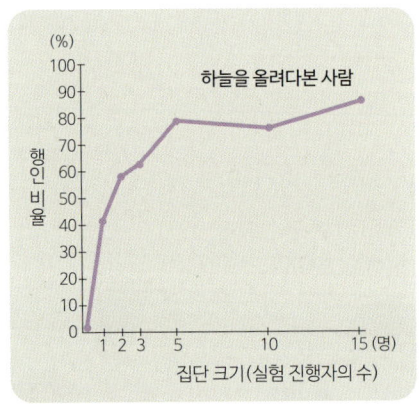

실험 결과는 다음과 같다. 먼저, 실험 진행자 한 명이 하늘을 올려다보고 있을 때 가던 길을 멈추고 실험 진행자가 바라보는 곳을 올려다본 행인의 비율은 42%였다. 이는 실험 진행자가 세 명으로 늘어나자 60%, 다섯 명이 되자 80%로 증가했다. 실험 진행자가 열다섯 명일 때 하늘을 올려다본 행인은 86%였다. 즉 집단의 크기가 커질수록 하늘을 바라보는 행동에 동조하는 사람의 수가 증가한 것이다.

누군가는 하늘을 바라보는 행동에 동조한 피험자들을 줏대 없이 남을 따라 하는 사람이라고 생각할지 모른다. 그러나 이처럼 집단 내의 소수가 다수의 의견이나 행동에 영향을 받는 '동조 현상'은 개인의 특성 때문에 생기는 것만은 아니다. 우리는 다른 사람에게 배척당하지 않고 인정받기 위해 집단의 행동을 따라야 한다고 생각한다. 또한 스스로의 판단에 자신이 없는 경우 집단 구성원들로부터 판단에 필요한 정보를 얻기 위해 동조하기도 한다.

그러나 다수가 하는 행동이 반드시 옳은 것은 아니다. 가령 유턴이 금지된 길에서 앞차가 불법 유턴을 하면 뒤따라오던 차들도 별다른 생각 없이 앞차를 따르는 것을 종종 볼 수 있다. 사람들은 어떤 행동이 사회적 규범에 **어긋날지라도** 다수가 하면 어느 정도 허용된다고 생각하기 때문이다. 동조 본능으로 인해 사람의 뇌는 다수와 다르면 불안감을 느끼게 되어 '다수가 하는 것'과 '해도 되는 것'을 혼동하기 십상이다. 옳지 않다는 생각이 들었는데도 대세를 좇는 것은 합리적인 판단이 아니라 동조 본능에 의한 착각일 수 있다.

나의 판단이 과연 오롯이 나의 판단인지 생각해 볼 때이다. 내 이성에 의해, 내 의지대로 했다고 생각했던 행동도 사실은 타인의 영향을 받은 것이었을 수 있다. 정말 내가 새 스마트폰이 필요해서 샀던 것일까? 주변 사람들이 많이 사기 때문에 나도 이에 휩쓸린 것은 아닐까? 주위의 사람과 상황 때문에 자신의 의지와 다르게 판단하고는 그 사실조차 알아차리지 못한 채 '나 자신의 의지로 판단했다'고 착각한 것은 아니었을지 돌아보자.

중심 내용 파악하기

1 이 글의 제목이 던진 질문에 대한 답을 찾아 보세요.

세부 내용 파악하기

2 실험 내용을 정리해 보세요.

실험 목적	1)
실험 주체	2)
실험 대상	3)
실험 방법	4)
실험 결과	5)

3 글쓴이가 독자에게 하고 싶은 이야기는 무엇입니까? 마지막 문단에서 찾아 보세요.

추론하기

4 다음 중 동조 현상에 해당하는 행동을 고르세요.

① 힘센 친구가 시키는 일은 하기 싫어도 하게 된다.
② 시험공부를 많이 하고도 친구들에게 안 했다고 이야기한다.
③ 반 친구들이 한 학생을 따돌리면 나도 집단 따돌림에 가담한다.
④ 주변에 사람이 많으면 어려움을 당한 사람을 보고도 먼저 나서지 않게 된다.

문법과 표현

동 형 -을지라도, **명** 일지라도   17쪽

사람들은 어떤 행동이 사회적 규범에 어긋날지라도 다수가 하면 어느 정도 허용된다고 생각한다.

읽기

읽어 보세요 2

준비

1. 여러분은 조별 과제와 개인 과제 중 어느 것을 선호합니까? 그 이유를 이야기해 보세요.

2. 다음 그래프를 보고 조별 과제를 할 때 함께 하기 싫은 유형 1위는 어떤 사람일지 추측해 보세요.

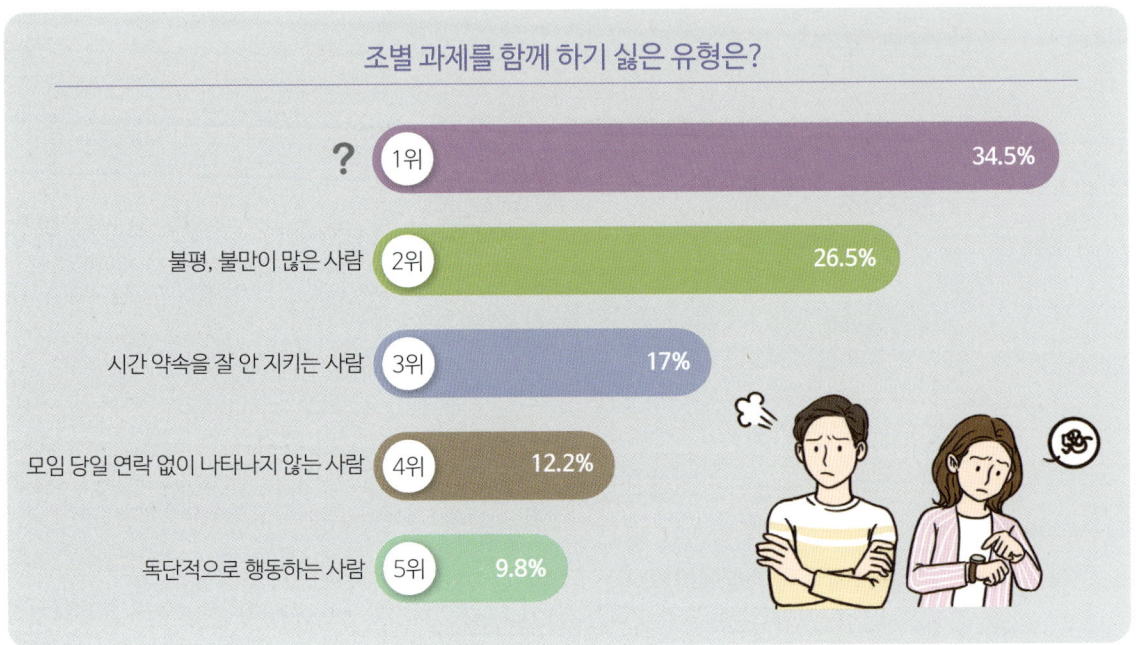

읽기 다음은 '사회적 태만'에 대한 심리 칼럼입니다. 글을 읽고 질문에 답해 보세요.

백지장도 맞들면 낫다?

가 　대학생 채조안 씨는 이번 학기 교양 수업을 들으면서 속상한 경험을 했다. 교수님은 시험 대신 조별 과제를 내 주시며 같은 조에 속한 조원은 전부 같은 성적을 받게 된다고 덧붙이셨다. 첫날 수업이 끝난 후 네 명이 한 조를 이루어 역할을 분담했다. 그런데 갑자기 자료 조사 담당이었던 조원이 인턴 일을 하게 되었다며 회의에 한 번도 나타나지 않았다. 발표 며칠 전에는 PPT 담당이었던 조원이 몸이 좋지 않다며 절반도 완성되지 않은 PPT를 보내고 연락이 두절되었다. 결국 조장과 조안 씨 둘이서 자료 조사, PPT 완성, 발표까지 모두 해야만 했다. 이와 같은 현상은 비단 조안 씨 조의 문제만은 아니다. 최근 대학가에서는 이렇게 조별 과제에서 맡은 역할을 제대로 수행하지 않고 점수만 받아 가는 이른바 '무임승차'가 논란이 되고 있다. 조별 과제를 하다 보면 왜 이런 일이 발생하는 것일까?

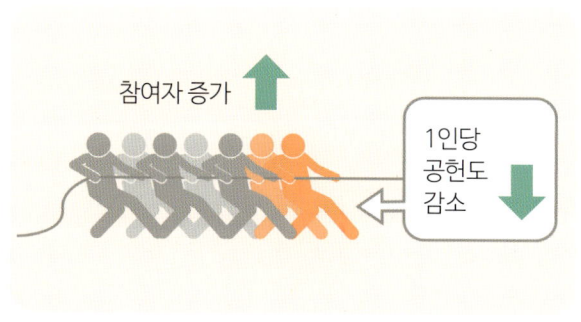

나 협력의 중요성을 강조하는 "백지장도 맞들면 낫다."라는 속담이 있지만, 집단으로 일하면 오히려 개인으로 일할 때보다 생산성이 낮아진다는 연구 결과가 있다. 1913년 프랑스의 농업 공학자 막스 링겔만(Max Ringelmann)은 집단 내 인원수의 변동에 따라 생산성에 차이가 있는지를 알아보고자 하였다. 그는 집단의 인원이 늘어나도 개인이 발휘하는 힘은 줄어들지 않을 것이라는 가설을 세웠다. 즉, 개인이 당길 수 있는 힘의 크기를 100으로 보았을 때 두 명, 세 명, 여덟 명으로 이루어진 집단은 각각 200, 300, 800의 힘을 발휘할 것이라고 예상한 것이다. 그는 이 가설을 검증하기 위해 다음과 같은 실험을 진행하였다. 먼저 줄에 작용하는 장력을 측정할 수 있는 실험 장치를 제작하였다. 그리고 실험 참가자 한 명에게 그 밧줄을 최대한 당기도록 하여 그 힘을 측정하였다. 다음에는 두 명, 세 명, 여덟 명 등으로 집단 구성원의 수를 점차 늘려 가며 집단 전체가 줄을 당기는 힘을 측정했다.

다 실험 결과, 혼자 줄을 당겼을 때 힘의 크기는 100이었지만 두 명이 함께 줄을 당겼을 때 낸 힘은 예상치인 200이 아닌 186, 세 명일 때는 255였다. 사람이 여덟 명으로 늘어나자 힘의 크기는 800이 아닌 392로 예상치의 절반도 되지 않았다. 인원이 늘어날수록 집단 전체의 힘은 커졌으나 한 사람이 내는 힘의 크기는 줄어들어 생산 효율성이 점점 낮아진 셈이다.

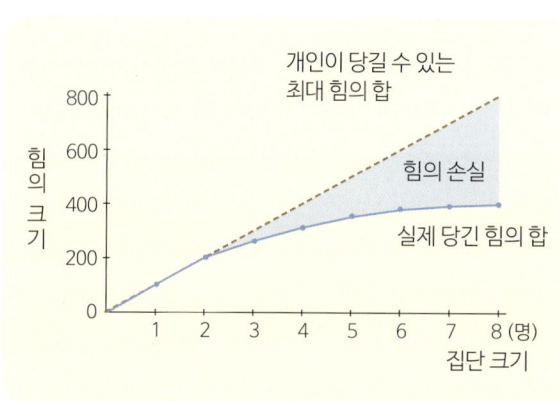

라 위 실험에서 알 수 있듯이 일을 혼자 할 때는 성패가 온전히 내 **노력에 달려 있으므로** 최선을 다하지만, 구성원이 많아질수록 사람들은 '내가 일을 좀 덜 해도 누군가 열심히 하겠지?'라고 생각하며 힘을 빼 버린다. 이처럼 집단으로 일을 할 때 타인에게 책임을 미루며 게으름을 피우는 경우가 발생하는데 이런 현상을 '사회적 태만'이라고 한다. 사회적 태만은 성과에 대한 평가가 개별적으로 이루어지지 않는 상황에서 더욱 극대화한다. 조안 씨가 참여한 조별 과제의 경우 책임감이 분산될뿐더러 개인의 공헌도와 상관없이 같은 평가를 받게 되므로 사회적 태만이 성립하는 최적의 조건이었던 것이다. 이제부터라도 '나 하나쯤이야' 대신 '나 하나라도'로 생각을 바꿔 보면 어떨까. 공동으로 작업하여 시너지 효과를 낼 것인가, 다수가 만들어 낸 익명성 뒤에 숨어 게으름을 피울 것인가? 그것은 우리의 의지에 달려 있다.

글의 개요 파악하기

1 다음은 이 글의 개요입니다. 알맞은 것을 연결해 보세요.

가	도입	집단으로 일을 할 때는 남에게 책임을 미루는 사회적 태만이 발생한다.
나	실험 목적 및 내용	조별 과제에서 맡은 역할을 제대로 수행하지 않고 점수만 받아 가는 현상이 논란이 되고 있다.
다	실험 결과	집단 내 인원수에 따라 생산성에 차이가 있는지를 알아보기 위해 실험 참가자들에게 줄을 당기게 하고 그 힘을 측정했다.
라	결론	줄을 당긴 집단의 인원수가 늘어날수록 개인이 줄을 당길 때 쓴 힘은 줄어들었다.

세부 내용 파악하기

2 혼자 일할 때와 집단으로 일할 때 성과에 차이가 나는 이유는 무엇입니까?

3 조안 씨의 조에서 역할을 제대로 수행하지 않는 조원들이 생긴 이유는 무엇입니까?

추론하기

4 나 에서 "백지장도 맞들면 낫다."의 의미는 무엇입니까?

이야기해 보세요

1 '동조 현상'이나 '사회적 태만'에 해당하는 행동을 한 적이 있습니까? 여러분의 경험 혹은 주변의 사례를 이야기해 보세요.

문법과 표현

동 -느냐에 달려 있다, 형 -으냐에 달려 있다, 명 에 달려 있다 ☞ 17쪽

일을 혼자 할 때는 성패가 온전히 내 노력에 달려 있으므로 최선을 다한다.

Writing 쓰기 7-2

실험 내용과 결과를 분석하여 글을 써 보세요.

준비해 보세요

1 다음 글을 읽고 심리 실험에 관한 글을 쓸 때 필요한 요소를 찾아 연결해 보세요.

> 가짜 약을 먹어도 병이 낫는 사람이 있는 반면, 진짜 약을 먹어도 낫지 않는 사람이 있는 이유는 무엇일까? ㉠A 대학교 심리학 연구 팀이 ㉡자기 암시가 인간의 행동과 성과에 어떤 영향을 미치는지를 알아보기 위한 실험을 했다. 연구 팀은 ㉢테니스 경험이 없는 성인 스무 명을 모집하여 테니스를 치게 했다. 이때 ㉣절반의 피험자들에게는 "당신은 테니스에 재능이 있습니다."라는 거짓 칭찬을 해 주어 실제로 그러하다는 자기 암시를 받게 했다. 최종 점수를 비교한 결과, ㉤자기 암시를 받은 참가자는 그렇지 않은 참가자에 비해 높은 점수로 경기를 마쳤다. ㉥이를 통해 긍정적 자기 암시는 자신에게 숨겨져 있는 능력을 믿게 함으로써 긍정적 변화를 이끌어 내는 힘이 된다는 것을 알 수 있다.

1) ㉠ • • 실험 내용
2) ㉡ • • 실험 주체
3) ㉢ • • 실험 대상
4) ㉣ • • 실험 결과
5) ㉤ • • 실험 목적
6) ㉥ • • 실험 결론

표현을 연습해 보세요

1 다음은 실험의 개요를 소개할 때 쓰는 표현입니다. 다음 표현을 사용하여 연습해 보세요.

실험 개요 소개하기
- 실험의 주체와 대상을 밝힙니다.
- 실험의 목적을 소개합니다.

- …이[에서] …에게[을 대상으로] …는지 실험하다
- …이[에서] …는지 알아보기 위해 실험을 실시하다

- 한국대학교 **의학연구소에서** 빈혈 환자에게 플라세보 효과가 **있는지 실험했다.**
- 심리학자 **밀그램이** 집단 구성원 수에 따라 개인이 집단을 따라 하는 비율이 어떻게 **달라지는지 알아보기 위해 실험을 실시했다.**

1)
- 실험 주체: 교육 연구소
- 실험 대상: 유치원생
- 실험 목적: 칭찬의 효과

2)
- 실험 주체: 심리학자 A 교수
- 실험 목적: 사람들이 중요한 일을 앞두고 스스로 불리한 조건을 만드는 이유 파악

2 다음은 실험 결과 및 결론을 제시할 때 쓰는 표현입니다. 다음 표현을 사용하여 연습해 보세요.

실험 결과 및 결론 제시하기

▶ 구체적인 실험 결과를 제시합니다.

- 실험 결과는 다음과 같다
- 실험 결과, …었다

- **실험 결과는 다음과 같다.** 먼저, 실험 진행자 한 명이 하늘을 올려다보고 있을 때, 가던 길을 멈추고 실험 진행자가 바라보는 곳을 올려다본 행인의 비율은 42%였다.
- **실험 결과**, 혼자 줄을 당겼을 때 힘의 크기는 100이었지만, 두 명이 함께 줄을 당겼을 때 낸 힘은 예상치인 200이 아닌 **186이었다.**

▶ 실험 결과를 통한 결론을 요약하여 제시합니다.

- 이 실험을 통해 …다는 것을 알 수 있다 [사실을 발견하다]

- 링겔만은 **이 실험을 통해** 여럿이 한 집단이 되어 일하면, 그 집단이 낼 수 있는 최대의 생산성은 나오지 **않는다는 사실을 발견했다.**

1)
- 실험 결과: A 집단과 B 집단이 마신 당근 주스의 양이 같았음.
- 결론: 칭찬이 반드시 긍정적인 효과가 있는 것은 아님.

2)
- 실험 결과: 쉬운 문제를 풀던 A 그룹은 대부분 집중력이 좋아지는 약을, 어려운 문제를 풀던 B 그룹은 대부분 집중력이 떨어지는 약을 선택함.
- 결론: 사람들은 실패의 원인을 자신의 능력이 아닌 불리한 여건 탓으로 돌리기 위해 핑곗거리를 미리 마련함.

― 써 보세요

1 심리 실험에 관한 동영상을 인터넷에서 찾아 보세요.

2 동영상을 보고 실험의 개요를 보기와 같이 메모해 보세요.

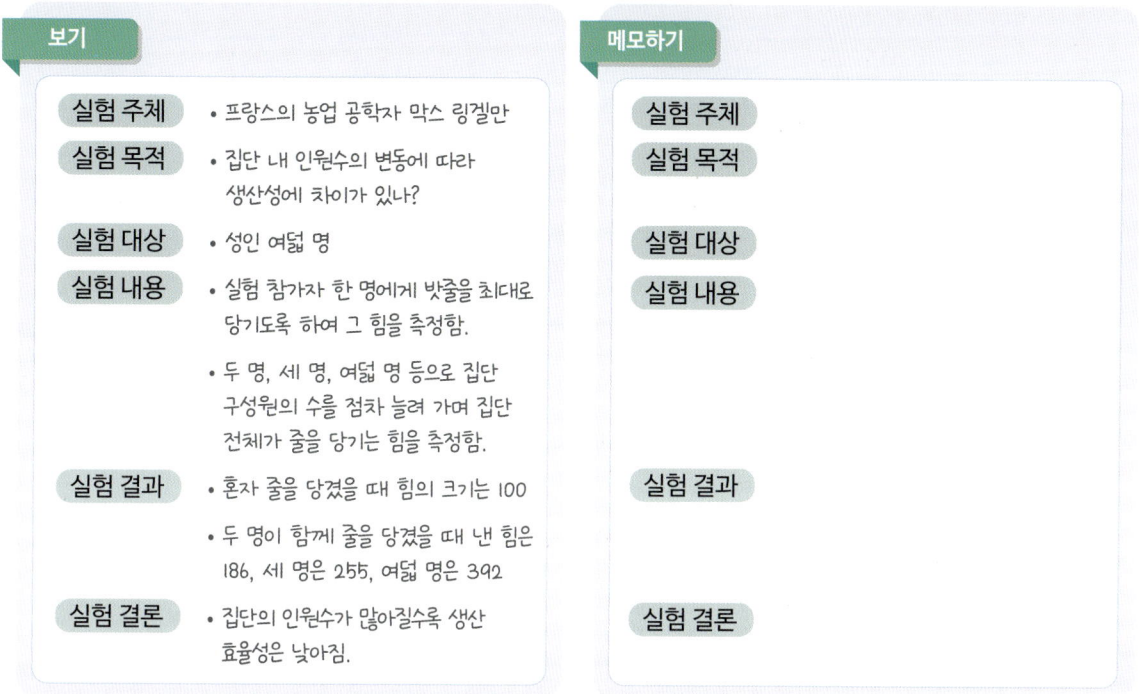

3 메모한 내용을 바탕으로 실험 내용과 결과를 분석하여 글을 써 보세요.

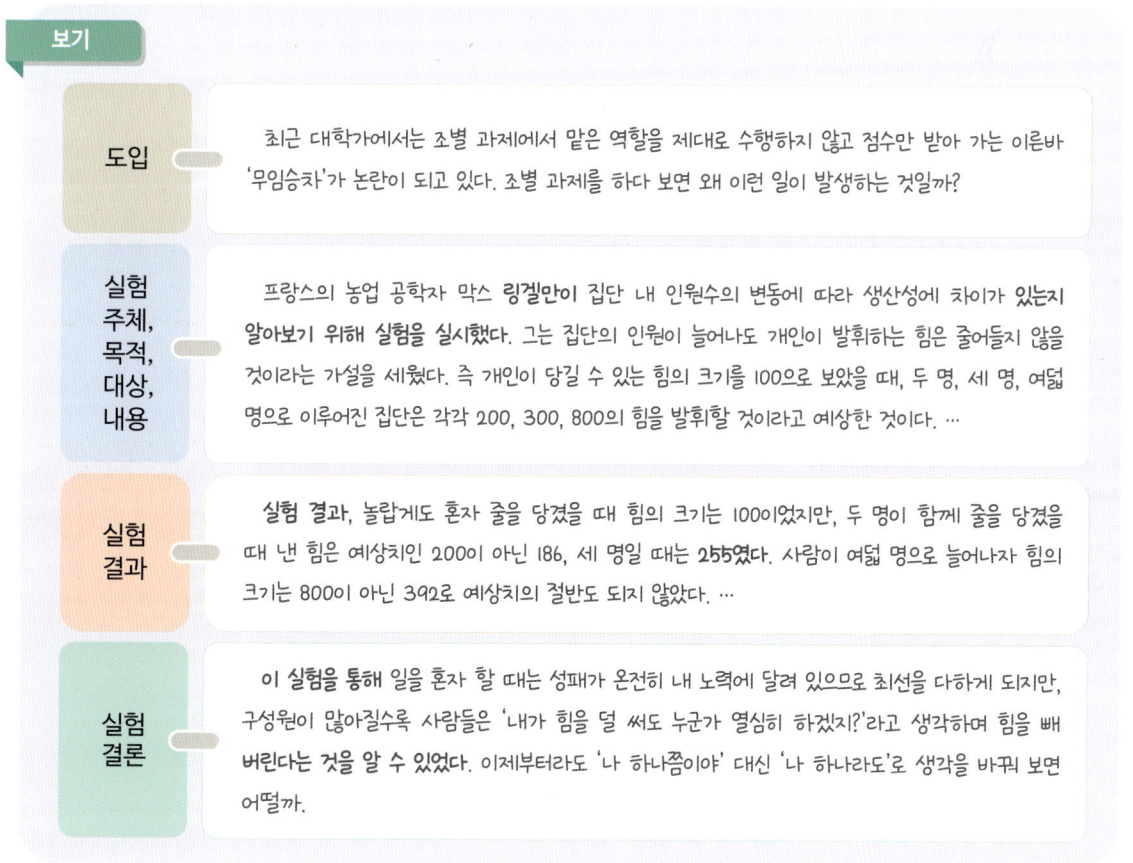

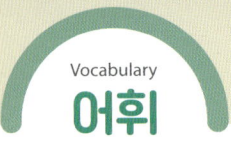

7-1. 마음의 이해

주제 어휘

갈등(葛藤)을 극복(克服)하다 [갈뜽]
마음속의 생각이나 서로의 의견이 충돌하는 상태를 이겨 내다.
심리 치유 프로그램을 통해 심리적 갈등을 극복할 수 있었다.
to overcome conflict

갈등(葛藤)이 내재(內在)되다
결정을 못 해 괴로운 상태가 마음속에 존재하다.
갈등이 내재되어 있으면 정신뿐 아니라 몸도 아프기 마련이다.
conflict be inherent

과학적(科學的)으로 연구(研究)하다
과학적 원리에 근거하여 체계를 세우고 연구를 수행하다.
수경이는 방 온도가 숙면의 정도에 미치는 영향에 대해 과학적으로 연구하고 있다.
to research scientifically

구실(口實)을 만들다
불리한 사실을 감추거나 다른 일을 하기 위해 핑계를 만들다.
나는 머리가 아프다는 구실을 만들어 며칠 동안 학교에 나가지 않았다.
to come up with an excuse

남을 의식(意識)하다
다른 사람의 생각이나 시선을 신경 쓰다.
나는 지나치게 남을 의식하는 편이어서 항상 다른 사람 눈치를 본다.
to be conscious of others

마음을 헤아리다
다른 사람의 마음을 짐작해서 살피다.
그 당시 부모님의 마음을 헤아려 보니 눈물부터 났다.
to understand the other person

무의식적(無意識的)으로 행동(行動)하다
자기 스스로 깨닫지 못하고 어떤 일을 하다.
인간은 무의식적으로 행동할 때 본성이 드러난다.
to act unconsciously

반발심(反撥心)이 생기다
(보통 윗사람의 말에 대해) 반대하며 말을 듣지 않으려는 마음이 들다.
어머니의 잔소리에 인아는 반발심이 생겨서 방을 더 지저분하게 했다.
to become defiant

변명(辨明)하다
동 이해나 용서를 구하기 위해 자신의 잘못이나 실수에 대해 그 이유를 밝혀 말하다.
그는 자신의 실수를 뉘우치기는커녕 다른 사람 때문에 그런 거라고 변명했다.
to make an excuse

억제(抑制)하다
동 감정이나 욕망, 충동적 행동을 눌러서 못 하게 하다.
나는 중요한 시험을 앞두고 불안감을 억제하기 어려웠다.
to suppress

의식적(意識的)으로 행동(行動)하다
스스로 깨달아 생각하면서 동작을 하다.
민수는 나에게 잘 보이려고 의식적으로 행동하는 것이 눈에 보였다.
to act consciously

인격(人格)을 형성(形成)하다 [인껵]
개인의 정신적 특성을 만들다.
세상의 모든 어머니는 자식이 훌륭한 인격을 형성하기를 바란다.
to develop a personality

자아(自我)를 탐색(探索)하다
자기 자신에 대한 인식을 살피어 찾다.
청소년기의 중요한 과제 중 하나는 자아를 탐색하는 것이다.
to explore one's ego

자존감(自尊感)을 지키다
스스로를 존중하는 마음을 유지하다.
남의 시선을 덜 의식하면 자존감을 지킬 수 있다.
to protect one's self-esteem

절제(節制)하다 [절쩨하다]
동 정도에 넘지 않도록 알맞게 조절하여 제한하다.
그는 소비 욕구를 절제하지 못해서 돈을 모으기 어려울 것이다.
to restrain

충동구매(衝動購買)하다
동 물건을 살 계획이 없었는데 물건을 구경하거나 광고를 보다가 갑자기 사고 싶어져서 사다.
구경만 하려고 했는데 얼떨결에 옷을 충동구매해 버렸다.
to buy on impulse

탓으로 돌리다
자신의 잘못을 다른 사람이나 환경의 책임으로 넘기다.
임 과장은 이번 성과가 좋지 않자 모든 것을 사원들 탓으로 돌렸다.
to blame

핑곗거리를 만들다
하고 싶지 않은 일을 피하기 위해 다른 일을 내세우다.
민준이는 이런저런 핑곗거리를 만들어서 숙제를 미루었다.
to make an excuse

행동(行動)을 예측(豫測)하다
앞으로 어떤 동작을 할지 미리 추측하다.
심리학은 인간의 행동을 예측하는 데 도움을 주는 학문이다.
to predict behavior

듣기

들어 보세요 1

개론(槪論)
명 어떤 학문의 전체 내용을 요약해서 설명함. 또는 그런 글.
우리 학과 학생들은 기초 과목으로 교육학 개론을 반드시 수강해야 한다.
introduction

과오(過誤)
명 잘못이나 실수.
자신의 과오를 인정할 수 있는 용기야말로 참다운 용기이다.
mistake

낙서(落書)
명 글자, 그림 따위를 장난으로 아무 데나 마구 씀. 또는 그 글자나 그림.
준수는 화장실에 낙서를 하다가 선생님께 혼났다.
scribbling

내부적(內部的)
관 명 내부에 관계되거나 제한된 (것).
그건 내부적인 사정이라 말씀드릴 수 없습니다.
internal

빠져나가다
동 제한된 환경이나 경계 밖으로 나가다.
훈필이는 시골을 빠져나가서 서울로 향했다.
to escape

성취도(成就度)
명 목적한 것을 이룬 정도.
은하는 과목별 성취도 검사에서 높은 점수를 받았다.
achievement level

아예
부 일시적이거나 부분적이 아니라 전적으로.
지수는 화가 나서 남자 친구의 전화를 아예 받지 않았다.
at all

역이용(逆利用)하다
동 어떤 목적을 위하여 쓰던 사물이나 일을 그 반대의 목적에 이용하다.
상대의 전략을 역이용하면 오히려 쉽게 이길 수 있다.
to use something to one's own advantage

외부적(外部的)
관 명 외부와 관계되는 (것).
올해는 태풍 등의 외부적 요인으로 인해 농사가 잘 안됐다.
external

조급(躁急)하다
형 참을성이 없이 몹시 급하다.
그는 성격이 조급해서 다른 사람이 조금만 늦어도 먼저 출발한다.
to be impatient

지각(知覺)하다
동 알아서 깨닫다.
나는 순간 위험을 지각하고 즉시 그곳을 떠났다.
to perceive

토대(土臺)
명 어떤 사물이나 일의 밑바탕이 되는 기초를 비유적으로 이르는 말.
이 영화는 실화를 토대로 만들어졌다.
basis

학창(學窓) 시절(時節)
학교를 다니며 공부를 하는 시기나 때.
오랜만에 동창들을 만나니 학창 시절에 대한 이야기가 끊이지 않았다.
school days

들어 보세요 2

그릇되다
동 옳지 못하다.
선생님께서는 내가 그릇된 길로 빠지지 않게 이끌어 주셨다.
to be wrong

기어코
부 어떤 일이 있어도 반드시.
우리 누나는 자기가 하고 싶은 것은 기어코 하는 성격이다.
by all means

말려들다
동 원하지 않는 일에 관계되거나 끌려 들어가다.
지효는 자신도 모르는 사이에 큰 사건에 말려들었다.
to be involved

빈둥대다
동 아무 일도 하지 않고 놀기만 하다.
자꾸 그렇게 빈둥대다가는 시험에 떨어질 것이다.
to idle

유익(有益)하다
형 도움이 될 만한 것이 있다.
할머니는 나에게 삶에 도움이 되는 유익한 이야기를 들려주셨다.
to be beneficial

임박(臨迫)
명 어떤 때가 가까이 다가옴.
'과일 세일 마감 임박'이라는 안내 방송에 많은 사람이 과일 코너로 달려갔다.
approaching

짚다
동 여럿 중에 하나를 꼭 집어 가리키다.
이 칼럼은 문제의 원인을 정확하게 짚고 있다.
to pinpoint

촉진(促進)하다
동 빨리 진행하게 하다.
정부는 수출을 촉진하기 위한 다양한 정책을 내놓았다.
to expedite

추후(追後)
명 일이 지나간 얼마 뒤.
선생님께서는 시험 결과를 추후에 알려 주겠다고 말씀하셨다.
later

희소성(稀少性)
명 매우 드물고 적은 성질이나 상태.
이 특별 음반은 한정판으로 나와서 희소성이 높다.
scarcity

말하기

도톰하다
형 보기 좋을 정도로 알맞게 두껍다.
그녀는 입술이 도톰하다.
to be plump

미처
부 아직 거기까지 이르도록.
어릴 때는 미처 알지 못했던 사실을 어른이 되고 나니 이제 알 것 같다.
beforehand

선술집 [선술찝]
명 선 채로 간단하게 술을 마실 수 있는 술집.
그는 퇴근길에 혼자 선술집에 들러 소주 한두 잔을 마시곤 했다.
bar

술안주(술按酒)
명 술을 마실 때에 같이 먹는 음식.
술안주로 얼큰한 매운탕을 찾는 사람이 많다.
bar food

실향민(失鄉民)
명 고향을 잃고 다른 곳에서 지내는 사람.
북한이 고향인 실향민들은 경기도나 강원도 북부 지역에 많이 산다.
displaced person

토막 내다
크거나 긴 물건 등을 작게 나누다.
그는 나무를 토막 내어 불을 붙였다.
to cut into pieces

포(脯)를 뜨다
생선이나 고기를 얇게 베어 내다.
아버지께서는 생선을 포를 떠서 전을 부치셨다.
to cut into slices

7-2. 집단 속의 자아

주제 어휘

가설(假說)을 검증(檢證)하다
아직 증명되지 않은 사실을 검사하여 증명하다.
민준이는 자신의 가설을 검증하여 논문을 발표하였다.
to test a hypothesis

가설(假說)을 세우다
(주로 연구 등에서) 아직 증명되지 않은 사실을 가정하다.
뉴턴은 지구가 태양을 중심으로 돈다는 새로운 가설을 세웠다.
to formulate a hypothesis

게으름을 피우다
움직이거나 일하기를 싫어하다.
지수는 게으름을 피우다가 약속에 한 시간이나 늦고 말았다.
to procrastinate

결론(結論)을 도출(導出)하다
최종적인 판단을 이끌어 내다.
우리는 반복적인 실험을 통해 확실한 결론을 도출할 수 있었다.
to draw a conclusion

동조(同調)하다
동 다른 사람의 의견을 옳다고 생각해서 따르다.
학급 토의에서 지희의 논리에 모든 학생이 동조하였다.
to align with

무임승차(無賃乘車)하다
(비유적으로) 아무것도 하지 않고 자신이 속한 집단의 이익을 같이 가지다.
대학생 A 씨가 조별 과제에서 무임승차한 것이 밝혀져 비난을 받고 있다.
to be a freeloader

배척(排斥)당하다
동 (특정 사람이나 집단에서) 밀어내지다.
나는 작은 오해로 인해 친구들 사이에서 배척당했다.
to be ostracized

배척(排斥)하다
동 (특정 사람이나 집단을) 끼워 주지 않거나 밀어내다.
근대 이전의 정치권력은 여성을 배척하여 정치에 참여할 권리를 주지 않았다.
to ostracize

분위기(雰圍氣)에 휩쓸리다
상황이나 환경에 영향을 받아서 행동하다.
내 동생은 분위기에 쉽게 휩쓸리는 성격이라서 사기를 당할까 걱정이 된다.
to be carried away by the mood

실험(實驗)을 설계(設計)하다
이론이나 현상을 관찰하고 측정하기 전에 그 방법에 대한 자세한 계획을 세우다.
실험을 설계할 때 오류가 있으면 그 실험은 실패하기 마련이다.
to design an experiment

실험(實驗)을 진행(進行)하다
계획한 실험을 실제로 처리해 나가다.
김 교수는 자신의 새로운 가설을 검증하기 위해 몇 가지 실험을 진행하고 있다.
to conduct an experiment

연구(研究) 문제(問題)를 설정(設定)하다 [설쩡]
무엇에 대해 연구할 것인지를 확실하게 정해 두다.
연구를 할 때 제일 먼저 해야 할 일은 연구 문제를 설정하는 것이다.
to set a research problem

집단(集團)의 행동(行動)을 따르다
여럿이 모인 단체가 하는 일을 따라 하다.
여럿이 모여 있을 때는 나도 모르게 집단의 행동을 따르게 된다.
to follow the group's behavior

착각(錯覺)에 빠지다
실제와 다르게 잘못 생각하거나 느끼다.
나는 웃으면서 인사를 한 것뿐인데 그는 내가 자기를 좋아한다는 착각에 빠졌다.
to delude oneself

책임(責任)을 미루다
맡은 일이나 임무를 남에게 떠넘기다.
같이 해야 하는 일인데 과장님이 나에게 책임을 미루기만 하니 답답하다.
to shift one's responsibility

혼동(混同)하다
동 서로 다른 사물이나 사실 등을 구별하지 못하다.
할머니는 가끔 우리 형제의 이름을 혼동하신다.
to confuse

읽기

읽어 보세요 1

따돌리다
동 밉거나 싫은 사람을 따로 떼어 멀리하다.
김 선생님은 학생들이 같은 반 친구를 따돌리지 못하게 하는 방법을 고민하고 있다.
to exclude

번화가(繁華街)
명 상업 활동이 활발하고 화려해서 사람들이 많이 모이는 도시의 거리.
강변을 따라 레스토랑과 카페 등이 들어서 새로운 번화가를 형성했다.
downtown

오롯이
부 모자람이 없이 온전하게.
이 책에는 옛 성인들의 가르침이 오롯이 담겨 있다.
wholly

좇다
동 남의 말이나 뜻을 따르다.
부모님의 의견을 좇아 의사가 되기로 했다.
to follow

줏대 없다
자기 생각을 꿋꿋이 지키는 성질이 없다.
그는 줏대 없이 늘 친구들의 뜻에 따르기만 한다.
to have no backbone

피험자(被驗者)
명 시험이나 실험 등의 대상이 되는 사람.
A 연구소에서는 백신 개발 실험을 위해 피험자를 모집하고 있다.
subject

읽어 보세요 2

공헌도(貢獻度)
명 어떤 일이나 단체에 기여한 정도.
우리 회사에서는 직원의 공헌도에 따라 월급을 다르게 주기로 했다.
contribution

교양(敎養) 수업(授業)
대학에서, 전공 외에 일반 교양을 위하여 듣는 수업.
대학을 졸업하기 위해서는 전공 수업뿐만 아니라 교양 수업도 들어야 한다.
general education class

극대화(極大化)하다
동 더 이상 커질 수 없을 만큼 커지다. 또는 그렇게 만들다.
영양가가 있는 음식을 먹고 운동을 해야 운동의 효과가 극대화한다.
to be maximized

밧줄
명 삼 등으로 세 가닥을 지어 굵다랗게 꼰 줄.
범인의 손을 밧줄로 묶었다.
rope

분담(分擔)하다
동 나누어서 맡다.
요즘은 부부가 집안일을 분담하는 것이 자연스럽다.
to divide up

분산(分散)되다
동 갈라져 흩어지다.
공공 기관을 지방으로 옮기니 서울에 집중되었던 인구가 분산됐다.
to be dispersed

비단(非但)
부 여럿 가운데 오직.
요즘 같은 경제 위기에 자금이 부족한 것이 비단 우리 회사의 일만은 아니다.
merely

성패(成敗)
명 성공과 실패.
이번 프로젝트의 성패는 나에게 달려 있다.
success and failure

시너지 효과(效果)
여러 요인이 함께 작용하여 하나씩 작용할 때보다 더 커지는 효과.
한국 문화와 한국어를 같이 공부하면 시너지 효과가 일어나 한국어 실력이 더 빨리 향상될 수 있다.
synergy effect

연락(連絡)이 두절(杜絶)되다
주고받는 소식이 끊기다.
그녀가 약속 장소에 나오지 않고 연락도 두절되어서 너무 괴로웠다.
to lose contact

예상치(豫想値)
명 미리 생각하여 둔 값이나 양.
올해 우리 식당의 매출은 예상치보다 한참 모자란다.
estimate

장력(張力)
명 당기거나 당겨지는 힘.
밧줄에 작용하는 장력이 너무 세면 끊어질 수 있다.
tension

최적(最適)
명 어떤 조건이나 기준에 가장 알맞음.
나는 식물이 자랄 수 있는 최적의 환경을 유지하여 꽃을 피우는 데 성공했다.
optimal

태만(怠慢)
명 열심히 하려는 마음이 없고 게으름.
사장의 태만으로 인해 회사가 망하고 말았다.
negligence

쓰기

자기 암시(自己暗示)
일정한 생각을 반복함으로써 자신에게 자극을 주는 일이나 현상.
나는 '해낼 수 있다'는 자기 암시를 통해 스스로에게 자신감을 주곤 한다.
autosuggestion

8
한국의 경제 성장과 민주화

8-1 한강의 기적
8-2 한국의 민주화 과정

8-1	한강의 기적
듣기 1	무역의 날 특집 뉴스를 듣고 정보 찾기
듣기 2	한국의 경제사를 다룬 다큐멘터리를 듣고 발전 과정 파악하기
말하기	발전 과정 설명하고 평가하기

8-2	한국의 민주화 과정
읽기	역사 에세이 〈흔들리며 피운 꽃〉을 읽고 역사적 사건 파악하기
쓰기	역사적 사건에 관한 글 쓰기

Intro 8-1 한강의 기적

LTI 신문

2022. 12. 5.

무역의 날 특집: 한강의 기적
국민 소득 500배 성장, 전쟁 폐허 딛고 일궈 내

- 13억 달러 (1953년) — 국내 총생산 (GDP)
- 67달러 (1953년) — 1인당 국민 총소득 (GNI)
- 2,500만 달러 (1956년) — 수출 규모

출처: 남하하는 피난민 행렬, 국가기록원

- 1조 6,643달러 — 국내 총생산 (GDP) 현재 세계 10위
- 3만 2,661달러 — 1인당 국민 총소득 (GNI)
- 6,839억 달러 — 수출 규모 현재 세계 6위

"이 나라가 전쟁의 폐허에서 복구되려면 적어도 100년은 걸릴 것이다."
- 맥아더 장군

1 한국의 경제는 어떻게 변화했습니까? 위의 자료를 보고 국내 총생산, 1인당 국민 총소득과 수출 규모의 변화에 대해 이야기해 보세요.

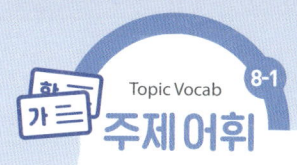

Topic Vocab 8-1 주제 어휘

1 다음은 무역과 관련된 표현입니다. 각 표현의 의미를 이야기해 보세요.

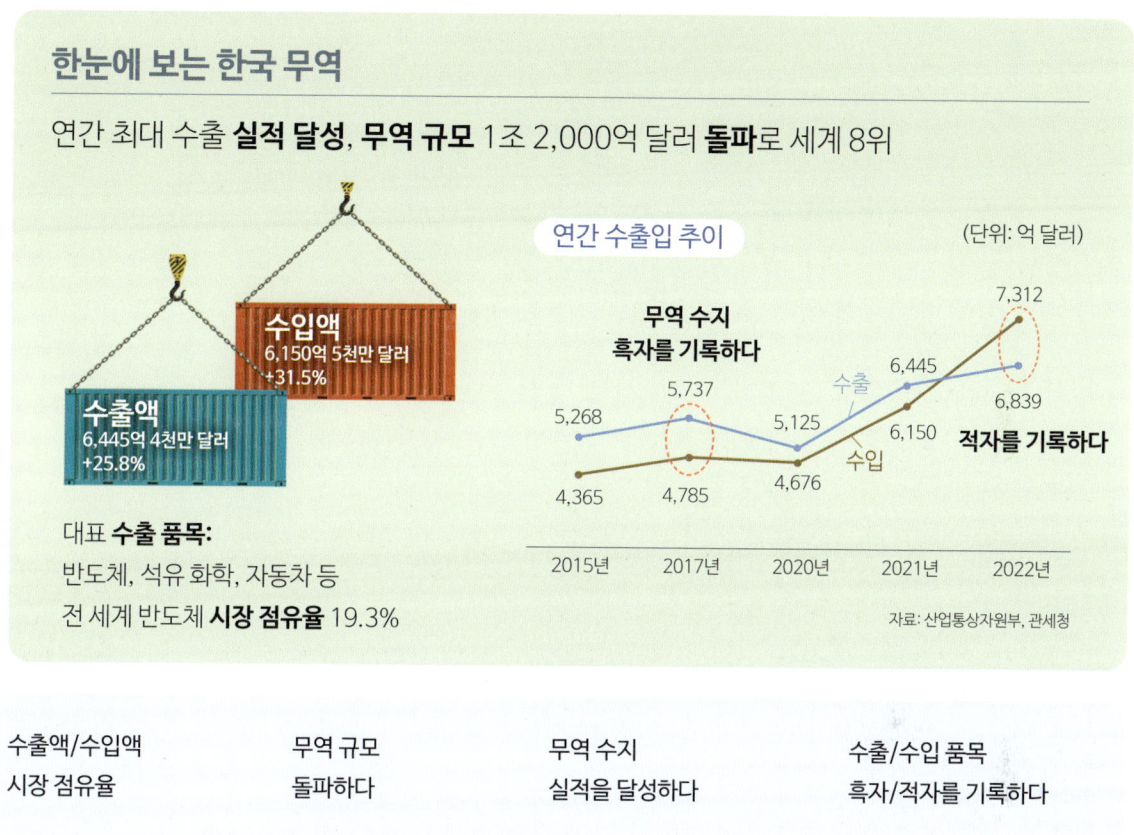

| 수출액/수입액 | 무역 규모 | 무역 수지 | 수출/수입 품목 |
| 시장 점유율 | 돌파하다 | 실적을 달성하다 | 흑자/적자를 기록하다 |

2 다음은 산업의 종류를 나타내는 표현입니다. 여러분 나라는 어떤 산업이 발달했는지 이야기해 보세요.

농업

수산업

임업

축산업

공업
경공업: 식료품, 의류 등
중공업: 철강, 조선, 기계, 자동차

서비스업
교육, 관광, 의료, 문화, 오락 등

첨단 산업
반도체, 신소재, 전자, 정보 통신, 생명 공학 등

3 다음은 경제 상황과 관련된 표현입니다. 관계있는 표현을 찾아 써 보세요.

1) 1960년대 이후, 한국은 경제 성장을 가장 중요한 목표로 삼고 성장의 혜택이 국민 개개인에게 돌아가는 것은 이후의 일로 미뤄 두었다. — 선 성장 후 분배 정책

2) 집을 사기 위해 은행에서 빌린 돈을 20년에 걸쳐 갚기로 했다.

3) 한국은 경제적으로 어려운 나라에 쌀이나 옷 등을 지원하고 있다.

4) 정부는 지역의 특색 있는 산업을 개발하여 집중적으로 키우고 있다.

5) 세계적으로 경제 상황이 좋지 않아 소비가 줄고 경제 성장률도 낮아지고 있다.

6) 국제 유가가 상승하면서 전기 자동차가 시장에서 활발하게 거래되고 있다.

7) A 기업의 상품이 외국에서 인기를 끌면서 이 기업은 한 단계 올라서 국제적 기업으로 발전하고 있다.

8) 1990년대 말 한국은 수출이 감소하고 일자리를 잃는 사람들이 급증하여 경제적으로 위험한 시기였다.

경기 둔화/회복　　선 성장 후 분배 정책　　도약기를 맞이하다　　부채를 갚다
산업을 육성하다　　원조를 받다/원조하다　　위기를 맞다　　호황을 누리다

들어 보세요 1

준비

1. 여러분 나라에서 가장 많이 볼 수 있는 한국 제품은 무엇입니까?

듣기 다음은 무역의 날 특집 뉴스입니다. 잘 듣고 질문에 답해 보세요.

중심 내용 파악하기

1. 뉴스에 따르면 올해 한국의 무역 상황은 어떻습니까?

   역대 최대의 _____ 달성이 유력함.

세부 내용 파악하기

2. 12월 5일이 무역의 날이 된 이유는 무엇입니까?

3. 들은 내용과 일치하는 것을 고르세요.

   ① 세계적으로 경제 호황이 지속되고 있다.
   ② 현재 한국 수출 구조는 변화하고 있지 않다.
   ③ 한국은 현재 무역 시장에서 수입이 수출보다 많다.
   ④ 올해 한국의 무역 규모는 1조 달러가 넘을 것으로 전망된다.

4. 한국이 가장 많이 수출하는 품목은 무엇입니까?

   ① 자동차　　② 반도체　　③ 석유 제품　　④ 문화 콘텐츠

5. 대한무역연구소는 내년 한국의 무역 규모를 어떻게 전망하고 있습니까?

들어 보세요 2

준비

1 다음 프로그램은 어떤 내용을 다루고 있을지 이야기해 보세요.

2 다음 도표를 보고 한국의 주요 산업이 시대에 따라 어떻게 변화했는지 이야기해 보세요.

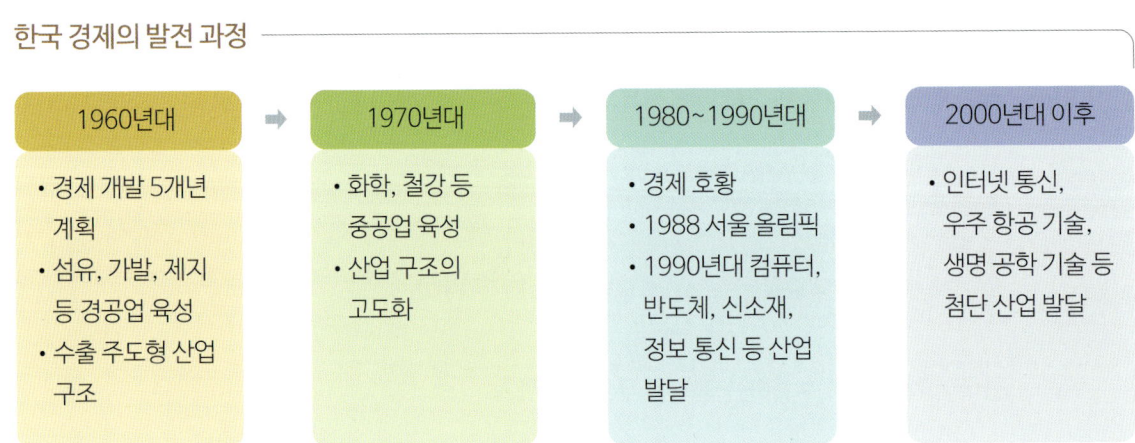

듣기 다음은 한국의 경제사를 다룬 다큐멘터리입니다. 잘 듣고 질문에 답해 보세요.

중심 내용 파악하기

1 이 다큐멘터리의 주제는 무엇입니까?

세부 내용 파악하기

2 다음 시기에 대한 설명으로 알맞은 것을 연결해 보세요.

1) 한국 전쟁 직후 • • 파괴된 기반 시설 복구에 주력
2) 1960년대 • • 철강, 조선 등 중공업에 집중
3) 1970년대 • • 자동차, 반도체 등의 산업이 경제 발전을 주도
4) 1980년대 • • 처음으로 무역 흑자 기록, 서울 올림픽 개최
5) 1990년대 • • 경공업 육성, 수출 주도형 산업 구조 마련
6) 2000년대 이후 • • 첨단 산업 집중 육성

3 '한강의 기적'은 어떠한 점에서 의미가 있습니까?

4 1997년 외환 위기와 관련하여 들은 내용과 일치하지 <u>않는</u> 것을 고르세요.

① 많은 기업이 문을 닫았다.　　② 직장을 잃은 사람이 많았다.
③ 정부에서 금 모으기 운동을 주도하였다.　　④ 예정보다 일찍 국제통화기금(IMF)에 빚을 갚았다.

이야기해 보세요

1 여러분 나라의 무역 상황은 어떤지 이야기해 보세요.

2 한국 경제 성장의 원동력은 무엇이고 급성장으로 인한 문제점은 무엇일지 이야기해 보세요.

문법과 표현

동 -는 통에, **명** 통에 ☞ 18쪽
정부는 전쟁 통에 파괴된 기반 시설을 복구하는 데 주력했다.

동 형 -을망정 ☞ 18쪽
한강의 기적은 가난할망정 희망을 버리지 않고 묵묵히 땀 흘려 일한 국민의 노력이 기반이 되었다는 점에서 그 의미가 크다.

말하기 (Speaking 8-1)

발전 과정을 설명하고 평가해 보세요.

준비해 보세요

1 발전 과정을 설명하고 평가할 때 무엇을 고려해야 할까요? 알맞은 것을 모두 고르세요.

- ☐ 다양한 관점에서 평가를 내린다.
- ☐ 발전 과정에서의 문제점을 반드시 찾아낸다.
- ☐ 자신의 개인적인 이해관계를 기준으로 평가한다.
- ☐ 발전 과정의 주요 내용을 시간 순서대로 제시한다.
- ☐ 개인, 사회, 국가에 미친 영향에 대해 두루 생각한다.

표현을 연습해 보세요

1 다음은 발전 과정을 설명할 때 사용하는 표현입니다. 다음 표현을 사용하여 연습해 보세요.

> **발전 과정 설명하기**
> ▸ 발전 과정을 순서에 따라 제시합니다.
>
> • …으면서 도약기를 맞이합니다
> • …는 계기가 됩니다

- 한국 경제는 1960년대에 경제 개발 5개년 계획을 **시행하면서 도약기를 맞이하였습니다**.
- 1988년에 개최된 서울 올림픽은 한국의 국제적 위상을 **높이는 계기가 되었습니다**.

1) 서울의 대중교통

- 1984년에 서울 지하철 2호선 전 구간이 개통됨.

2) 블라인드 채용 제도

- 공정함의 중요성을 인식하게 함.

2 다음은 평가할 때 사용하는 표현입니다. 다음 표현을 사용하여 연습해 보세요.

평가하기

▶ 외부의 평가를 소개합니다.

- …으로 평가받고 있습니다
- …다는 평가를 받았습니다[받게 됩니다]

- 한국은 주요 외신들로부터 위기 극복의 모범 **사례로 평가받고 있습니다**.
- 한국은 괄목할 만한 경제 성과를 보이며 세계적으로 유례없는 성공을 **거두었다는 평가를 받게 됩니다**.

▶ 의의를 제시합니다.

- …다는 점에서 의의[가치]가 있습니다
- …다는 점에서 그 의미가 큽니다

- 한국의 경제 개발 5개년 계획은 개발 도상국의 경제 성장 모델이 **되었다는 점에서 의의가 있습니다**.
- 한강의 기적은 가난할망정 희망을 버리지 않고 묵묵히 땀 흘려 일한 국민의 노력이 기반이 **되었다는 점에서 그 의미가 큽니다**.

▶ 부정적인 영향 또는 문제점을 지적합니다.

- …과 같은 문제를 낳았다는 지적도 있습니다
- …다는 문제점이 지적됩니다

- 선 성장 후 분배 정책이 노동권의 침해, 빈부 **격차와 같은 문제를 낳았다는 지적도 있습니다**.
- 급속한 경제 성장으로 인해 노동권이 보호되지 **못했다는 문제점이 지적됩니다**.

1) **서울의 대중교통**
- 외부의 평가: 세계적으로 우수한 교통 시스템
- 의의: 대중교통 편의성이 증가했음.
- 문제점: 환승 할인 수익 분배 구조로 인한 만성 적자

2) **블라인드 채용 제도**
- 외부의 평가: 스펙과 상관없이 업무에 더 적합한 인재를 채용하는 기회를 제공했음.
- 의미: 채용 과정에서 학력, 학벌과 상관없이 공정한 기회를 제공하는 길을 열었음.
- 문제점: 채용 담당자가 가진 정보가 너무 적음.

3 한류의 발전 과정을 설명하고 평가해 보세요.

발전 과정
- 2000년대: 드라마 〈겨울연가〉가 일본에 방송됨.
- 싸이(PSY)의 노래 〈강남스타일〉이 등장해 케이 팝을 전 세계에 알림.

평가
- 한국의 국가적 위상을 높였음.
- 관광객, 문화 상품 수출 증가 등 경제적 효과를 거두었음.
- 케이 팝 음악 위주의 편향된 시장 구조를 형성했음.

말하기 8-1

- 이야기해 보세요

1 여러분이 소개하고 싶은 나라의 산업 발전 과정에 대해 검색해 보세요.

2 보기와 같이 발표할 내용을 메모해 보세요.

[보기]

주제 도입하기 →	• 한국의 경제 발전 과정
발전 과정 설명하기 →	• 1960년대: 경제 개발 5개년 계획의 시행 • 1970년대: 철강, 조선 등 중공업에 집중함. • 1980년대: 최초로 무역 흑자 기록, 서울 올림픽 개최로 한국의 위상 상승 • 1990년대: 자동차, 반도체 등의 산업 발전 • 2000년대 이후: 첨단 산업 중심으로 발전, 세계적인 기술력 인정받음.
평가하기 →	• 국민의 땀과 노력으로 급속한 경제 성장 이룩 • 정부의 선 성장 후 분배 정책으로 인한 문제 발생: 노동권 침해, 빈부 격차 등

[메모하기]

주제 도입하기 →	
발전 과정 설명하기 →	
평가하기 →	

3 메모한 내용을 바탕으로 발표해 보세요.

> [보기]
>
> **주제 도입하기**
> 여러분은 '한국인' 하면 어떤 이미지나 단어가 떠오르시나요? 여러 가지가 있겠지만 저는 '위기 극복'이라는 말이 제일 먼저 떠오릅니다. 그러면 지금부터 한국인과 위기 극복이 어떤 관계가 있는지 살펴보도록 하겠습니다.
>
> **발전 과정 설명하기**
> 1950년 6월 25일에 시작되어 3년여간 지속된 한국 전쟁은 인명 피해뿐 아니라 기반 시설의 파괴로 인한 막대한 경제적 피해를 남겼습니다. 한국 경제는 '경제 개발 5개년 계획'을 시행하면서 도약기를 맞이하였습니다. 우선 1960년대에는 풍부한 노동력을 활용하여 경공업을 육성하고 수출 주도형 산업 구조를 마련하였습니다. 1970년대에는 철강, 조선 등 중공업에 집중하면서 성장을 지속했습니다. 이어서 1980년대에는 수출이 증가하여 처음으로 무역 흑자를 기록하면서 호황을 누립니다. 특히 1988년에 개최된 서울 올림픽은 한국의 국제적 위상을 높이는 계기가 되었습니다. 1990년대에는 자동차, 반도체 등의 산업이 경제 발전을 주도했습니다.
>
> **평가하기**
> 이러한 과정을 거쳐 한국은 괄목할 만한 경제 성과를 보이며 세계적으로 유례없는 성공을 거두었다는 평가를 받게 됩니다. 한국이 이루어 낸 이러한 급속한 성장을 가리켜 사람들은 '한강의 기적'이라고 불렀습니다. 한강의 기적은 가난할망정 희망을 버리지 않고 묵묵히 땀 흘려 일한 국민의 노력이 기반이 되었다는 점에서 그 의미가 큽니다. 그러나 앞만 보고 달려온 정부의 선 성장 후 분배 정책이 노동권 침해, 빈부 격차와 같은 문제를 낳았다는 지적도 있습니다.

한국의 민주화 과정

대한민국의 역대 대통령

 1~3대 이승만
재임 1948. 07.~
1960. 04.

 4대 윤보선
재임 1960. 08.~
1962. 03.

 5~9대 박정희
재임 1962. 03.~
1979. 10.

 10대 최규하
재임 1979. 10.~
1980. 08.

 11, 12대 전두환
재임 1980. 09.~
1988. 02.

 13대 노태우
재임 1988. 02.~
1993. 02.

 14대 김영삼
재임 1993. 02.~
1998. 02.

 15대 김대중
재임 1998. 02.~
2003. 02.

 16대 노무현
재임 2003. 02.~
2008. 02.

 17대 이명박
재임 2008. 02.~
2013. 02.

 18대 박근혜
재임 2013. 02.~
2017. 03.

 19대 문재인
재임 2017. 05. ~
2022. 05.

 20대 윤석열
재임 2022. 05.~

출처: 대통령기록관

1. 대한민국 대통령의 임기는 어떻게 됩니까?

2. 위 대통령들의 집권 기간은 왜 각기 다를까요?

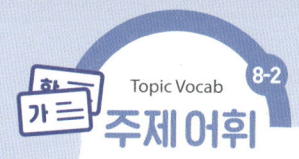

Topic Vocab 8-2
주제 어휘

1 다음은 한국의 정치 제도와 관련된 표현입니다. 아래의 자료를 보고 한국과 여러분 나라의 정치 제도를 비교해 보세요.

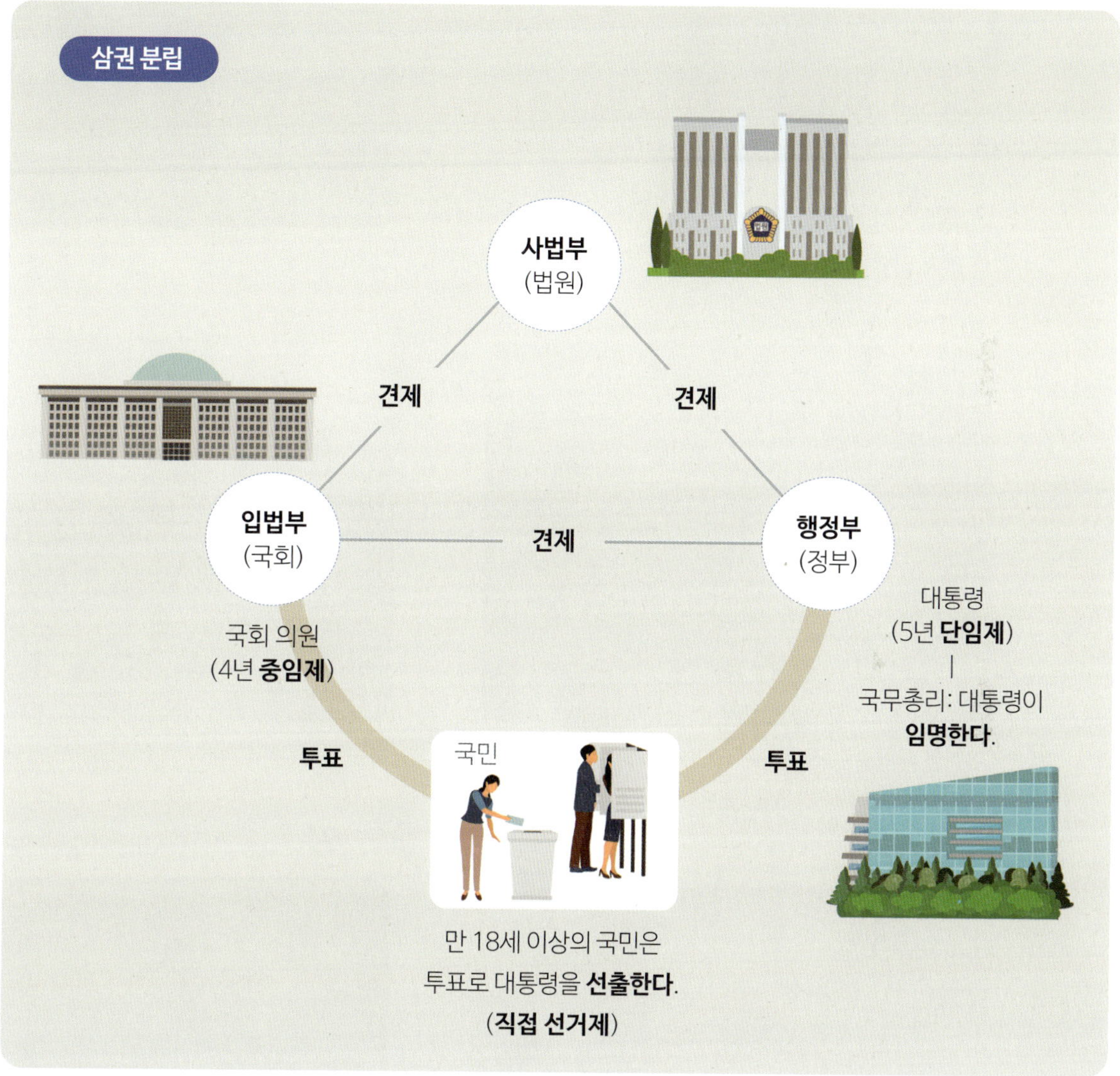

삼권 분립

사법부 (법원)

견제 — 견제

입법부 (국회) — 견제 — 행정부 (정부)

국회 의원 (4년 **중임제**)

대통령 (5년 **단임제**)

국무총리: 대통령이 **임명한다**.

투표 — 투표

국민

만 18세 이상의 국민은 투표로 대통령을 **선출한다**. (직접 선거제)

단임제/중임제	입법부/사법부/행정부	삼권 분립	직접/간접 선거제
견제하다	선출하다	임명하다	투표하다

8-2. 한국의 민주화 과정 249

2 다음은 한국의 민주화 과정과 관련된 사진입니다. 사진에 해당하는 표현을 찾아 써 보세요.

1) **장기 집권**을 위해 _____ 이승만 정권

2) _____ 군인

시위를 **무력으로 진압하는** 군인들에게
3) _____ 시민들

고문에 반대하여 4) _____ 시민들

5) _____

정부가 **헌법을 개정하라는** 요구를 수용하겠다고 발표

| 독재 체제 | 장기 집권 | 고문하다 | 저항하다 | 무력으로 진압하다 | 부정 선거를 저지르다 |
| 시위를 벌이다 | 언론을 통제하다 | 인권을 탄압하다 | 자유를 누리다 | 정권을 교체하다 | 헌법을 개정하다 |

Reading 8-2
읽기

📖 **읽어 보세요**

준비

1 다음의 사건에 대해 들어 본 적이 있습니까?

이승만 정권이 장기 집권을 위해 부정 선거를 저지르자 이에 반발하는 시민들의 시위가 전국적으로 일어났다.

독재 정권에 맞선 시민들(1960)
출처: 국가기록원

신군부는 광주 시민들의 민주화 운동을 무력으로 진압했다.

군인들과 대치하고 있는 광주 시민들(1980)
출처: 나경택 촬영, 5·18기념재단 제공

박정희 대통령은 장기 집권을 위해 1972년 헌법을 개정하여 행정, 입법, 사법을 장악하고 이에 저항하는 세력을 탄압했다.

유신 반대 시위(1973)
출처: 경향신문

서울대학교 학생 박종철 군이 고문에 의해 사망한 사실이 알려지자 국민들은 분노하고 민주화 운동이 급격히 고조되었다. 국민의 저항이 거세지자 정부는 6·29 선언을 발표했다.

직선제 개헌을 요구하는 시민들(1987)
출처: 경향신문

- 1948. 8. 15. 대한민국 정부 수립
- 4·19 혁명
- 5·16 군사 쿠데타
- 유신 반대 시위
- 5·18 민주화 운동
- 6·10 민주 항쟁

| 이승만 대통령 (1948~1960) | 박정희 대통령 (1963~1979) | 전두환 대통령 (1980~1988) |

흔들리며 피운 꽃

긴 밤 지새우고 풀잎마다 맺힌
진주보다 더 고운 아침이슬처럼
내 맘의 설움이 알알이 맺힐 때
아침 동산에 올라 작은 미소를 배운다
태양은 묘지 위에 붉게 떠오르고
한낮에 찌는 더위는 나의 시련일지라
나 이제 가노라 저 거친 광야에
서러움 모두 버리고 나 이제 가노라

〈아침이슬〉(1971), 김민기 작사·작곡

　현재는 교과서에 실릴 정도로 대중적인 이 노래를 듣지 못하던 시대가 있었다. 자유와 낭만이 가득해야 할 대학 교정에는 전투 경찰이 배치되고 민주화 운동을 하는 학생들이 경찰에 연행되던, 그런 시대가 있었다.

　대한민국은 자유 민주주의를 표방하여 탄생하였지만 현재와 같이 직접 선거제가 정착되고 정부에 대한 비판적인 의견도 자유롭게 이야기할 수 있는 세상이 처음부터 열린 것은 아니었다.

　박정희 대통령이 집권한 1960~1970년대의 대한민국은 대내외적으로 '한강의 기적'이라고 불릴 만큼 경제적으로 성장하였다. 그러나 경제 성장이 우선시되는 가운데 정경 유착, 빈부 격차, 열악한 노동 환경 등 여러 문제점이 노출되었다. 1972년 10월, 박정희 대통령은 장기 집권을 위하여 헌법을 개정하고 대통령의 권한을 크게 강화하였으며, 언론과 대중 매체를 검열하고 통제하였다. 〈아침이슬〉을 비롯한 많은 노래도 이때 금지되었다. 가사가 사회에 대한 부정적인 이미지나 정권에 대한 저항 의식을 표현하고 있다고 판단하였기 때문이다. 정부는 유신 체제*에 저항하는 세력을 강력히 탄압하였지만 독재 정권에 맞서는 민주화 운동은 계속되었다.

> *유신 체제
> 1972년 10월 17일에 박정희 대통령이 안보 위기를 이유로 선포한 비상조치. 헌법을 개정하여 대통령의 중임 제한을 없애고 대통령의 임기를 6년으로 늘렸다. 이 시기의 박정희 정권을 유신 체제라고 부른다.

　박정희 대통령의 사망으로 유신 체제가 막을 내리자 많은 국민은 곧 진정한 민주주의가 실현될 것이라 기대하였다. 그러나 1979년 12월에 전두환 장군이 이끄는 신군부가 군사 정변을 일으켜 정권을 잡으면서 그 기대는 무너졌다. 이듬해 5월, 광주에서 신군부에 저항하는 5·18 민주화 운동이 일어나자 신군부는 무력으로 이를 진압하였고, 그 과정에서 수많은 시민이 희생되는 결과를 초래하였다. 신군부는 민주화 운동에 참여한 대학생들을 학교에서 **제적하는 한편** 방송사를 공영화하고 신문사를 통폐합하여 언론을 통제하였다. 그러나 유신 체제의 어둠 속에서도 꺾이지 않았던 한국인들의 민주화에 대한 열망은 정부의 강경 진압 속에서도 지속되었다.

1987년, 이 암울한 시대에 전환점이 된 사건이 일어났다. 1987년 1월 14일 서울대학교 학생 박종철 군이 경찰에 강제로 연행되어 조사를 받던 중 목숨을 잃은 것이다. 경찰은 박 군의 죽음을 은폐하려 하였으나, 부검 결과 박 군의 사망 원인은 담당 수사관의 고문이었음이 드러났다. 자칫 묻혀 버릴 수 있었던 이 사건은 양심적인 의사와 담당 검사, 언론의 보도로 세상에 알려졌으며, 이 사건이 도화선이 되어 민주화 운동이 급격히 고조되었다.

하지만 같은 해 4월 13일, 이런 상황 속에서도 전두환 대통령은 국민의 개헌 요구를 받아들이지 않고 기존 헌법대로 간접 선거를 통해 다음 대통령을 선출하겠다고 발표하였다. 대통령의 이러한 발표에 시민들은 거세게 반발하였다. 종교인, 대학교수, 정치인, 예술인 등 각계각층에서 반대 성명이 쏟아져 나왔고 대학생들은 시위를 벌였다. 6월 10일에 시작된 시위는 20일간 전국적으로 이어졌다. 시위에는 학생뿐 아니라 일반 시민들도 참여하여 '호헌 철폐·독재 타도'라는 구호를 외치며 행진하였다.

4·13 호헌 조치 반대 시위(1987)
출처: 연합뉴스

더는 버틸 수 없었던 집권 세력은 결국 항복하였다. 6월 29일 여당 대표가 대통령 직접 선거제로의 개헌과 인권 침해 시정, 언론의 자유 보장 등의 내용을 포함한 6·29 선언을 발표하였다. 이에 따라 10월 29일, 국민 투표로 확정된 헌법에는 대통령 직선제 및 대통령 5년 단임제가 명시되고 국민의 기본권을 강화하는 내용이 보완되었다. 6·10 민주 항쟁의 결과로 한국인들은 정치, 사회, 문화적 자유를 누리게 된 것이다.

1987년의 6·10 민주 항쟁은 국민의 힘으로 군사 독재를 끝내고 평화적으로 정권을 교체할 수 있는 길을 열었다는 점에서 역사적 가치가 크다. 또한 한국 사회 전반에 걸쳐 민주주의의 정신과 제도가 뿌리내리는 데 결정적인 역할을 하였다는 점에서도 큰 의미를 지닌다.

6·10 민주 항쟁은 한국 현대사에 있어 최초의 민주화 운동은 아니었다. 1960년에는 국민들이 부정 선거로 얼룩진 독재 정권을 끌어내린 4·19 혁명이 있었으며, 그 민주화 정신을 이어받아 1980년에는 광주 시민들이 군부의 무력에 맞서 저항한 5·18 민주화 운동이 있었다. 이렇듯 한국인들은 목숨을 **잃는 한이 있어도** 민주주의를 지키고자 하였다. "흔들리지 않고 피는 꽃이 어디 있으랴."라는 시의 한 구절처럼 수많은 역경을 극복하며 민주화의 꽃을 피웠기에 지금도 한국인들은 6·10 민주 항쟁을 대한민국 민주주의 발전의 빛나는 한 페이지로 기억하며 그 정신을 잊지 않고 있다.

중심 내용 파악하기

1 이 글의 주제는 무엇입니까?

세부 내용 파악하기

2 다음 시기에 어떤 정치적 사건이 있었는지 정리해 보세요.

대한민국 정부 수립	1)	유신 체제	2)	3)	6·29 선언
1948년	1960년	1972년	1980년	1987년	1987년

3 1960~1970년대에 대한 설명으로 맞는 것을 고르세요.

① 경제가 성장하여 빈부 격차 문제가 해소되었다.
② 박정희 대통령의 죽음으로 민주화가 이루어졌다.
③ 정부의 탄압으로 유신 체제를 반대하는 운동은 실패했다.
④ 박정희 대통령은 정권을 오래 유지하기 위해 헌법을 개정하였다.

4 6·10 민주 항쟁에 대해 다음과 같이 정리해 보세요.

1987년 1월 14일	1) 서울대학교 학생 박종철 군이 강제로 연행되어 조사를 받던 중 사망함.
1987년 4월 13일	2)
1987년 6월 10일	3)
6·10 민주 항쟁의 결과	4)
6·10 민주 항쟁의 의의	5)

추론하기

5 에세이의 제목인 〈흔들리며 피운 꽃〉의 의미가 무엇일지 생각해 보세요.

이야기해 보세요

1 한국이 민주화를 이루게 된 가장 큰 힘은 무엇이라고 생각합니까? 그 이유와 함께 이야기해 보세요.

문법과 표현

동 -는 한편 ☞ 19쪽
신군부는 민주화 운동에 참여한 대학생들을 학교에서 제적하는 한편 방송사를 공영화하고 신문사를 통폐합하여 언론을 통제하였다.

동 -는 한이 있어도 ☞ 19쪽
한국인들은 목숨을 잃는 한이 있어도 민주주의를 지키고자 하였다.

쓰기

📄 역사적 사건에 관해 써 보세요.

준비해 보세요

1 역사적 사건에 관한 글은 어떤 구성으로 써야 할까요? 다음 글을 읽고 알맞은 것을 연결해 보세요.

> 가 6·10 민주 항쟁은 1987년 6월 대한민국에서 전국적으로 일어난 민주화 운동이다. 신군부의 독재 체제에 저항하는 민주화 운동은 정부의 강경 진압 속에서도 학생·지식인과 노동 운동의 연대로 더욱 확대되었다. 그러던 중 1987년 1월 14일 서울대학교 학생 박종철 군이 경찰 조사 중 목숨을 잃었다. 경찰은 박 군의 죽음을 은폐하려 하였으나 부검 결과 박 군의 사망 원인은 담당 수사관의 고문이었음이 드러났다. 이 사건이 도화선이 되어 민주화 운동이 급격히 고조되었다.
>
> 나 하지만 같은 해 4월 전두환 대통령은 국민들의 개헌 요구를 받아들이지 않고 기존 헌법대로 간접 선거를 통해 다음 대통령을 선출하겠다고 발표했다. 이에 각계각층에서 반대 성명이 쏟아져 나왔고 6월 10일부터 시작된 시위에는 학생뿐 아니라 일반 시민들도 대거 참여하였다.
>
> 다 더는 버틸 수 없었던 집권 세력은 6월 29일 대통령 직접 선거제로의 개헌과 인권 침해 시정, 언론의 자유 보장 등의 내용을 포함한 6·29 선언을 발표했다. 6·10 민주 항쟁의 결과로 한국인들은 정치, 사회, 문화적 자유를 누리게 된 것이다.
>
> 라 1987년 6·10 민주 항쟁은 국민의 힘으로 군사 독재를 끝내고 한국 사회 전반에 걸쳐 민주주의의 정신과 제도가 뿌리내리는 데 결정적인 역할을 했다는 점에서 큰 의미를 지닌다.

1) 가 • • 의의

2) 나 • • 배경

3) 다 • • 전개

4) 라 • • 결과

쓰기 (Writing 8-2)

- **표현을 연습해 보세요**

1 다음은 사건의 배경을 기술할 때 사용하는 표현입니다. 다음 표현을 사용하여 연습해 보세요.

배경 기술하기
> 사건이 일어나게 된 원인이나 배경을 기술합니다.

- …의 발단은 …이다
- …이 도화선이 되어 …

- 이 **사건의 발단은** 박 군의 **죽음이었다.**
- 이 **사건이 도화선이 되어** 민주화 운동이 고조되었다.

4·19 혁명

1) • 이승만 대통령이 속한 자유당의 3·15 부정 선거

2) • 대구의 고등학교 학생들이 이승만 정권에 저항하며 벌인 2·28 학생 민주 의거

2 다음은 사건의 전개를 기술할 때 사용하는 표현입니다. 다음 표현을 사용하여 연습해 보세요.

전개 기술하기
> 사건의 전개 과정을 시간 순서대로 기술합니다.

- …에 시작되어 …간 이어지다
- …부터 시작해 …에 정점에 이르다

- 시위는 6월 **10일에 시작되어 20일간** 전국적으로 **이어졌다.**
- 국민들의 저항은 **4월부터 시작해 6월에 정점에 이르렀다.**

4·19 혁명

1)
- 시작: 3월 15일
- 기간: 40여 일

2)
- 시작: 3월 15일
- 정점: 4월 19일

3 다음은 사건의 결과를 기술할 때 사용하는 표현입니다. 다음 표현을 사용하여 연습해 보세요.

결과 기술하기
> 사건으로 인한 영향이나 결과를 기술합니다.

- …는 결과를 초래하다
- …의 결과(로) …게 된 것이다

- 신군부는 무력으로 민주화 운동을 진압했고 그 과정에서 수많은 시민이 **희생되는 결과를 초래했다.**
- 6·10 민주 **항쟁의 결과로** 한국인들은 정치, 사회, 문화적 자유를 **누리게 된 것이다.**

4·19 혁명

1) • 정부가 무력으로 진압을 하여 4월 19일 하루에만 100명이 넘게 사망

2) • 이승만이 대통령직에서 물러나고 새로운 정부가 들어섬.

4 다음은 사건의 의의를 제시할 때 사용하는 표현입니다. 다음 표현을 사용하여 연습해 보세요.

의의 제시하기
> 사건으로부터 찾을 수 있는 의의, 교훈 등을 제시합니다.

• …다는 점에서 역사적 가치가 크다[큰 의미를 지니다]
• …다는 점에서 우리에게 시사하는 바가 크다

• 6·10 민주 항쟁은 국민의 힘으로 군사 독재를 **끝냈다는** 점에서 **역사적 가치가 크다**.
• 6·10 민주 항쟁은 생명의 위협을 느끼는 상황에서도 민주화의 꽃을 **피웠다는** 점에서 우리에게 시사하는 바가 **크다**.

4·19 혁명

1) • 한국 최초로 국민의 힘으로 정권을 교체했음.

2) • 국민들에게 민주주의를 유지하고 발전시킨 경험을 갖게 해 준 역사적 자산임.

5 다음 메모를 보고 역사적 사건에 관한 글을 써 보세요.

한국 전쟁

• 배경 — 남북한의 자본주의와 공산주의 이념 대립

• 전개 — 1950. 6. 25. 북한의 침략으로 시작
— 남한은 부산을 제외한 모든 지역을 잃음.
— UN의 참전으로 남한이 서울을 되찾음.
— 1953. 7. 27. 휴전 협정을 맺음.

• 결과 — 수많은 인명 피해 발생
— 도로, 공장 등 기반 시설이 파괴되어 경제적 피해 발생

• 의의 — 전쟁은 양측 모두에게 인명 피해와 더불어 막대한 경제적·정신적 피해를 주는 비극이라는 것을 깨닫게 해 주었음.

- **써 보세요**

1. 여러분이 알고 있는 역사적 사건에 대한 자료를 조사해 보세요.

2. 보기와 같이 쓸 내용의 개요를 작성해 보세요.

보기

주제	1987년 6·10 민주 항쟁
배경	• 신군부의 독재 체제에 저항하는 민주화 운동 확대 • 서울대학교 학생 박종철 군이 고문으로 사망
전개	• 대통령의 발표에 대한 각계각층의 반대 성명 → 6월 10일 시위 시작, '호헌 철폐·독재 타도' 구호를 외치며 20일간 시위가 이어짐.
결과	• 정부의 6·29 선언 발표
의의	• 국민의 힘으로 군사 독재를 끝냄. • 민주주의의 정신과 제도가 뿌리내리는 데 결정적인 역할

개요 짜기

주제	
배경	
전개	
결과	
의의	

3 개요를 바탕으로 역사적 사건을 써 보세요.

보기

배경
신군부의 독재 체제에 저항하는 민주화 운동은 정부의 강경 진압 속에서도 학생·지식인과 노동 운동의 연대로 더욱 확대되었다. 그러던 중 1987년 1월 14일 서울대학교 학생 박종철 군이 경찰 조사 중 목숨을 잃었다. 경찰은 박 군의 죽음을 은폐하려 했으나 부검 결과 박 군의 사망 원인은 담당 수사관의 고문이었음이 드러났다. 이 사건이 **도화선이 되어** 민주화 운동이 급격히 고조되었다.

전개
하지만 같은 해 4월 이런 상황 속에서도 전두환 대통령은 개헌 요구를 받아들이지 않고 기존 헌법대로 간접 선거를 통해 다음 대통령을 선출하겠다고 발표했다. 대통령의 발표에 시민들은 거세게 반발했다. 종교인, 대학교수, 정치인, 예술인 등 각계각층에서 반대 성명이 쏟아져 나왔고 대학생들은 시위를 벌였다. 시위는 **6월 10일에 시작되어 20일간** 전국적으로 **이어졌다**. 시위에는 학생뿐 아니라 일반 시민들도 참여하여 '호헌 철폐·독재 타도'라는 구호를 외치며 행진했다.

결과
더는 버틸 수 없었던 집권 세력은 6월 29일 대통령 직접 선거제로의 개헌, 인권 침해 시정, 언론의 자유 보장 등의 내용을 포함한 6·29 선언을 발표했다. 6·10 민주 **항쟁의 결과로** 한국인들은 정치, 사회, 문화적 자유를 **누리게 된 것이다**.

의의
1987년의 6·10 민주 항쟁은 국민의 힘으로 군사 독재를 끝내고 한국 사회 전반에 걸쳐 민주주의의 정신과 제도가 뿌리내리는 데 결정적인 역할을 **했다는 점에서** 큰 의미를 지닌다.

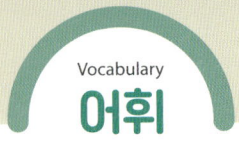

8-1. 한강의 기적

주제 어휘

경공업(輕工業)
명 부피에 비해 가벼운 물건을 만드는 공업.
1960년대 한국의 주된 산업은 경공업이었다.
light industry

경기(景氣) 둔화(鈍化)
경제 활동이 성장하는 속도가 느려짐.
경기 둔화에 대한 우려로 주가가 하락했다.
economic slowdown

경기 회복(景氣回復)
경기가 불황에서 호황으로 들어서는 상태.
경기 회복에 따라 원유 수요가 증가하고 있다.
economic recovery

공업(工業)
명 원료를 노동력이나 기계로 가공해 상품이나 재료를 만드는 산업.
한국의 공업 구조는 경공업 중심에서 중화학 공업 중심으로 바뀌었다.
industry

농업(農業)
명 땅을 이용해 인간 생활에 필요한 식물을 가꾸는 산업.
젊은이들이 농업을 기피하면서 농촌의 고령화 속도가 빨라지고 있다.
agriculture

도약기(跳躍期)를 맞이하다
더 높은 단계로 발전할 시기가 되다.
이 회사는 전기 자동차의 부품을 만들기 시작하면서 새로운 도약기를 맞이하였다.
to enter a take-off stage

돌파(突破)하다
동 일정한 기준이나 기록을 지나서 넘어서다.
그는 올 시즌 100타점을 돌파했다.
to surpass

무역(貿易) 규모(規模)
국가 간 혹은 기업 간에 물품 등을 거래하는 양.
한국의 무역 규모가 1조 달러를 넘어서며 전 세계 무역 규모 8위를 기록하였다.
trade volume

무역 수지(貿易收支)
정해진 기간 동안 다른 나라와의 수입과 수출을 모두 계산한 수치.
올해 한국은 총수출이 총수입보다 많은 무역 수지 흑자를 기록했다.
balance of trade

부채(負債)를 갚다
다른 사람이나 기관으로부터 빌린 돈을 돌려주다.
열심히 일한 결과 드디어 은행에 부채를 모두 갚을 수 있었다.
to pay off debt

산업(産業)을 육성(育成)하다
국가 발전이나 경제 성장 등을 위해 산업을 발전시키다.
과거에는 산업을 육성하는 것이 가장 중요한 과제였기 때문에 환경 보호는 생각하지 못했다.
to foster an industry

서비스업(service業)
명 운수, 통신, 상업, 금융, 관광 등의 서비스 상품을 제공하는 산업.
부산 지역 경제에서 서비스업이 차지하는 비중은 70%가 넘는다.
service industry

선(先) 성장(成長) 후(後) 분배(分配) 정책(政策)
먼저 경제적 규모나 세력을 키운 후에 그 이익을 국민들에게 나누는 정책.
정부의 대기업 중심 '선 성장 후 분배 정책'으로 빈부 격차가 심해졌다는 평가가 있다.
growth first, then distribution policy

수산업(水産業)
명 바다나 강 등의 물에서 나는 생물을 잡거나 기르거나 가공하는 등의 산업.
한국은 삼면이 바다에 인접해 있어 수산업이 매우 발달하였다.
fishing industry

수입액(輸入額)
명 다른 나라로부터 물품 등을 사들이는 데 든 돈의 액수.
최근 들어 해외 직구가 활성화하면서 몇 년 전과는 비교가 안 될 정도로 수입액이 늘고 있다.
amount of import

수입(輸入) 품목(品目)
외국에서 국내로 사들여 오는 물품의 종류.
석유는 한국의 대표적인 수입 품목이다.
imported item

수출액(輸出額)
명 다른 나라에 물품 등을 팔아 벌어들인 돈의 액수.
지난해에는 수입액이 수출액보다 많아서 무역 적자를 기록했다.
amount of export

수출(輸出) 품목(品目)
국내에서 외국으로 팔아 내보내는 물품의 종류.
반도체, 석유 화학 제품, 자동차는 한국의 대표적인 수출 품목이다.
export item

시장 점유율(市場占有率)
경쟁 시장에서 한 상품이 같은 종류의 상품 전체 판매량에서 차지하는 비율.
A 화장품은 국내에서는 인지도가 높지만 세계적인 시장 점유율은 낮은 편이다.
market share

실적(實績)을 달성(達成)하다 [실쩍] [달썽]
실제로 업적을 이루다.
우리 회사가 개발한 제품은 지난해에 1억 원의 판매 실적을 달성했다.
to achieve results

원조(援助)를 받다
다른 사람이나 단체로부터 도움을 받다.
한국 전쟁 직후의 한국은 원조를 받는 국가였다.
to receive aid

원조(援助)하다
동 어려움을 겪는 사람이나 단체, 국가 등을 돕다.
부도 위기에 처한 중소기업을 위해 정부에서 자금을 원조하기로 했다.
to aid

위기(危機)를 맞다
위험한 고비나 시기를 마주하다.
세계적인 경제 불황으로 위기를 맞은 기업들이 새로운 시장을 개척하기 위해 노력하고 있다.
to face a crisis

임업(林業)
명 산림을 유지 혹은 조성하고 이를 경제적으로 이용하는 산업.
한국의 동쪽 지역은 삼림이 비교적 풍부하여 임업이 발달하였다.
forestry

적자(赤字)를 기록(記錄)하다
지출이 수입보다 많아서 손해를 보다.
이 기업은 올해 제품 판매가 부진해서 적자를 기록했다.
to record a deficit

중공업(重工業)
명 부피에 비해 무거운 물건을 만드는 공업.
한국의 대표적인 중공업 제품으로는 자동차를 들 수 있다.
heavy industry

첨단 산업(尖端産業)
컴퓨터, 전자 산업과 같이 고도의 기술이 필요하고 관련 산업에 미치는 효과가 큰 산업.
정부는 첨단 산업 지원에 대한 투자를 늘리겠다고 발표했다.
high-tech industry

축산업(畜産業)
명 가축을 길러서 얻은 원료를 가공하여 제품을 만드는 산업.
축산업이 발달한 이 도시는 특히 소고기가 질이 좋기로 유명하다.
livestock industry

호황(好況)을 누리다
좋은 경제 활동 상태를 즐기다.
커피를 좋아하는 사람들이 늘어나면서 커피 시장은 호황을 누리고 있다.
to enjoy an economic boom

흑자(黑字)를 기록(記錄)하다
수입이 지출보다 많아 이익이 생기다.
우리 회사는 새로운 프로젝트가 성공하면서 이번 달에 흑자를 기록했다.
to record a surplus

듣기

들어 보세요 1

국한(局限)되다
동 범위가 일정한 부분에 한정되다.
환경 오염은 더 이상 일부 국가에만 국한된 문제가 아니다.
to be limited

다변화(多邊化)되다
동 일의 방법이나 모양이 다양하고 복잡해지다.
사회가 다변화되면 이에 맞추어 사회 제도도 수정된다.
to be diversified

수소(水素) 차(車)
수소를 에너지로 사용해서 달리는 친환경적인 자동차.
수소 차는 전기 차와 함께 앞으로의 친환경 자동차 시장을 이끌어 나갈 것이라는 전망이다.
hydrogen car

유력(有力)하다
형 가능성이 많다.
다음 사장으로는 박 부장님이 유력하다는 소문이 있다.
to be highly likely

들어 보세요 2

가발(假髮)
명 머리털이나 이와 유사한 것으로 머리 모양을 만들어 쓰는 것.
요즘은 패션을 위해서 여러 가지 색깔의 가발을 쓰는 사람들도 있다.
wig

강타(强打)하다
동 태풍 등이 거세게 치다.
작년 겨울에는 엄청난 추위가 전국을 강타했다.
to hit

경제사(經濟史)
명 경제 발전의 역사.
한국의 경제사는 발전과 위기를 반복했다고 볼 수 있다.
economic history

고도화(高度化)
명 정도가 높아짐. 또는 정도를 높임.
경제 위기를 극복하기 위해서는 산업 구조의 고도화가 필요하다.
advancement

괄목(刮目)할 만하다
눈을 비비고 볼 만한 정도로 매우 놀라다.
20년 만에 한국에 온 줄리앙은 괄목할 만할 정도로 발전한 서울의 모습에 놀라워했다.
to be remarkable

국가(國家) 신용도(信用度)
한 나라가 빚을 갚을 능력과 의사가 얼마나 있는지를 표시한 등급.
한국의 국가 신용도는 '안정적 등급'이라는 평가를 받고 있다.
national scale credit rating

국제통화기금(國際通貨基金)
명 국제 연합의 전문 기관 중 하나로, 외화 자금의 조달을 원활히 하고, 나아가서는 세계 각국의 경제적 발전을 위하여 설립되었다.
1997~1998년의 IMF 경제 위기 탓에, 국제통화기금은 한국인들에게 부정적인 이미지로 다가온다.
International Monetary Fund(IMF)

급성장(急成長)
명 아주 빠르게 발전함. 또는 아주 빨리 자라 커짐.
한국처럼 경제의 급성장을 이룬 나라는 많지 않다.
rapid growth

기조(基調)
명 기본적인 경향이나 동향.
전 세계 경제가 불안정한 기조를 보인다.
basic economic trend

묵묵(默默)히
부 말없이 조용하게.
다른 직원들이 재미있는 이야기를 해도 그는 묵묵히 자기 할 일만 했다.
quietly

반세기(半世紀)
명 한 세기의 절반. 50년 동안을 가리킨다.
지난 반세기 동안 한국의 위상은 매우 달라졌다.
half a century

변변하다
형 사람의 성격이나 외모, 물건의 외양 등이 부족한 곳이 없고 수준이 보통 이상이다.
데이트하러 가려고 옷장을 보니 변변한 옷 한 벌 없었다.
to be decent

복구(復舊)되다
동 손실 이전의 상태로 회복되다.
인터넷 시스템이 복구될 때까지 온라인 수업을 할 수 없었다.
to be restored

승승장구(乘勝長驅)하다
동 싸움이나 경쟁 등에서 이긴 기세를 타고 나아가며 계속 이기다.
신인 선수가 승승장구하며 결승까지 올라왔다.
to be on a roll

외신(外信)
명 외국으로부터 국내의 보도 기관에 들어온 소식.
외신에 따르면, 핀란드 대통령이 곧 한국을 방문할 것이라고 한다.
foreign press

유례없다
형 같거나 비슷한 예가 없다.
신입 사원이 과장으로 승진한 것은 유례없는 일이다.
to be unprecedented

저력(底力)
명 속에 가지고 있는 단단한 힘.
영화 〈기생충〉은 한국 영화의 저력을 보여 주는 작품이다.
potential

저성장(低成長)
명 규모가 커 가는 속도가 느림.
정부는 저성장을 극복하기 위해 여러 가지 해결책을 내놓고 있다.
low growth

제지(製紙)
명 종이를 만듦.
종이책보다 스마트폰으로 책을 읽는 사람이 많아지면서 제지 산업이 불황을 맞을 것이라는 전망도 나오고 있다.
paper-making

조선(造船)
명 배를 설계해서 만듦.
조선 산업은 한국의 대표적인 산업 중 하나이다.
ship-building

주력(注力)하다
동 어떤 일에 모든 힘을 기울이다.
C 기업은 반도체 산업에 주력하고 있다.
to focus on

줄줄이
부 차례로 잇따라.
경제 불황으로 회사들이 줄줄이 문을 닫고 있다.
one after another

진가(眞價) [진까]
명 진정한 가치.
그는 이 미술 작품의 진가를 한눈에 알아보았다.
true value

철강(鐵鋼)
명 주철과 강철을 아울러 가리키는 말.
포항은 철강 산업이 발전한 도시이다.
steel

허리띠를 졸라매다
절약하는 생활을 하다.
민정이는 돈을 모으기 위해 허리띠를 졸라맸다.
to tighten one's belt

힘입다
동 어떤 힘의 도움을 받다.
태풍으로 피해를 입은 A시는 전 국민의 지원에 힘입어 복구에 힘을 쏟을 수 있었다.
to be supported

말하기

노동권(勞動權)
명 근로 능력을 가진 사람이 국가에 대하여 근로 기회의 제공을 요구할 수 있는 권리.
비정규직 직원들은 노동권을 제대로 보장받지 못하기 때문에 정부의 보호가 필요하다.
labor rights

스펙
명 직장을 구하기 위해 필요한 학력, 학점, 영어 실력 등을 아울러 가리키는 말.
요즘 대학생들은 전공 공부보다 스펙을 위한 공부에 더 몰두하고 있다.
qualification

학벌(學閥)
명 출신 학교의 사회적 지위나 등급.
한국에서는 학벌이 좋을수록 사회적으로 성공할 가능성이 높다는 인식이 있다.
academic background

8-2. 한국의 민주화 과정

주제 어휘

간접(間接) 선거제(選擧制)
일반 선거인이 중간 선거인을 뽑아 그들이 대표로 선거를 하는 제도.
미국은 대통령을 간접 선거제로 선출하는 대표적인 나라이다.
indirect election system

견제(牽制)하다
동 상대방이 자유롭게 행동하거나 힘이 강해지지 못하게 하다.
두 기업은 자신들의 이익을 조금이라도 더 늘리기 위하여 서로를 견제하고 있다.
to keep in check

고문(拷問)하다
동 숨기고 있는 사실을 강제로 알아내기 위해 신체적, 정신적 고통을 가하며 묻다.
군인들은 정보를 얻기 위해 포로를 혹독하게 고문하였다.
to torture

단임제(單任制)
명 원래 정해진 임기를 마친 뒤에 다시 그 직책에 임용하지 않는 제도.
현재 한국의 대통령 임기 제도는 단임제이므로 한 사람이 대통령직을 두 번 이상 수행할 수 없다.
single-term system

독재(獨裁) 체제(體制)
한 나라의 권력을 한 사람이나 한 집단이 모두 차지하고 마음대로 하는 정치 체제.
독재 체제에 저항한 결과, 마침내 국민 투표로 대통령을 선출할 수 있게 되었다.
dictatorship

무력(武力)으로 진압(鎭壓)하다
군사적인 힘으로 강제로 억눌러 진정시키다.
군대가 시위를 무력으로 진압했다.
to suppress by force

부정 선거(不正選擧)를 저지르다
정당하지 못한 수단과 방법으로 선거를 시행하다.
1960년, 한국 국민들은 부정 선거를 저지른 정부에 반대하는 시위를 벌였다.
to commit fraudulent elections

사법부(司法府)
명 대법원 및 대법원이 관리하는 모든 기관.
사법부는 사건에 법을 적용해 잘못을 판단하는 권한을 가진다.
judiciary branch

삼권 분립(三權分立)
국가의 권력을 입법, 사법, 행정의 세 개의 기관으로 분리하여 서로 견제하게 함으로써 권력을 함부로 쓰는 것을 막고, 국민의 권리와 자유를 보장하는 국가 조직의 원리.
한국의 헌법은 삼권 분립을 명시하고 각 영역이 서로의 권한과 역할을 침해하지 않도록 하고 있다.
separation of executive, legislative and judicial powers

선출(選出)하다
동 여럿 가운데서 골라내다.
국민은 선거를 통해 국회 의원을 선출한다.
to elect

시위(示威)를 벌이다
(주로 정부나 기업에 대하여) 요구 조건을 내걸고 자신의 의사를 표시하며 위력을 보이다.
보통 시위는 단체가 모여서 벌이지만, 요즘에는 혼자서 시위를 벌이는 경우도 종종 있다.
to hold a protest

언론(言論)을 통제(統制)하다
국가가 공권력으로 언론 활동의 내용을 제한하다.
과거 독재 체제에서는 정부가 언론을 통제해서 정부에 반대하는 목소리가 나오지 못하게 하였다.
to control the press

인권(人權)을 탄압(彈壓)하다
인간으로서 당연히 가지는 기본적인 권리를 빼앗다.
그 나라에서는 아직도 정부가 국민의 인권을 탄압하고 있다.
to oppress human rights

임명(任命)하다
[동] 일정한 직책을 남에게 맡기다.
새 대통령이 자신의 조카를 총리에 임명해 논란이 되고 있다.
to appoint

입법부(立法部)
[명] 법률 제정을 담당하는 국가 기관.
입법부는 여성의 권리 향상을 위한 법안을 적극적으로 제안했다.
legislative branch

자유(自由)를 누리다
자기의 생각과 의지대로 할 수 있는 상태를 계속하여 즐기다.
나는 퇴사 후 이곳저곳 여행을 다니며 자유를 누렸다.
to enjoy freedom

장기(長期) 집권(執權)
오랫동안 권세나 정권을 잡음.
박정희 대통령은 한국 역사상 가장 오래 장기 집권을 했다.
long-reigning power

저항(抵抗)하다
[동] 어떤 힘이나 조건에 굽히지 않고 반발하거나 견디다.
국민은 독재 정권에 강력히 저항했다.
to resist

정권(政權)을 교체(交替)하다
정치권력을 가진 집권당을 바꾸다.
이번 대통령 선거에서 국민은 투표를 통해 정권을 교체했다.
to change the government

중임제(重任制)
[명] 임기가 끝나거나 임기 중에 개편이 있을 때 거듭 그 자리에 임용하는 제도.
한국은 국회 의원 4년 중임제를 채택하고 있다.
reappointment system

직접(直接) 선거제(選擧制)
선거인이 피선거인을 직접 뽑는 선거 제도.
한국에서는 직접 선거제를 통해 대통령을 뽑는다.
direct election system

투표(投票)하다
[동] 선거할 때 자신의 의사를 표에 적어서 일정한 곳에 내다.
투표하지 않는 것은 자신의 권리를 포기하는 것과 같다.
to vote

행정부(行政府)
[명] 대통령을 중심으로 국가의 행정을 맡아보는 기관.
행정부는 나라를 다스리고 국민의 생명과 재산을 보호한다.
executive branch

헌법(憲法)을 개정(改定)하다 [헌뻡]
한 국가의 최고 법률인 헌법의 내용을 수정하다.
헌법을 개정하기 위해서는 국회의원 2/3의 찬성과 국민 투표 과반의 찬성이 필요하다.
to amend the Constitution

읽기

읽어 보세요

각계각층(各界各層)
[명] 사회 각 분야의 여러 계층.
대통령은 각계각층의 의견을 듣고 정책을 결정하겠다고 했다.
all walks of life

강경(强硬/强勁)
[명] 태도나 주장 등이 타협하거나 양보하지 않을 정도로 강함.
배우 하민선 씨는 자신을 비난한 댓글을 쓴 사람들에게 강경 대응을 예고했다.
unyielding

개헌(改憲)
[명] 한 국가의 최고 법률인 헌법의 내용을 수정함.
한국에서는 1987년 9차 개헌 이후, 현재까지 10차 개헌 논의가 끊임없이 이루어지고 있다.
constitutional amendment

검사(檢事)
[명] 검찰권을 행사하는 사법관. 범죄를 수사하고 공소를 제기하며 재판을 집행한다.
검사는 재판에서 범죄자에게 어떤 처벌을 줘야 할지 주장한다.
prosecutor

검열(檢閱)하다
[동] 미리 검사하여 내용을 조정하다.
새로 들어선 독재 정권에서는 정부를 비판하는 언론을 검열하기 시작했다.
to censor

고조(高調)되다
동 사상이나 감정, 분위기 등이 높아지다.
신나는 음악이 나오자 축제 분위기가 고조되었다.
to heighten

공영화(公營化)하다
동 이익을 목적으로 하지 않고 공공의 이익을 추구하는 기관으로 만들다.
그 도시는 그동안 여러 기업이 운영하던 지하철을 공영화한 뒤 지하철 요금을 인하하였다.
to publicize

교정(校庭)
명 학교가 있는 장소를 가리키는 말.
요즘에는 교정보다는 캠퍼스라는 단어를 쓰는 것이 일반적이다.
campus

구절(句節)
명 짧은 말이나 글.
그는 발표할 때 책에서 좋은 구절을 뽑아 인용하였다.
excerpt

구호(口號)를 외치다
집회나 시위 등에서 어떤 요구나 주장 등을 간결한 말로 강하게 주장하다.
시민들이 구호를 외치며 행진하였다.
to shout slogans

군사(軍事)
명 군대에 관한 일.
군인들이 군사 시설을 지키기 위한 훈련을 하고 있다.
military affairs

끌어내리다
동 높은 지위에서 내려오게 하다.
직원들이 힘을 합쳐, 모든 일을 독단적으로 처리하는 김 회장을 회장 자리에서 끌어내렸다.
to take down

낭만(浪漫)
명 현실에 매이지 않고 감상적이고 이상적으로 사물을 대하는 태도나 심리. 또는 그런 분위기.
나의 학창 시절은 열정과 낭만으로 가득 차 있었다.
romance

대내외적(對內外的)
관 나라나 사회의 안과 밖에 두루 관련되는 (것).
국내에서는 물가가 상승하고, 국외에서는 유가가 폭등하고 있다. 대내외적으로 경제가 어려운 시기이다.
domestic and abroad

도화선(導火線)이 되다
어떤 일이나 사건이 다른 사건을 일으키는 직접적인 원인이 되다.
대학의 과도한 등록금 인상이 대학생 시위의 도화선이 되었다.
to be the trigger

맞서다
동 어떤 상황에 직면하거나 강한 상대 등에 부딪치다.
국민들은 독재 정권에 맞서 싸웠다.
to face

명시(明示)되다
동 분명하게 드러나 보이다.
책의 표지에는 글쓴이가 명시되어 있다.
to be clearly displayed

목숨을 잃다
'죽다'를 부드럽게 표현하는 말.
그 전쟁에서 수많은 사람이 목숨을 잃었다.
to lose one's life

민주주의(民主主義)
명 국민이 권력을 가지고 그 권력을 스스로 행사하는 제도.
한국 국민들은 민주주의를 지키기 위해서 많은 희생을 해 왔다.
democracy

부검(剖檢)
명 사람이 죽은 후 그 원인을 밝히기 위해서 검사를 함. 또는 그런 일.
부검 결과, 김 씨는 심장 마비로 죽은 것이 밝혀졌다.
autopsy

성명(聲名)
명 어떤 일에 대한 자기의 입장이나 견해 등을 공개적으로 발표함. 또는 그 입장이나 견해.
1972년 한국과 북한은 평화적인 통일을 위한 공동 성명을 발표하였다.
statement

시정(是正)
명 잘못된 것을 바로잡음.
그녀는 채용 과정에서의 성차별에 대한 시정을 요구하였다.
correction

신군부(新軍府)
명 새롭게 군대의 권력을 장악한 세력.
한국 역사에서 신군부는 1979년 12월 12일 정변을 일으켜 정권을 장악한 세력을 말한다.
new military group

양심적(良心的)
관/명 자신이 스스로 세운 옳고 그름을 판단하는 기준에 따라 바른 말과 행동을 하려는 마음을 지닌 (것).
선생님께서는 친구의 돈을 훔쳐 간 사람이 양심적으로 고백하면 혼내지 않겠다고 말씀하셨다.
conscientious

얼룩지다
동 좋지 못한 요소가 섞여 깨끗하지 않은 상태가 되다.
그는 고난으로 얼룩진 인생을 살아왔다.
to be stained

여당(與黨)
명 정당 정치에서, 현재 정권을 잡고 있는 정당.
다음 선거에서는 여당이 패배하리라는 전망이 나오고 있다.
ruling party

역경(逆境)
명 일이 순탄하지 않아 매우 어렵게 된 처지나 환경.
나는 과거의 역경을 이겨 내고 성공할 수 있었다.
adversity

연행(連行)되다
동 강제로 이끌려 가다.
범인이 경찰에게 연행되고 있다.
to be taken away

열망(熱望)
명 강렬하게 바람.
그는 배우가 되고 싶다는 열망이 매우 강했다.
aspiration

우선시(優先視)되다
동 중요하게 생각되거나 가장 기본적이고 우선이 되는 것으로 여겨지다.
사원을 채용할 때 외모가 능력보다 우선시되면 안 된다.
to be prioritized

은폐(隱蔽)하다
동 덮어서 감추거나 가리어 숨기다.
회사에서는 그 사건을 은폐하려 했으나 결국 들키고 말았다.
to cover up

자칫
부 어쩌다가 조금 어긋남을 나타낼 때 쓰는 말.
문제를 대충 읽으면 자칫 잘못된 답을 쓸 수 있으니 문제를 꼼꼼히 읽어야 한다.
possibly

전투 경찰(戰鬪警察)
북한에서 보낸 간첩을 잡는 것을 주된 임무로 수행하는 경찰 제도. 혹은 그 임무를 수행하는 경찰.
전투 경찰이 원래의 목적과는 다르게 국민들의 시위를 막는 목적으로 이용된다는 비판이 있어 지금은 폐지되었다.
riot police

전환점(轉換點) [전환쩜]
명 다른 방향이나 상태로 바뀌는 계기.
한국 유학은 내 인생의 전환점이 되었다.
turning point

정경(政經) 유착(癒着)
정치인과 기업인 사이에 밀접하게 이루어지는 도덕적이지 않은 관계.
정경 유착을 없애는 것이 우리 사회를 발전시키는 길이다.
corruption between politician and business people

정변(政變)
명 합법적이지 않은 방법으로 생긴 정치 분야의 큰 변동.
한국 역사에서 공식적으로 '정변'이라는 용어로 불리는 사건은 박정희 대통령이 일으킨 '5·16 군사 정변'이다.
coup

제적(除籍)하다
동 학교나 정당에서 어떤 사람을 제외하다.
학교는 시험에서 부정행위를 한 학생들을 제적하였다.
to expel

직선제(直選制)
명 '직접 선거 제도'의 줄임말로, 국민이 직접 후보자 중 한 명을 골라서 뽑는 선거 방식.
한국은 1987년 이후 지금까지 계속 대통령 직선제를 유지하고 있다.
direct election

철폐(撤廢)
명 전에 있던 제도나 규칙 등을 없앰.
시민 단체에서 인종 차별 철폐를 요구하며 시위하고 있다.
abolition

타도(打倒)
명 어떤 세력이나 대상을 쳐서 무너뜨림.
독재 체제 타도를 위해 온 국민들이 나와서 시위하였다.
overthrow

통폐합(統廢合)하다
동 비슷하거나 같은 여러 조직이나 기업, 단체 등을 없애거나 합쳐서 하나로 만들다.
출산율이 낮아져서 학생 수가 감소하자, 정부는 대학들을 통폐합하기 시작했다.
to consolidate

표방(標榜)하다
동 어떤 구실을 붙여 주장이나 처지 등을 앞에 내세우다.
그 나라는 국제 갈등에서 중립을 표방하였다.
to claim

행진(行進)하다
동 줄을 지어 앞으로 나아가다.
시위 행렬은 시청을 향해 행진했다.
to march

현대사(現代史)
명 일반적으로 제2차 세계대전 이후의 역사를 가리키는 말.
한국의 현대사는 1945년이 시작이라고 보는 관점이 일반적이다.
modern history

호헌(護憲)
명 헌법을 보호하여 지킴.
1987년에 국민들이 '호헌 철폐'를 외친 이유는, 당시 정부가 지키려던 헌법은 국민들이 원하던 헌법이 아니었기 때문이다.
protection of the Constitution

확정(確定)되다
동 일이 확실하게 정해지다.
회의 일정이 내일 두 시로 확정되었다.
to be confirmed

쓰기

공산주의(共産主義)
명 재산의 공동 소유가 옳다고 주장하며 생산 수단의 사회화와 계급이 없는 사회를 지향하는 이념.
20세기 후반은 자본주의 국가와 공산주의 국가의 이념 대립이 심한 시기였다.
communism

남북한(南北韓)
명 남한과 북한을 아울러 가리키는 말.
2000년 시드니 올림픽에서는 남북한이 공동으로 입장하였다.
South and North Korea

물러나다
동 하던 일이나 지위를 내놓고 나오다.
B 기업의 회장은 자신의 잘못을 인정하고 회장 직위에서 스스로 물러났다.
to resign

발단(發端) [발딴]
명 어떤 일이 처음으로 벌어짐. 또는 그 일이 처음으로 시작됨.
그와의 만남이 이 사건의 발단이었다.
beginning

비극(悲劇)
명 인생에서 슬픈 일을 당하여 불행한 경우를 가리키는 말.
영화에나 나올 만한 비극이 나에게 일어났을 때는, 너무 슬퍼서 아무것도 할 수 없었다.
tragedy

시사(示唆)하다
동 어떤 것을 미리 간접적으로 표현해 주다.
이 사건은 한국 교육의 문제가 심각함을 시사한다.
to imply

이념(理念)
명 이상적인 것으로 여겨지는 생각이나 견해.
한국 전쟁은 남북한의 이념 대립으로 생겨난 전쟁이다.
ideology

자본주의(資本主義)
명 생산 수단을 자본으로서 소유한 사람이 이익을 추구하는 생산 활동을 하도록 보장하는 사회 경제 체제.
한국은 자본주의 사회이다.
capitalism

자산(資産)
명 개인이나 집단이 미래에 성공하거나 발전할 수 있는 바탕이 될 만한 것을 비유적으로 이르는 말.
젊었을 때의 경험은 모두 큰 자산이 된다.
asset

정점(頂點)에 이르다 [정쩜]
사건의 진행이나 발전이 최고의 상태에 도달하다.
한류의 인기는 BTS의 빌보드 차트 진입을 기점으로 정점에 이르렀다.
to reach its peak

참전(參戰)
명 전쟁에 참가함.
한국 전쟁 참전은 그의 인생에 전환점이 된 사건이었다.
participation in war

침략(侵略)
명 정당한 이유 없이 남의 나라에 쳐들어감.
이웃 나라의 침략이 분열되었던 국민들을 하나로 모았다.
invasion

협정(協定)
명 정부가 다른 나라 정부와 공식적으로 하는 약속.
전쟁이 끝나자 참전국 사이에 평화 협정이 이루어졌다.
agreement

휴전(休戰)
명 전쟁을 하던 둘 혹은 그 이상의 나라가 서로 합의하여 전쟁을 얼마 동안 멈추는 일.
1953년 한국 전쟁의 휴전 협정이 이루어졌다.
armistice

서울대 한국어+

6A

부록

듣기 지문
모범 답안
어휘 색인
참고 자료

1. 삶의 향기

듣기 1-1

진행자: "힘 내, 잘될 거야." 이런 말조차 버겁게 느껴지는 날들이 있습니다. 혹시 오늘은 누군가가 "이 정도면 괜찮아. 넌 충분히 열심히 했어."라는 말을 해 주길 바랐던 하루였나요? 안녕하세요? 3월의 첫 월요일, 오늘도 수고 많으셨습니다. 여러분의 힘겨운 하루의 끝, 위로가 되고 싶은 라디오, 꿈이 있는 밤, 저는 DJ 양은선입니다.

오늘 첫 사연은 관악구에 사는 취업 준비생 박민경 님께서 보내 주셨습니다.

안녕하세요? 저는 대학 졸업 후 3년째 취업을 준비하고 있습니다. 지난주 수요일이 엄마 생신이었는데 면접 날짜와 겹쳐 고향에 내려가지 못했습니다. 지난 설에도 취업 준비 때문에 고향에 내려가지 **못한 터라** 면접이 끝난 후 가족들에게 연락도 하지 않고 무작정 고향 가는 기차에 몸을 실었습니다. 고향에 도착해서 부모님이 운영하시는 식당으로 갔는데 텅 빈 식당에는 동생 혼자 있었습니다. 다들 어디 가셨냐고 물으니 동생이 시무룩한 표정으로 "언니, 사실은 요즘 우리 식당이 많이 어려워. 그래서 아버지는 직접 배달 다니시고, 엄마는 한 푼이라도 더 버신다고 낮에는 다른 식당에서 아르바이트하셔."라고 하는 것이었습니다. 왜 진작 말하지 않았느냐고 다그치니 동생은 "언니가 가뜩이나 취업 준비로 힘든데 집안 사정까지 알면 괜히 걱정만 한다고 엄마가 말하지 말라고 하셨어."라며 울먹였습니다. 아픈 무릎을 이끌고 식당 일에 아르바이트까지 하시는 엄마를 생각하니 **속상하기 짝이 없었습니다**. 그동안 집안 사정도 모르고 힘들다고 부모님께 투덜거리기만 했던 제 모습에 부끄럽고 화가 나 저는 그길로 다시 서울행 기차에 올랐습니다.

해 질 녘 노을이 곱게 물든 한강을 지나는 열차 안에서 저는 최종 면접 불합격 문자를 받았습니다. 가족들의 모습이 떠오르며 눈물이 핑 돌던 그 순간, "오늘 하루는 어떠셨나요? 마음속에 짐이 있다면 모두 열차에 두고 내리세요. 제가 다 싣고 가겠습니다. 행복한 하루 보내세요."라는 승무원의 따뜻한 음성이 흘러나왔습니다. 그 말은 마치 제 마음을 알고 "괜찮아." 하며 어깨를 토닥이는 것 같았습니다.

집으로 돌아오는 길, 문자를 받았습니다. "사랑하는 우리 딸, 왜 엄마 안 보고 그냥 갔어. 너 오면 주려고 김치도 새로 담가 놓았는데. 우리 걱정은 하지 말고 밥 잘 챙겨 먹고 다녀. 그리고 너무 힘들면 혼자 고생하지 말고 언제든지 내려와."

엄마의 문자에 저는 계단에 주저앉아 한참을 울었습니다. 그동안 무심코 지나쳤던 봄밤의 라일락 향기가 짙기만 했습니다.

듣기 1-2

진행자: 많은 분께서 응원의 메시지 보내 주고 계십니다.

7025님. 민경 씨의 애틋한 사연에 눈시울이 뜨거워지네요. 힘든 일도 언젠가는 지나가더라고요. 마음속으로나마 응원하겠습니다.

8153님. 저도 열차에서 그런 방송 들은 적 있어요. 열한 번째 불합격 통보를 받고 모든 걸 포기하고 싶었던 하루였는데 방송을 듣고 다시 일어설 수 있었어요.

5355님. 5년 전 실연의 상처가 너무 컸어요. 걷잡을 수 없는 상실감에 무너지는 절 일으켜 세운 건 다름 아닌 가족이었습니다. 힘든 날들을 버텨 내도록 옆에 있어 준 나의 소중한 가족이 떠오르네요.

작은 위로의 한마디가 누군가에게는 큰 힘이 됩니다. 오늘 사연 보내 주신 박민경 님께는 힘내시라고 홍삼 세트 보내 드리겠습니다. 엔도르핀의 '고달픈 하루의 끝', 듣고 오겠습니다.

듣기 2

진행자: 요즘 이분 노래에 눈시울이 뜨거워졌다는 분들이 적지 않죠. 심금을 울리는 감미로운 목소리로 대중에게 감동과 위로를 건네고 있는 주인공. 오늘 '꿈이 있는 밤' 초대석은 뮤지컬 배우 엄성훈 씨와 함께합니다. 안녕하세요?

뮤지컬 배우: 안녕하세요?

진행자: 뮤지컬과 대중음악을 넘나들며 대세 중의 대세가 되셨는데요. 인기를 실감하시나요?

뮤지컬 배우: 네. 너무나 많은 분의 사랑을 받아 몸 둘 바를 모르겠습니다.

진행자: 근황을 좀 전해 주세요.

뮤지컬 배우: 얼마 전 뮤지컬 '러브레터'가 뜨거운 성원 속에 막을 내렸고요. 정규 음반 2집을 준비 중입니다.

진행자: 엄성훈 씨 하면 순탄하지 않았던 어린 시절, 그리고 피아니스트 김성진 씨와의 돈독한 우정이 많이 회자되는데요.

뮤지컬 배우: 네. 어린 시절, 부모님이 사고로 돌아가시고 할머니와 단둘이 살았습니다. 경제적으로도 어려웠지만 정서적 결핍이 더 컸어요. 방학이 끝나면 가족 여행 다녀온 걸 자랑하는 친구들이 부럽고 미웠죠. 사춘기가 시작되면서 방황은 더 심해졌습니다. 친구들에게 괜히 시비를 걸고 며칠씩 무단결석을 하기도 했어요. 그러던 중 만난 친구가 성진이에요. 학교에서 유명한 문제아였던 저에게 성진이는 먼저 손을 내밀어 주었습니다.

중학교 3학년 여름 방학 때였어요. 어느 날 성진이 아버지는 할머니와 둘이 사는 제가 안쓰러우셨는지 저와 성진이를 뮤지컬 '꿈꾸는 정원' 공연에 데려가 주셨어요. 그 공연이 제가 난생처음 본 뮤지컬이었는데 아직도 그 순간이 생생히 기억납니다. 가슴이 벅차고 온몸에 전율을 느꼈어요. 아저씨는 저에게 공연 시디도 사 주셨는데, 그 시디를 매일 밤 듣고 또 들으면서 뮤지컬 배우의 꿈을 키웠습니다.

진행자: 그러셨군요. 그렇게 꿈꾸던 무대에 처음 섰을 때의 기분은 어떠셨나요?

뮤지컬 배우: 제 인생에서 처음 본 뮤지컬 '꿈꾸는 정원'이 제 첫 무대이기도 했는데요. 첫 무대에 대한 기대와 설렘, 그리고 숨이 턱 막힐 것 같은 그 긴장감은 아직도 잊히지 않습니다. 무대에 첫발을 내디뎠을 때는 다리가 후들거려 서 있기조차 힘들었죠. 그때 관객들 사이에서 성진이와 할머니가 보였습니다. 두 사람은 "괜찮아. 잘할 수 있을 거야."라고 말하는 것 같은 미소를 띠며 저를 바라보고 있었습니다. 두 사람의 미소 덕분에 저는 긴장을 누그러뜨리고 첫 공연을 성공적으로 마칠 수 있었습니다.

진행자: 네. 누구에게나 처음은 소중한 기억으로 남기 마련이죠. 피아니스트 김성진 씨와의 우정에도 정말 가슴이 뭉클하네요. 엄성훈 씨의 앞날이 더욱 빛나기를 응원하겠습니다. 마지막으로 엄성훈 씨의 인생을 바꾼 바로 그 노래, '잠을 수 없는 별'을 들으면서 저는 여기에서 인사드릴게요. 행복한 밤 보내세요.

2. 경제와 경영

듣기 1

앵커: 삼겹살은 금겹살, 상추는 금상추로 불릴 만큼 비싸졌다고 하죠. 농축수산물 가격이 폭등하면서 소비자들과 외식업 종사자들의 시름이 깊어지고 있습니다. 밥상 물가 폭등, 신이현 기자가 그 원인을 알아봤습니다.

기자: 마트에 나온 소비자들이 돼지고기 가격표를 보고 발길을 돌립니다.

소비자: 요즘 돼지고기 잘 안 먹어요. 차라리 수입산 소고기를 먹죠.

기자: 삼겹살 가격이 한 달 사이에 25% 넘게 올라 수입산 소고기 가격과 **맞먹는** 현상도 벌어지고 있습니다. 가격이 오른 건 삼겹살뿐만이 아닙니다. 파, 상추, 깻잎 등의 채소류 가격도 크게 올랐습니다. 가격 상승 폭이 가장 큰 품목은 전년 대비 50% 폭등한 상추입니다.

식당 사장: 삼겹살 가격은 말할 것도 없고 채솟값도 올랐는데, 손님들께 채소나 샐러드를 안 드릴 수는 없어 부담이 크죠. 저희 식당도 이윤이 30% 가까이 줄어든 것 같아요.

기자: 삼겹살 가격이 금값이 된 원인은 삼겹살의 수요가 증가하면서 공급이 수요를 따라가지 못한 탓입니다. 보통 삼겹살은 캠핑하는 사람들이 많아지는 초여름부터 수요가 급증하는데요. 올해는 더위가 일찍 찾아오면서 벌써부터 삼겹살을 찾는 사람들이 늘고 있습니다. 정부가 지정한 봄 여행 주간에 어린이날 연휴까지 이어지면서 삼겹살을 먹을 날이 많아진 것도 수요가 늘어난 원인 중 하나입니다. 삼겹살 수요가 **늘자** 쌈 채소 수요도 따라서 증가했습니다. 채솟값의 경우, 작년에는 풍년으로 인한 가격 폭락으로 농민들의 근심이 깊었는데 반대로 올해는 잦은 폭우 등 기상 악화로 인한 공급 감소가 가격 폭등을 부추겼다는 분석입니다. 이처럼 가격 폭등과 폭락이 반복되는 상황에서 수급을 적절히 조정하지 못한 정부의 책임도 한몫을 했다는 지적이 잇따르고 있습니다. 주머니는 점점 얇아지는데 물가는 계속 오르면서 소비자들의 밥상 물가 걱정은 당분간 이어질 것으로 보입니다. LTI 뉴스 신이현입니다.

듣기 2

진행자: 여러분, 안녕하세요? 세상에서 가장 쉽고 재미있는 경제 이야기, 안 박사와 밍크의 경제 여행 시간입니다. 박사님, 저 어제 해외 직구 사이트에서 운동화를 주문했어요. 좀 비싸서 망설이고 있었는데, 어제 보니 지난달 가격에 비해 20%나 싸게 살 수 있더라고요. 그래서 바로 주문 클릭, 했답니다!

박사: 그랬군요. 요즘 환율이 내림세를 보이자 주변에 해외여행을 준비하시는 분도 많아졌습니다. 그럼 오늘의 환율은 어떤지 볼까요? 원화의 기준 환율이 1달러에 1,150원이네요.

진행자: 아, 아쉽네요. 오늘 주문했으면 어제보다 더 싸게 살 수 있었을 텐데…. 그런데 환율은 왜 이렇게 자주 바뀌는 거예요?

박사: 환율은 여러 가지 이유로 하루에도 수없이 변합니다. 지난 시간에 재화나 서비스의 가격은 어떻게 결정된다고 했지요?

진행자: 음, 시장에서 수요와 공급으로 결정된다고 하셨어요.

박사: 네. 맞습니다. 기본적으로 환율도 외화의 수요와 공급에 따라서 결정됩니다. 수출이 수입보다 많아지면 외국으로부터의 달러 공급이 증가해서 달러 가격, 즉 달러화 환율이 떨어집니다. 반대로 수입이 많아지

	면 달러 공급이 감소하면서 달러화 환율이 상승하겠지요.
진행자:	아, 그렇군요. 그럼 환율이 내려가면 좋은 거죠? 해외여행도 싸게 갈 수 있으니까요.
박사:	환율 변동은 개인의 상황에 따라 유리할 수도 있고 불리할 수도 있어요. 밍크 씨처럼 해외 직구를 통해 쇼핑을 자주 하는 사람들이나 해외여행을 계획하고 있는 사람들은 환율이 하락하는 것을 반깁니다. 가령, 100달러짜리 운동화를 해외 직구로 구매한다고 했을 때, 환율이 1달러에 1,000원이면 원화 10만 원이 필요하지만 환율이 1달러에 900원으로 하락하면 9만 원만 내면 되기 때문이죠. 반대로 한국에서 공부하는 외국인 유학생이나 외화로 월급을 받는 사람들에게는 환율 하락이 불리해요. 100달러를 송금받을 때 환율이 1달러에 1,000원이면 원화로 10만 원을 받지만, 환율이 1달러에 900원으로 떨어지면 9만 원밖에 못 받기 때문이죠.
진행자:	아, 그래서 저는 환율이 내려갔다고 좋아했는데 외국인 친구는 생활비가 부족할 거라고 울상 지었던 거군요. 박사님, 그럼 마지막으로 환율과 관련해서 알아 두면 좋은 팁이 있을까요?
박사:	해외여행을 할 때 똑똑하게 소비하려면 환율 상승기에는 미리 환전해 둔 현금을 사용하시고요. 환율 하락기에는 가급적 늦게 환율을 적용받도록 신용 카드의 사용을 추천합니다. 또 해외에서 신용 카드를 사용할 때는 현지 통화, 예를 들면 유럽에서는 유로화, 일본에서는 엔화로 결제해야 수수료를 아낄 수 있다는 것을 잊지 마세요.

3. 한국의 언어

듣기 1

남학생:	우리 한국어 배운 지도 1년이 훌쩍 지났네. 넌 한국어 처음 배울 때 뭐가 제일 어려웠어?
여학생:	나는 높임말이 가장 어려웠어. 우리 나라 말에는 복잡한 높임 표현 체계가 없어서 한국어 높임말은 지금도 **헷갈리기 일쑤야**.
남학생:	맞아. 나도 높임말 때문에 회사에서 부장님께 실수한 적이 있어. 나는 '하자'의 높임말이 '합시다'라고 생각했거든. 그래서 "부장님, 다음 주에 같이 식사합시다."라고 했더니 갑자기 표정이 좀 굳어지시는 거야. 그때 내가 뭔가 잘못 말한 것 같다고 느꼈어.
여학생:	부장님 너무 당황하셨겠다. '합시다'는 높임말이긴 하지만 자기보다 높은 사람에게는 쓰지 않고, 격식적인 상황에서 아랫사람이나 동등한 관계의 사람에게 사용하는 말이라고 배웠어. 이렇게 상대방이나 상황에 따라 높임 표현이 달라져서 어려운 것 같아.
남학생:	나한테 제일 어려운 건 색깔 어휘인데, 종류가 너무 많아서 구분하기가 힘들어. '빨갛다, 발갛다, 붉다, 불그스름하다, 시뻘걸다' 등등, 도대체 어떤 차이가 있는지 잘 모르겠어.
여학생:	맞아. 이 사과의 색은 어떻게 표현하는 게 좋을까? 붉은 사과? 불그스름한 사과? 오늘 아침에도 이웃집 아주머니가 나를 보시더니 스웨터가 샛노라니 참 화사하다고 하셨는데, '샛노라니'의 뜻을 한참 생각했어.
남학생:	샛노라니? 나도 처음 들어 보는데. 한국어는 진짜 어려운 것 같아. 나도 이해가 안 되는 표현이 있었어. 한국 사람들이 "치킨은 살쪄."라는 표현을 많이 쓰는데, 처음에는 잘 이해가 되지 않았어. 치킨이 살찌는 게 아니라 내가 살찌는 거잖아. 그런데 항상 치킨이 살찐다고 하니까 이상하다고 생각했어.

여학생: "내가 치킨을 먹으면 살이 찐다."에서 '내가 치킨을 먹으면' 부분이 생략되고, 변형된 거겠지? "나는 비빔밥.", "나는 냉면." 이런 문장들도 잘 이해가 안되었던 표현이야. 사람이 비빔밥, 냉면이라고 해서 이상했는데 알고 보니 "나는 비빔밥을 먹을게."에서 뒷부분이 생략된 거였어. 상황에 따라 이렇게 생략되는 말이 달라지는 것도 흥미로워.

남학생: 맞아. 처음에는 이해할 수 없는 암호 같아서 실수도 많고 어려움도 많았지만 공부하면 할수록 암호가 풀리는 듯한 재미를 느끼게 된 것 같아.

듣기 2

교수: 안녕하세요? 이번 강의 시간에는 한국어의 특징에 대해 살펴보도록 하겠습니다. 주어와 서술어 같은 문장 성분이 **있다든지** 자음과 모음이 **있다든지** 하는 것은 모든 언어가 공통적으로 가진 일반적 특성이라고 할 수 있습니다. 그렇다면 다른 언어와 구별되는 한국어의 특징에는 어떤 것들이 있을까요?

먼저, 높임 표현이 발달했다는 점을 들 수 있습니다. 다른 언어에도 상대방을 높이거나 자신을 낮추는 표현은 존재하지만, 한국어는 그런 표현들이 체계적으로 발달했다는 점이 특징입니다. 높임을 표현하는 방법에는 세 가지가 있는데, 첫 번째 방법은 문장에서 서술의 주체를 높이는 것입니다. 예를 들어, 친구가 길을 가고 있다면 "친구가 간다."라고 말하지만, 선생님이 가고 있다면 "선생님께서 가신다."처럼 '께서'와 '-시-'를 넣어 문장의 주체를 높입니다. 두 번째로는 목적어나 부사어가 되는 대상을 높이는 방법이 있습니다. "민수가 선생님께 책을 드렸다."라는 문장은 부사어인 선생님을 높인 것입니다. 이처럼 대상을 높일 때는 '에게' 대신 '께'를 사용하고, '여쭙다, 모시다, 뵙다, 드리다'와 같은 특별한 어휘를 사용하기도 합니다. 마지막으로, 듣는 사람이 누구인지에 따라서도 높임 표현이 달라집니다. 여기 보시는 이 대화에서처럼 아랫사람은 윗사람에게 "언니, 잘 지내고 있어요?"라고 높여서 말하지만, 윗사람은 "그래, 잘 지내고 있어."라고 반말로 대답하는 것이죠.

다음으로 대화 상황에 따라 주어나 목적어 같은 필수 성분을 생략할 수 있다는 특징도 있습니다. 예컨대, "그 영화 봤어?", "사랑해요."처럼 주어나 목적어를 문맥에서 유추할 수 있을 때는 생략하는 경우가 빈번합니다. 구어에서는 주어나 목적어가 '나, 너'인 경우, 생략하지 않는 것이 오히려 더 어색할 정도입니다. 이러한 특징 때문에 한국어를 들을 때는 대화 상황에서 무슨 말이 생략되었는지 추측하면서 전체적인 의미를 이해하는 것이 중요합니다.

마지막으로 한국어에 뚜렷하게 나타나는 어휘적 특징은 색깔이나 느낌을 표현하는 어휘가 발달했다는 점입니다. 예를 들어서 빨간색은 색의 붉은 정도에 따라 '발갛다, 붉다, 불그스름하다, 새빨갛다, 시뻘겋다' 등 다양한 어휘로 표현됩니다. '불쌍하다'는 느낌을 나타내는 감정 어휘도 '안타깝다, 안쓰럽다, 딱하다, 가엽다, 측은하다' 등으로 매우 세분되어 있습니다. 이렇게 색채나 감정을 나타내는 어휘가 발달한 것은 한국인이 느낌과 감정을 중요하게 생각하기 때문으로 보입니다.

4. 소통과 언론

듣기 1

앵커: 요즘 음성 통화를 기피하는 사람들이 많아지고 있다고 합니다. 휴대폰은 전화 통화를 위해 발명된 것인데 기술이 발전할수록 역설적으로 통화 기능과는 멀어지고 있는 현상을 김민지 기자가 취재했습니다.

기자: LEI 리서치에서 성인 남녀 1,053명을 대상으로 의사소통 방식에 대한 조사를 진행했습니다. 조사 결과 절반이 넘는 56.1%가 음성 통화를 선호하지 않는 것으로 나타났습니다. 이러한 현상은 **세대를 불문하고** 전 연령층에서 나타나고 있으며, 특히 20~30대에서는 그 비율이 68.1%에 달해 가장 높은 수치를 보였습니다. 음성 통화를 선호하지 않는 이유로는 '메신저 앱 등 비대면 의사소통에 익숙해져서'라는 응답이 45%로 1위를 차지했습니다. '말실수에 대한 우려'가 31.5%, '목소리, 말투 조절 등 예의를 갖춰야 한다는 부담'이 17.4%, '주변 사람들이 전화하는 걸 싫어해서'가 6.1%로 그 뒤를 이었습니다. 음성 통화에 대한 시민들의 이야기를 들어 보았습니다.

남성 시민: 문자는 답변하기 전에 생각할 시간도 있고 작성한 다음 다시 검토할 수도 있는데 전화는 보통 준비가 안 된 상태에서 갑자기 대답해야 되니까 부담이 더 큰 것 같아요. 불필요한 말이 튀어나오거나 말실수를 하게 되는 경우도 종종 있고요.

여성 시민: 저희 딸이 제가 전화하는 걸 싫어해요. 저는 목소리를 들으면서 딸의 기분이나 감정도 느끼고 싶은데 문자로는 아무래도 한계가 있잖아요. 직접 만날 수 없는 상황에서는 통화가 제일 좋다고 생각하는데 통화하는 시간이 점점 줄어드는 게 아쉬워요.

기자: 전문가들은 음성 통화를 계속 피하게 되면 대인 기피증으로까지 발전할 수 있다고 우려합니다. 의사소통에는 내용뿐 아니라 말투나 억양도 중요한데 문자로만 소통하다 보면 오해가 쌓이거나 공감 능력이 저하되어 대인 관계가 더 힘들어질 수 있습니다. '건강한소통연구소' 이경민 소장은 가족, 친구 등 가까운 사람과 전화를 자주 하다 보면 음성 통화에 대한 부담이 줄어들 수 있다고 조언합니다. 오늘 저녁에는 친구나 부모님께 따뜻한 안부 전화 한 통, 어떨까요? LEI 뉴스 김민지입니다.

듣기 2

사회자: 청취자 여러분, 안녕하십니까? 최근 들어 정치, 경제, 문화 예술 할 것 없이 모든 분야에서의 화두는 단연 '소통'일 것입니다. 디지털 시대의 도래는 우리의 소통과 미디어 이용 방식에도 많은 변화를 가져왔는데요. 오늘은 '디지털 시대의 미디어와 소통'이라는 주제로 전문가를 모시고 말씀을 나눠 보도록 하겠습니다. 한국대학교 미디어학과 김정훈 교수님 모셨습니다. 교수님, 안녕하세요?

교수: 네. 안녕하세요?

사회자: 교수님, 디지털 시대에는 미디어를 이용하는 방법이 아날로그 시대와 많이 달라진 것 같은데요. 구체적으로 어떻게 달라졌습니까?

교수: 네. 디지털 시대의 미디어 이용은 양방향 소통이 가능하다는 점을 가장 큰 특징으로 꼽을 수 있습니다. 과거 아날로그 시대의 소비자들은 생산자가 만든 콘텐츠를 듣거나 **보는 게 고작이었습니다**. 즉, 소통이 일방향으로 이루어진 것이죠. 그러나 현재는 소비자가 역으로 생산자에게 영향을 미치는 일이 가능합니다. 이러한 양방향 소통을 가장 잘 활용하고 있는 미디어 중 하나가 웹툰입니다. 예전의 만화는 작가가 그리고, 독자는 책을 구입해서 보는 게 전부였죠. 그런데 웹툰은 독자들이 댓글을 통해 다음 이야기를 예상

하는가 하면, 스토리 전개에 대해 아이디어를 내기도 합니다. 웹툰 작가는 댓글을 통해 독자와 소통하고 작품에 독자들의 아이디어를 반영하기도 하죠. 심지어는 작가가 먼저 아이디어를 공모하는 경우도 있어요. 아날로그 시대에도 작가에게 엽서 등을 보내는 경우는 있었지만, 생산자와 소비자가 이렇게 즉각적인 소통을 하는 것은 디지털 시대이기 때문에 가능한 것이지요.

사회자: 그렇군요. 결국 디지털 기술의 발전으로 대중의 소통과 참여의 기회가 확대되었다고 볼 수 있겠네요. 하지만 생산자가 소통의 중심이 된다는 것은 변함 없는 게 아닌가요?

교수: 그렇지는 않습니다. 소비자들끼리 적극적으로 소통하면서 새로운 콘텐츠를 생산해 나가기도 합니다. 대표적인 예로 '챌린지 영상'을 들 수 있지요. 특히 노래에 맞추어 춤을 추는 '댄스 챌린지'는 원곡 가수의 춤을 따라 하는 경우도 있지만, 팬들이 창작해서 즐기는 경우도 있거든요. 가수의 여러 무대 영상을 모아 색다르게 편집한 '교차 편집 영상'이나 팬들이 모여서 사진, 영상 등을 공유하는 '팬 채팅방' 역시 생산자의 참여 없이 이루어지는 방식입니다. 이렇게 생산자와는 별개로 소비자들이 콘텐츠를 재생산하고 즐기는 방식이 새로운 소통 문화로 자리 잡고 있습니다.

사회자: 그렇군요. 누구나 미디어의 생산자가 될 수 있고 또 소비자가 될 수 있는, 그러니까 생산자와 소비자의 경계가 허물어져 가는 시대가 되었다고 정리할 수 있겠네요. 그럼 이런 시대에 미디어의 생산자는 어떻게 하면 더 많은 소비자를 끌어들일 수 있을까요?

5. 예술과 삶

듣기 1

앵커: 서울의 대표적인 낙후지였던 이화마을에 관광객들의 발길이 끊이지 않습니다. 이화마을이 주목을 받기 시작하면서 '공공 예술'이란 키워드가 화제가 되고 있는데요. 오늘은 조은성 감독님을 모시고 공공 예술에 대해 이야기해 보는 시간을 갖도록 하겠습니다. 감독님, 안녕하세요?

감독: 네. 안녕하십니까?

앵커: 감독님, 우선 공공 예술이 정확히 무엇인지 설명해 주시겠습니까?

감독: 네. 공공 예술이란 지역 공동체의 관심이나 공공의 **가치를 작품의 소재로 삼는**, 대중을 위한 예술입니다. 공원에 전시된 조형물, 마을에 그려진 벽화 등이 이에 해당하는데요. 문화적으로 소외되거나 낙후된 지역에 활기를 불어넣기도 하고, 예술가의 손길을 거쳐 도시 전체가 예술품으로 재탄생되기도 합니다.

앵커: 그렇군요. 그럼 공공 예술을 통해 변화한 대표적인 지역으로는 어디가 있나요?

감독: 영국의 게이츠헤드를 들 수 있습니다. 게이츠헤드는 영국 북동부에 있는 인구 20만 명의 소도시인데요. 1970년대 탄광 산업의 쇠락으로 일자리를 잃은 사람들이 도시를 떠나자, 노인들만 남은 텅 빈 도시는 급격히 황폐해져 갔습니다. 시 의회는 이를 위한 해결책으로 '북쪽의 천사'라는 공공 예술 프로젝트를 기획했는데요. 처음에는 많은 사람이 비용이 많이 든다든지 디자인이 마음에 들지 않는다든지 하는 이유로 반대했습니다. 그렇지만 이런 우여곡절 끝에 세워진 '북쪽의 천사'는 도시를 대표하는 상징물이 되었고, 게이츠헤드는 한 해 15만 명의 관광객이 찾는 문화 예술 도시로 거듭났습니다.

앵커: 그렇군요. 그럼 국내에서도 게이츠헤드처럼 예술을 매개체로 해서 지역을 활성화한 사례를 찾을 수 있을까요?

감독: 네. 공공 예술이라고 하면 먼저 떠오르는 곳이 '이화벽화마을'인데요. 과거에 이화동은 조선의 양반들이 풍류를 즐기던 서울의 5대 명소 중 한 곳이었지만 경사가 심하고 골목이 좁은 탓에 지난 몇십 년간 개발되지 못한 채 낙후 지역으로 전락했습니다. 2000년대 중반부터는 예술가들이 지역 주민, 자원봉사자들과 협업하여 마을에 벽화를 그리기 시작했는데요. 친근한 벽화가 동네의 예스러운 외관과 어우러져 주목을 받았습니다. 이후 드라마나 영화의 단골 촬영지가 되면서 많은 사람이 찾는 서울의 명소가 되었죠. 이외에도 버려진 탄광촌이 예술 공간으로 거듭난 정선의 '삼탄아트마인', 한국의 산토리니라고 불리는 부산의 '감천문화마을' 등 여러 성공 사례가 있습니다.

앵커: 그렇다면 한국 공공 예술의 앞으로의 과제는 무엇일까요?

감독: 기존의 공공 예술이 강조하는 '가꾸기'라는 기능에 **충실하면서도** 지역 주민들과 공감대를 형성하려는 노력이 필요하다고 봅니다. 즉 프로그램 운영에 주민들의 의견을 반영하고, 공공 예술이 일자리 제공 등 경제적 가치 창출로도 연결될 수 있어야 합니다. 또한 벽화로 유명해진 마을에 관광객들이 밤낮없이 몰려와서 주민들에게 정신적인 고통을 주거나, 설치된 조형물들이 방치되어 흉물이 된 사례가 여러 차례 뉴스를 통해 보도되었는데요. 이러한 문제를 해결하기 위해서는 유지 보수를 위한 예산 지원 등 정부 차원의 지속적인 관리가 필요합니다.

듣기 2

해설: 과거가 된 일상의 모습, 사회에 대한 비판과 풍자, 서민들의 애환이 주요 소재가 되었다는 점에서 풍속화는 옛사람들의 삶의 현장과 그들이 꿈꾸던 삶의 모습을 엿볼 수 있는 귀중한 자료이다. 이번 전시에는 동서양의 풍속화가 한자리에 모였다. 서로 닮은 듯 다른 그림들 속으로 들어가 지금은 잊힌 옛사람들의 삶과 꿈을 체험하고 우리의 삶을 돌아보는 시간 여행을 떠나 보자.

학예사: 동서양을 막론하고 풍속화는 시대상을 반영하며 희로애락과 같은 인간의 보편적인 감정을 담고 있습니다. 어느 시대에나 풍속화는 있었지만 조선 후기의 풍속화가 특히 주목을 받는 이유는 전과는 달리, 서민을 그림의 소재로 삼았기 때문입니다.

이 그림은 18세기 조선 후기의 대표적인 화가, 김홍도의 〈서당〉이라는 작품입니다. 가운데에 있는 이 아이를 보십시오. 선생님에게 등을 돌리고 앉아 오른손으로 발목의 끈을 잡은 채 울고 있습니다. 아이의 뒤에 어지럽게 펼쳐진 책으로 보아 아마도 배운 것을 다 외우지 못해 혼이 난 모양입니다. 훌쩍이는 아이를 바라보는 선생님의 처진 눈썹과 볼록 튀어나온 볼은 친근하면서도 우스꽝스러워 보입니다. 선생님의 표정은 쩔쩔매는 듯도 하고 우는 아이를 안쓰러워하는 듯도 합니다. 선생님을 중심으로 아이들은 오른편과 왼편으로 나누어 앉아 있는데요. 크게 웃고 있는 오른편의 아이들은 입은 옷으로 보아 양반이라는 것을 알 수 있습니다. 반면 짧은 저고리를 입고 있는 왼편의 아이들은 상민인데, 왠지 오른편의 아이들보다 더 의젓하고 똑똑해 보입니다. 신분이 다르다고 상민을 무시하곤 했던 양반에 대한 김홍도의 풍자가 은근히 드러나 있습니다. 회초리가 있는 것으로 볼 때 혼나는 광경인 듯하지만, 교실의 분위기가 가라앉기는커녕 아이들의 표정은 밝기만 합니다. 섬세하게 표현된 옷 주름, 각기 다른 아이들의 표정에서 해맑음과 생동감이 느껴집니다.

그럼 지구 반대편의 학교는 어떤 모습이었을까요? 17세기 네덜란드의 풍속화가, 얀 스테인의 작품 〈마을 학교〉를 감상해 보시기 바랍니다.

6. 지역의 문화와 방언

듣기 1

진행자: 시청자 여러분, 안녕하세요? 저는 지금 제주도에 와 있습니다. 368개의 크고 작은 오름이 푸른 바다와 어우러져 있는 신비의 섬, 제주. 제주도는 독특하고 아름다운 자연 경관만큼 역사적, 문화적으로도 소중한 가치를 지니고 있는데요. 오늘은 '팔도문화기행' 그 첫 번째 시간으로 제주도의 아름다운 풍경과 함께 '제주 해녀'의 자취를 따라가 보겠습니다.

해설: 맨몸으로 깊은 바다에 들어가 그물망 가득 해산물을 짊어지고 나오는 여성들. 바람, 돌이 많은 척박한 땅 제주에서 바다를 터전으로 하여 생계를 꾸려 가는 제주 해녀이다. 자연과 맞서 주체적으로 삶을 개척해 온 제주 여성들의 노동과 삶의 방식은 해안가를 따라 고유한 제주 해녀 문화를 형성해 왔다.

진행자: 해녀들이 바닷속에 들어가 전복, 소라, 해삼 등을 채취하는 일을 '물질'이라고 부릅니다. 해녀들은 특수한 장비 없이 수심 5~10m 정도의 바다에 들어가 물질을 합니다. 해녀가 되고자 하는 제주도의 여자아이들은 아주 어릴 때부터 어른들을 따라 바닷속에 들어가는 일을 놀이처럼 자연스럽게 배웁니다. 그리고 15세 무렵, 바다가 익숙해지면 '아기 해녀'가 됩니다.

여기 이 돌담으로 둘러싸인 곳은 '불턱'이라고 불립니다. 불턱은 해녀들이 바다에 들어갈 준비를 하거나 휴식을 하는 장소입니다. 바다에서 생존하기 위해서는 혼자 함부로 바다에 뛰어들면 안 되고 반드시 공동으로 작업을 해야 한다고 합니다. 그래서 해녀 문화는 공동체적 성격이 강합니다. 이 '불턱'은 단순한 휴식 공간을 넘어 정보와 지식이 공유되고 해녀 사회의 의사결정이 이루어지는, 해녀 공동체의 상징적 의미가 담긴 소중한 지역 유산입니다.

해설: 새소리일까? 휘파람 소리일까? 거친 파도를 넘어 들리는 이 높고 날카로운 소리는 해녀들이 물 위로 나와 숨을 고를 때 내는 소리이다. "숨이 허락하는 만큼만 머물다 오거라." 선배 해녀들의 이 말에는 더 많은 해산물을 얻고자 하는 인간의 욕망을 버리고 자신의 삶뿐 아니라 바다 생태계까지 지키고자 하는 해녀들의 철학이 담겨 있다.

해녀들이 배를 타고 바다로 나갈 때 부르던 이 노래에는 이별이 없는 이상향에 대한 여인들의 바람이 담겨 있다.

진행자: 자연을 대하는 삶의 태도와 지식, 해양 공동체 문화 등 그녀들이 간직해 온 '제주 해녀 문화'는 그 보존 전승의 가치를 인정받아 2016년 유네스코 무형 문화유산에 등재되었습니다. 여성의 사회 참여가 저조했던 전통적 틀을 깨고 나와 여성의 사회적 역할을 보여 준 제주 해녀. 자신의 몸이 **고단할지언정** 어머니로서, 딸로서 거친 바다에 맞서 왔던 그들의 숭고한 삶의 현장을 이곳 제주에서 만나 보시기 바랍니다.

듣기 2

발표자: 여러분에게 여행의 가장 큰 즐거움은 무엇입니까? 한국 속담에 "금강산도 식후경이다."라는 말이 있죠. 저는 여행을 하면 가장 먼저 그 지역의 음식을 맛봅니다. 그렇게 지역별로 다양한 음식을 접하면서 한국의 향토 음식에도 관심을 갖게 되었습니다. 여러분도 아시다시피 한국은 국토의 삼면이 바다에 접해 있고 산이 많습니다. 이러한 지형적 특성으로 인해 지역별로 기후 차이가 크고, 특산물이나 음식 문화도 각기 다릅니다. 저는 오늘 여러분께 한국의 지역 음식 중 강원도의 향토 음식을 소개하고자 합니다. 제가 이 주제를 선택한 이유는 서민적이고 향토적인 특성을 가장 잘 보여 주는 강원도 음식을 조사하여 지형적

특성과 음식 문화의 연관성을 살펴보기 위해서입니다.

강원도의 향토 음식 소개에 앞서 우선 강원도의 지형적 특성을 살펴보겠습니다. 이 지도에서 볼 수 있듯이 강원도는 태백산맥을 기준점으로 영동과 영서 지방으로 나뉩니다. 영동 지방은 가파른 산자락이 동해와 맞닿아 있어 평지가 적습니다. 반면 영서 지방은 대부분 고원으로, 논보다 밭이 많은 것이 특징입니다. 이렇게 영동과 영서 지방의 지형과 기후가 **다른지라** 두 지역의 음식 문화도 뚜렷이 구별됩니다.

먼저 영서 지방의 향토 음식부터 살펴보겠습니다. 영서 지방은 산이 많으므로 논보다는 밭이 많고, 따라서 감자, 메밀, 옥수수 등의 밭작물을 재료로 한 담백한 음식이 주를 이룹니다. 서늘한 기후에서 자라는 작물인 감자는 강원도의 기후 환경에 적합하여 많이 재배되는데, 하얀 분이 많이 생기고 질척대지 않아 맛이 좋기로 유명합니다. 영서 지방의 대표적인 음식으로는 감자범벅, 감자수제비, 메밀전, 메밀막국수, 올챙이국수를 꼽을 수 있습니다. 특히 올챙이국수는 다른 지역에서는 맛보기 힘든 강원도의 별미입니다.

다음은 영동 지방입니다. 앞서 살펴본 것처럼 영동 지방은 동해안을 끼고 있어 해산물을 이용한 음식이 발달했습니다. 동해에서는 명태나 오징어가 잘 잡혀서 이를 가공한 젓갈을 많이 먹고, 미역 등의 해조류를 이용한 쌈, 튀각, 무침 등도 발달했습니다. 영동 지방의 유명한 음식으로는 북어 식해, 오징어순대, 오징어회 등이 있습니다. 강원도 음식은 고기나 젓갈을 강하게 쓰지 않고 음식 맛을 돋울 때도 멸치나 조개 등 해산물을 활용해 맛이 담백한 것이 특징입니다. 또한 비린내를 잡기 위해 물회의 양념장을 만들거나, 추어탕이나 칼국수를 끓일 때도 고추장 양념을 많이 씁니다.

지금까지 살펴본 바와 같이 강원도의 향토 음식에는 강원도의 기후, 지형과 같은 자연환경이 깊이 작용하여 특색 있는 고장의 맛이 담겨 있습니다. 강원도의 향토 음식은 전라도나 경상도 지역의 음식에 비해 상대적으로 덜 알려져 있지만, 지역 특산물로 담백하게 요리해 건강에 좋으면서도 소박함의 진수를 보이는 매력적인 음식이라고 생각합니다. 여러분도 어딘가를 여행할 때 그 지역의 지형적 특성과 음식 문화를 연결 지어 생각해 보시는 것은 어떨까요? 지금까지 제 발표를 들어 주셔서 감사합니다. 혹시 궁금한 점이 있으면 질문해 주시기 바랍니다.

7. 심리학의 이해

듣기 1

교수: 여러분, 안녕하세요? 잘 지내셨나요? 지난주 심리학 개론 첫 번째 수업에서는 심리학이란 어떤 학문인지 살펴보았습니다. 우리는 타인의 **마음은 고사하고** 자신의 마음도 헤아리기 어려운 경우가 있습니다. 미워하는 사람을 그리워하기도 하고, 하지 말아야 한다는 것을 알면서도 어떤 일을 무의식적으로 하기도 하죠. 심리학은 이런 인간의 마음을 이해하기 위해 과학적 연구 결과를 토대로 마음의 구조를 분석하고 행동을 예측 및 조절하여 조화로운 인격과 원만한 대인 관계를 형성해 나가는 데 도움을 주는 학문이라는 것을 말씀드렸습니다.

이번 주부터는 일상 속에서 찾아볼 수 있는 여러 심리 현상을 살펴보면서 우리에게 내재된 심리적 갈등에 중점을 두고자 합니다. 그중 오늘은 '자아 들여다보기'라는 주제로 이야기를 나누어 보겠습니다. 학창 시절에 꼭 "아, 나 시험공부 하나도 못 했어."라고 말하는 친구를 본 적이 있지 않나요? 아마 여러분 자신에게 해당하는 이야기일 수도 있고요. 그런데 막상 시험 결과를 받아 보면 그 친구는 늘 성적이 좋죠. 그 친구가 공부를 안 했을 리가 없는데 도대체 왜 공부를 안 했다고 말했을까요? 이런 행동은 바로 '자기 열등화'라는 심리 현상으로 설명할 수 있습니다. 자기 열등화는 실패하더라도 그 원인을 자신의 능력 때문이 아니라 자신에게 불리한 여건 탓으로 돌리는 전략입니다. 사람들은 상대방에게 좋은 인상을 심어 주기 위해서 이런 전략을 의식적으로 사용하기도 하지만, 주변 사람과 관계없이 무의식적으로 자신에게 사용하는 경우도 있습니다. 시험공부를 하나도 못 했다고 말하는 친구는 혹시나 기대보다 성적이 낮게 나올 경우를 대비해 외부적, 내부적으로 정당한 구실을 마련해 놓는 것이라고 볼 수 있지요.

학생: 교수님, 질문이 있는데요. 그럼 자기 열등화는 실패나 과오에 대한 핑곗거리를 만든다는 점에서 우리가 극복해야 할 부정적인 심리 현상으로 볼 수 있을까요?

교수: 성취도 측면에서 보면 그렇습니다. 자기 열등화는 스스로에게 빠져나갈 구멍을 만들어 주는 것이기 때문에 그만큼 노력을 많이 하지 않는 부정적인 결과로 이어질 가능성이 높습니다. 실제로 자기 열등화 전략을 많이 사용하는 사람은 성취도가 낮다는 연구 결과도 있지요. 하지만 감정의 측면에서는 도움이 되기도 합니다. 자신에게 미리 변명을 해 두면 혹시 결과가 안 좋더라도 그 충격을 완화해 줄 수 있으니까요. 반대로 결과가 좋을 경우에는 자신이 지각한 노력에 비해 좋은 결과를 얻었다고 인식하게 되어 자신감을 얻을 수도 있습니다.

듣기 2-1

발표자: 안녕하세요? 3조 발표를 맡은 심리학과 1학년 줄리앙입니다. 저희 조는 우리 주변에서 쉽게 찾아 볼 수 있는 인간 내면의 심리인 '리액턴스 효과'에 대해 조사했습니다. 발표는 리액턴스 효과의 정의와 원인, 그리고 리액턴스 효과가 활용되는 실제 사례 이렇게 두 부분으로 구성되어 있습니다. 먼저 리액턴스 효과란 무엇인지 살펴보겠습니다.

여러분, 한국의 전래 동화 '청개구리 이야기' 아시죠? 옛날에 항상 반대로만 행동하는 청개구리가 있었습니다. 엄마가 나무 위에 올라가지 말라고 하면 기어코 올라가고, 비가 오니까 밖에 나가지 말라고 하면 꼭 밖에 나갔지요. 심리학에서는 이런 청개구리 심리를 리액턴스 효과라고 합니다. 리액턴스 효과란 금지할수록 더 하고 싶어지는 심리이자 반대로 이미 하고 있던 일이라도 다른 사람이 시키면 하기 싫어지는 심리 현상을 말합니다. 혹시 **공부하려다가도** 부모님이 "빈둥대지 말고 공부 좀 해."라고 잔소리를 하시면 공부할 마음이 달아난 적이 있나요? 인간은 본래 자신이 스스로 선택하여 행동하고 싶어 하는 존재인지라 다른 사람이 특정 행동을 강요하면 선택할 수 있는 자유가 침해되었다고 느낍니다. 즉 이러한 선택의 제한에 대한 심리적 반발이 우리로 하여금 반대로 행동하게 만드는 것입니다.

다음으로 이러한 리액턴스 효과가 활용된 사례를 살펴보겠습니다. 리액턴스 효과는 누구에게나 나타나는 심리적 현상이므로 기업이 마케팅이나 홍보에 역으로 이용하는 경우가 많습니다. 다음 홈 쇼핑 방송의 한 장면을 봐 주십시오. '매진', '마감 임박'이라는 문구가 보이는데요. 기업은 소비자에게 구매 기회가 제한되어 있음을 강조하는 '희소성' 메시지를 보내 소비자의 구매 결정을 촉진합니다. 언제든지 살 수 있는 것이 아니라는 제한이 생기면 이에 대한 반발심으로 그 물건이 더 매력적으로 보이기 때문입니다. 기념 우표, 한정판 운동화처럼 아예 처음부터 제품의 수를 제한하는 것도 마찬가지 이유입니다. 또한 "듣지 마. 우리 노래 듣지 마."라는 노래 가사, '투표하지 마.' 캠페인도 리액턴스 효과를 활용한 전략이라 볼 수 있습니다.

지금까지 리액턴스 효과에 대해 말씀드렸습니다. 우리는 리액턴스 효과로 인해 충동구매를 하거나 해야 할 일을 미루기도 하는데요. 이런 청개구리 심리에 말려들어 그릇된 판단을 내리는 일이 없도록 자신을 절제하는 노력이 필요할 것 같습니다. 이상으로 저희 조 발표를 마치겠습니다. 궁금한 점 있으십니까?

듣기 2-2

청중: 먼저 유익한 발표 감사합니다. 저도 홈쇼핑 방송을 보다가 매진 임박이라는 말에 마음이 조급해져서 구매 버튼을 누른 적이 한두 번이 아닌데요. 발표를 듣고 보니 제가 왜 그런 행동을 했는지 이해가 갑니다. 그럼 이런 행동들을 억제할 수 있는 방법이 있을까요?

발표자: 네. 먼저 좋은 질문 감사합니다. 전문가들에 의하면 자신이 중요하게 생각하는 삶의 가치가 분명한 사람은 순간의 심리적 착각에 속을 확률이 줄어든다고 합니다. 예를 들어 소비에 대한 주관이 뚜렷한 사람이라면 '매진 임박'이라는 문구를 보고도 흔들리거나 충동구매를 하지 않을 것입니다. 다시 말하면, 나의 현재 행동이 내가 추구하는 삶의 방향과 맞는지를 늘 성찰하는 것이 청개구리 심리를 조절하는 방안이 될 수 있다는 뜻입니다. 또 다른 질문 있으신가요?

청중: 그럼 청개구리 심리를 역이용해서 공부하기 싫어하는 학생들에게 공부를 하지 말라고 하면 더 효과적으로 공부를 시킬 수 있을까요? 교육 분야에서는 리액턴스 효과를 어떻게 활용하고 있는지 궁금합니다.

발표자: 아, 제가 생각하지 못했던 부분을 짚어 주셔서 감사합니다. 교육 분야에서도 활용이 되고 있다고 들었는데 이 부분은 좀 더 조사해 보고 추후에 답변을 드려도 되겠습니까?

8. 한국의 경제 성장과 민주화

듣기 1

앵커: 다음 뉴스입니다. 여러분, 2011년 12월 5일을 기억하십니까? 이날은 한국의 무역 규모가 최초로 1조 달러를 돌파한 날이었습니다. 이를 기념하기 위해 12월 5일이 무역의 날로 제정되었는데요. 올해는 역대 최대의 무역량 및 수출 규모 달성이 유력합니다. 김라엘 기자입니다.

기자: 올해 한국의 무역량은 세계 경기 둔화 등 어려운 여건 속에서도 1조 2000억 달러를 넘을 것으로 전망됩니다. 무역 규모 순위도 세계 8위로 올라섰습니다. 올해 11월까지의 수출은 지난해보다 24.1% 증가한 6,362억 달러로, 역대 최대 수치에 이를 전망입니다. 수출 순위는 세계 7위, 세계 수출 시장 점유율도 역대 최고인 3.1%를 기록했습니다. 또한 13년 연속 무역 수지 흑자도 달성했습니다. 수출 품목 1위는 반도체, 2위는 석유 화학 제품이며 자동차, 철강 등이 그 뒤를 이었습니다. 특히 주목할 만한 점은 메모리 반도체, 바이오 헬스 산업, 전기차·수소차 등 '빅 3' 신산업이 새로운 수출의 주역으로 등장한 것입니다. 문화 콘텐츠 수출 또한 3년 연속 100억 달러를 넘었으며, 한류의 열기에 힘입어 K-뷰티도 세계 미용 산업 3위 수준으로 성장했습니다. 한편 중국, 미국 등의 일부 국가에 국한되어 있던 무역 상대국이 베트남, 인도 등으로 다변화된 점도 높이 평가할 만합니다. 대한무역연구소는 완만한 경기 회복과 반도체 호황 등으로 내년에도 무역 규모가 2%가량 증가할 것으로 전망하고 있습니다. 로봇 공학, 인공 지능 등의 기술 발전과 경제 구조의 변화 속에서 한국의 수출 구조도 이에 맞는 방향으로 변화하고 있다는 평가입니다. LTI 뉴스 김라엘입니다.

듣기 2

해설: 여러분은 '한국인' 하면 어떤 이미지나 단어가 떠오르시나요? 여러 가지가 있겠지만 저는 '위기 극복'이라는 말이 제일 먼저 떠오릅니다. 한국인과 위기 극복, 어떠한 관계가 있는지 지금부터 그 발자취를 따라가 보겠습니다.

1950년 6월 25일에 시작되어 3년여간 지속된 한국 전쟁은 인명 피해뿐 아니라 기반 시설의 파괴로 인한 막대한 경제적 피해를 남겼습니다. 미국의 맥아더 장군이 전쟁으로 폐허가 된 서울을 보며 '이 나라가 다시 일어서려면 최소 100년은 걸릴 것'이라고 말할 정도였습니다. 당시 한국은 변변한 자원이 없어 해외 원조에 의존하고 있었습니다. 그러나 이런 상황 속에서도 한국의 교육열은 식지 않았고 정부는 **전쟁 통에** 파괴된 기반 시설을 복구하는 데 주력했습니다.

한국 경제는 '경제 개발 5개년 계획'을 시행하면서 도약기를 맞이하였습니다. 우선 1960년대에는 풍부한 노동력을 활용하여 경공업을 육성하고 수출 주도형 산업 구조를 마련하였습니다. 1970년대에는 철강, 조선 등 중공업에 집중하면서 성장을 지속했습니다. 이어서 1980년대에는 수출이 증가하여 처음으로 무역 흑자를 기록하면서 호황을 누립니다. 특히 1988년에 개최된 서울 올림픽은 한국의 국제적 위상을 높이는 계기가 되었습니다. 1990년대에는 자동차, 반도체 등의 산업이 경제 발전을 주도했습니다.

이러한 과정을 거쳐 한국은 괄목할 만한 성과를 보이며 세계적으로 유례없는 성공을 거두었다는 평가를 받게 됩니다. 한국이 이루어 낸 이러한 급속한 성장을 가리켜 사람들은 '한강의 기적'이라고 불렀습니다. 한강의 기적은 **가난할망정** 희망을 버리지 않고 묵묵히 땀 흘려 일한 국민의 노력이 기반이 되었다는 점에서 그 의미가 큽니다.

하지만 승승장구하는 듯 보였던 한국 경제는 또 한 번의 큰 위기를 맞게 됩니다. 1997년 외환 위기로 기업들이 줄줄이 문을 닫고, 실업률이 폭발적으로 증가한 것입니다. 정부는 경제 전반에 걸친 구조 조정의 노력으로 국가 신용도를 회복해 나갔습니다. 또한 국민들은 나라의 부채를 갚기 위해 자발적으로 '금 모으기 운동'을 벌이며 허리띠를 졸라맸습니다. 이러한 노력에 힘입어 한국은 예정보다 3년 일찍 국제통화기금에 빌린 돈을 갚고 경제 위기를 탈출하여 세계를 또 한 번 놀라게 했습니다. '한강의 기적'을 일궈 낸 국민의 저력을 다시 한번 보여 준 것입니다.

2000년대부터는 첨단 산업을 집중적으로 육성하여 반도체, IT, 디스플레이, 바이오 등 다양한 분야에서 세계적인 기술력을 인정받고 있습니다. 현재 한국의 무역 규모는 세계 8위, 1인당 국민 소득도 3만 달러를 넘었습니다. 세계적인 저성장 기조 속에서도 꾸준한 경제 성장을 보여 온 한국은 주요 외신들로부터 위기 극복의 모범 사례로 평가받고 있습니다. 전 세계를 강타한 팬데믹 상황에서도 꿋꿋이 버틴 대한민국. 분명 한국인에게는 위기 극복을 넘어 더 나은 방향으로 나아가도록 하는 그 무언가가 있습니다.

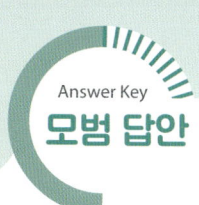

Answer Key
모범 답안

1. 삶의 향기

들어 보세요 1 p. 20

듣기 1-1

1 2) 6   3) 3   4) 2   5) 4   6) 5
2 ④
3 1) 예) 속상하다, 부끄럽다, 스스로에게 화가 난다 …
   2) 예) 절망적이다, 지치다, 막막하다, 앞이 캄캄하다 …
   3) 예) 위로받다, 가슴이 따뜻해지다, 힘을 얻다 …
   4) 예) 감동받다, 애틋하다 …

듣기 1-2

1 ②

들어 보세요 2 p. 22

1 뮤지컬 배우 엄성훈
2 ①
3 중학교 3학년 여름 방학 때, 뮤지컬 '꿈꾸는 정원' 공연을 봄.
4 ☑ 기대감   ☑ 긴장감   ☐ 부러움
   ☑ 설렘   ☐ 안쓰러움 ☐ 애틋함

읽어 보세요 p. 31

1 2) 2   3) 6   4) 3   5) 5   6) 4
2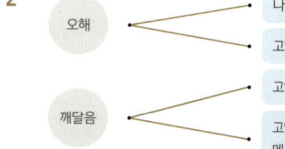
   오해 — 나는 먹이를 줌으로써 고양이를 길들였을 것이다.
        — 고양이는 감사와 친애를 표시하려고 나왔을 것이다.
   깨달음 — 고양이는 직접 음식을 찾아 먹는 것을 더 좋아할 수도 있다.
          — 고양이는 내가 아닌 새끼들에게 인간을 조심하라고 경고의 메시지를 보냈을 수도 있다.
3 1) 아파트에서 버리는 쓰레기봉투는 익명의 것이 되지만, 땅 집은 수거차가 오는 날 집 앞에 버리므로 누구의 쓰레기인지 알게 되기 때문이다.
   2) 수거차가 지나간 후에도 닭 뼈나 생선 뼈가 어지럽게 널려 있어서 속상하고 미화원 아저씨에게 미안한 마음이 들었기 때문이다.
4 상대방의 입장에서 생각하는 것에 대한 자신의 깨달음

2. 경제와 경영

주제 어휘 p. 53

1 1) 물가가 상승하다, 상승세를 보이다
   2) 물가가 폭등하다
   3) 내림세를 보이다, 물가가 하락하다, 하락세를 보이다, 물가가 폭락하다
   4) 수요가 증가하다, 수요가 급증하다
   5) 물가가 안정되다

들어 보세요 1 p. 54

1 밥상 물가 폭등
2 ①
3
삼겹살	• 수요가 증가하면서 공급이 수요를 따라가지 못했기 때문
채소	• 삼겹살의 수요가 늘면서 채소의 수요도 함께 상승함. • 잦은 폭우 등 기상 악화 • (채소의) 수급을 조정하지 못한 정부의 책임

4 ④

들어 보세요 2 p. 56

1 ☐ 환율 변동의 역사   ☑ 환율 변동의 원인
   ☑ 외화를 사용할 때의 팁 ☑ 환율 변동이 개인에게 주는 영향
2 외화의 수요와 공급에 따라 결정됨.
3
   달러 공급 증가 — 환율 상승
   달러 공급 감소 — 환율 하락
   (교차 연결: 달러 공급 증가 → 환율 하락, 달러 공급 감소 → 환율 상승)
4 1) 미리 환전해 둔 현금을 사용한다.
   2) 신용 카드를 사용한다.
5 ③, ④

주제 어휘 p. 63

1 1) 환경을 파괴하다
   2) 정당한 대가를 지불하다
   3) 협력하다
   4) 안전한 먹거리를 제공하다

2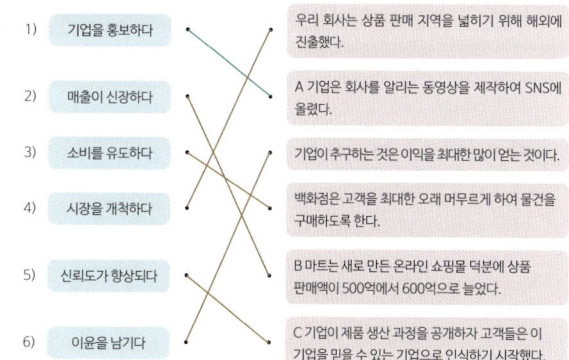
   1) 기업을 홍보하다 — A 기업은 회사를 알리는 동영상을 제작하여 SNS에 올렸다.
   2) 매출이 신장하다 — B 마트는 새로 만든 온라인 쇼핑몰 덕분에 상품 판매액이 500억에서 600억으로 늘었다.
   3) 소비를 유도하다 — 백화점은 고객을 최대한 오래 머무르게 하여 물건을 구매하도록 한다.
   4) 시장을 개척하다 — 우리 회사는 상품 판매 지역을 넓히기 위해 해외에 진출했다.
   5) 신뢰도가 향상되다 — C 기업이 제품 생산 과정을 공개하자 고객들은 이 기업을 믿을 수 있는 기업으로 인식하기 시작했다.
   6) 이윤을 남기다 — 기업이 추구하는 것은 이익을 최대한 많이 얻는 것이다.

읽어 보세요 1 — p. 64

1. (가) — 공정 무역의 정의
   (나) — 공정 무역의 탄생 배경
   (다) — 공정 무역 거래의 원칙
   (라) — 국내 공정 무역의 변화와 사례
2. 노동력 착취, 환경 파괴
3. ①
4. 2) 품목이 다양화되고 있다.
5. ☑ 용어를 정의하고 있다.
   ☐ 유명인의 말을 인용하고 있다.
   ☑ 대표적인 사례를 제시하고 있다.
   ☐ 설문 조사 결과를 분석하고 있다.

읽어 보세요 2 — p. 67

1. 사회적 이슈를 활용해 기업을 홍보하고 이미지를 제고하는 마케팅 전략
2. 1) 매출 상승, 자유의 여신상 복원
   2) 인지도 상승, 신뢰도 향상
3. 단순히 기업의 이익을 위한 마케팅 차원을 넘어 사회적 책임을 다하고자 하는 의식
4. ①

3. 한국의 언어

주제 어휘 — p. 85

들어 보세요 1 — p. 86

1.
	가장 어려운 점	이유
여자	높임말	상대방이나 상황에 따라 높임 표현이 달라지기 때문
남자	색깔 어휘	종류가 많아서 구분하기 힘듦.

2. "부장님 다음 주에 같이 식사합시다."라는 말을 듣고 표정이 굳어짐. '합시다'는 아랫사람이나 동등한 관계의 사람에게 쓰는 말이기 때문
3. 원래 문장에서 부분적으로 생략이 일어남.

들어 보세요 2 — p. 87

1. 다른 언어와 구별되는 한국어의 특징
2. 2) 주어, 목적어 같은 필수 성분을 생략할 수 있다.
   3) 색깔과 느낌을 표현하는 어휘가 발달했다.
3. 1) ✕   2) ○   3) ○
4. 한국인이 느낌과 감정을 중요하게 생각하기 때문
5. ①

주제 어휘 — p. 93

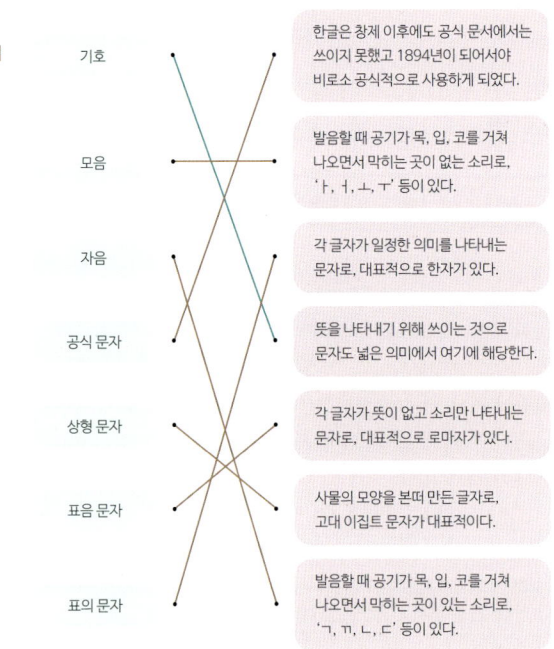

2. 1) 한글을 창제했다
   2) 모양을 본떠
   3) 규칙성
   4) 획을 더해
   5) 모아쓰기
   6) 입력하기

읽어 보세요 p. 95

1. 한글의 과학성을 따져 보기 위해
2. 1) 발음 기관 또는 발음하는 모양을 본떠 만듦.
   2) 하늘과 땅과 사람을 본떠 만듦.
3. 1) 획 더하기 규칙을 적용함.
   2) 기본자 합하기 규칙을 적용함.
4. 소리 성질과 글자 모양이 규칙적으로 짝을 이룬다, 발음상 관련된 글자들이 비슷한 모양을 하고 있다.
5. 1) ○   2) ×   3) ×

4. 소통과 언론

주제 어휘 p. 113

1. 1) 사회적 관계를 맺는
   2) 비언어적 요소
   3) 공감 능력이 저하될
   4) 경계를 허무는

들어 보세요 1 p. 114

1. 음성 통화를 기피하는 현상
2. 1) ○   2) ×   3) ○
3. ① — 비대면 소통에 익숙해져서
   ② — 말실수에 대한 우려가 있어서
   ③ — 예의를 갖춰야 하는 부담이 있어서
   ④ — 주변 사람들이 전화하는 것을 싫어해서
4. 1) 대인 기피증으로 발전할 수 있다. 대인 관계가 더 힘들어질 수 있다.
   2) 가까운 사람과 전화를 자주 하다 보면 부담이 줄어들 것이다.

들어 보세요 2 p. 115

1. 디지털 시대의 미디어와 소통
2. 1) 소통과 참여
   2) 생산자
3. ③
4. 예 양방향 소통, 콘텐츠 재생산 등 소비자들이 적극적으로 소통하고 참여할 수 있는 장치를 마련한다.

주제 어휘 p. 125

1. 1) 편파적으로 보도하면
   2) 뉴스를 선별한다
   3) 가짜 뉴스를 판별하는
   4) 비판적 사고

2. 끼리끼리 문화 — 비슷한 문화나 규범을 가진 사람들끼리 어울리는 문화
   맞춤형 뉴스 — 개인의 취향에 맞춰서 제공되는 뉴스
   편향된 사고 — 한쪽으로 치우친 관점에서만 사건 등을 바라보는 생각의 방식
   획일적 사고 — 다양성이 무시된 생각의 방식
   사고 능력을 저하시키다 — 생각하는 능력을 떨어뜨리다.
   수동적으로 수용하다 — 정보의 진위 여부 등을 스스로 판단하지 않고 그대로 받아들이다.
   취향을 파악하다 — 어떤 사람이나 집단이 좋아하거나 하고 싶은 것에 대한 정보를 확실하게 이해하여 알다.

읽어 보세요 1 p. 126

1. '행복 뉴스'를 다루는 언론사들이 등장하면서 따뜻한 위로와 희망을 주고 있다.
2. 부정적 뉴스 때문에 피로감을 호소하는 독자가 늘었다.
3. ④
4. ①

읽어 보세요 2 p. 129

1. 맞춤형 뉴스의 문제점을 알리고 이에 대한 글쓴이의 의견을 제시하기 위해
2. 이용자들이 선별된 정보만을 접하게 되는 현상
3. 2) 편향된 사고 강요
   3) 논리적, 비판적 사고 능력 저하
4. 미디어 문식성 교육
5. ☑ 검색만 하고 구매하지 않은 상품이 인터넷 광고에 나온다.
   ☑ 자신이 클릭했던 뉴스와 유사한 뉴스를 첫 화면에 보여 준다.
   ☐ 모든 종류의 검색 결과를 보여 준 후 이용자에게 선택하게 한다.
   ☑ SNS에서 자신이 자주 검색한 연예인의 사진이 제일 위에 나온다.

쓰기

준비해 보세요 p. 132

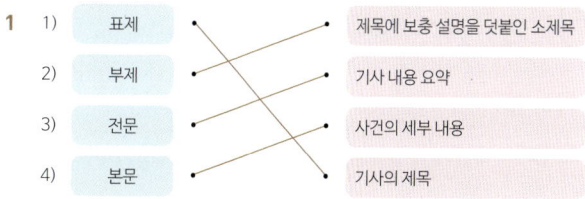

5. 예술과 삶

주제 어휘 p. 147

1. 1) 상상력을 표현하다
   2) 마음을 치유하다, 내면을 들여다보다, 매개체가 되다, 정서적 안정을 얻다

3) 사회를 비판하다, 시대상을 반영하다, 현실을 풍자하다
4) 실용성을 지니다

2 1) 지역을 활성화하는
   2) 예술을 향유할
   3) 공감대를 형성할
   4) 가치를 창출한다

들어 보세요 1   p. 148

1 공공 예술
2 지역 공동체의 관심, 공공의 가치, 대중
3 1) 한 해 15만 명의 관광객이 찾는 문화 예술 도시가 됨.
   2) 개발되지 못한 채 낙후 지역으로 전락함.
4 1) 지역 주민들과 공감대를 형성하려는 노력이 필요함.
5 ☑ 정해진 시간에만 관광객이 출입하도록 한다.
   ☑ 지역 주민들을 대상으로 아이디어를 공모한다.
   ☐ 외국의 유명한 예술가들을 초청해 프로젝트에 참여시킨다.
   ☑ 지역 주민들이 전시회 스태프로 참여하도록 해서 일자리를 만든다.

들어 보세요 2   p. 150

1 동서양의 풍속화
2 전과는 달리, 서민을 그림의 소재로 삼았기 때문
3 ④
4 1) 의젓하고 똑똑해 보인다.
   2) 친근하면서 우스꽝스럽다.
   3) 양반
5 ☑ 교육을 위한 체벌이 존재했다.
   ☐ 양반만 학교에 다닐 수 있었다.
   ☑ 양반과 상민의 옷차림이 달랐다.
   ☑ 양반이 상민을 무시하는 경우가 있었다.

주제 어휘   p. 157

1 1) 예) 직선, 조형미가 뛰어나다, 군더더기가 없다
   2) 예) 삼각형, 곡선, 대칭을 이루다, 기품이 있다, 조화를 이루다
   3) 예) 길쭉하다, 압도되다, 강렬한 인상을 남기다
   4) 예) 삼각형, 반원형, 완벽하다, 경이롭다

읽어 보세요 1   p. 158

1 오죽헌
2 까마귀처럼 검은 대나무가 자라고 있다는 데서 유래되었다.

3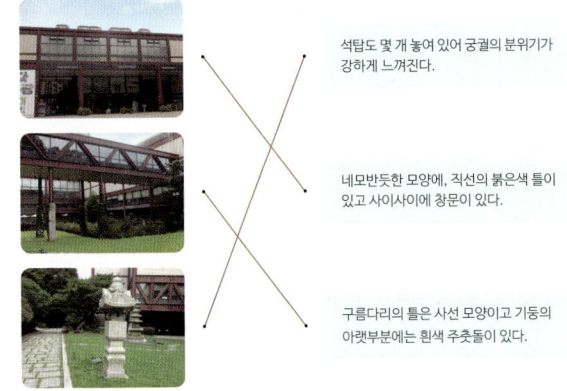

마루방 — 율곡이 어린 시절 공부하던 곳
온돌방 — 신사임당이 용꿈을 꾸고 율곡을 낳은 곳
사랑채 — 바깥주인이 거처하던 곳
안채 — 안주인이 생활하던 곳

4 ☑ 소박하다   ☐ 고요하다   ☐ 웅장하다
   ☑ 멋스럽다   ☐ 완벽하다   ☑ 단정하다

읽어 보세요 2   p. 161

1 서울역사박물관
2 경희궁의 전각들이 있었던 곳
3 (사진 1) — 네모반듯한 모양에, 직선의 붉은색 틀이 있고 사이사이에 창문이 있다.
   (사진 2) — 구름다리의 틀은 사선 모양이고 기둥의 아랫부분에는 흰색 주춧돌이 있다.
   (사진 3) — 석탑도 몇 개 놓여 있어 궁궐의 분위기가 강하게 느껴진다.

4 ④

6. 지역의 문화와 방언

주제 어휘   p. 179

1 2) 특산물
   3) 개성이 뚜렷하다
   4) 문화를 보존하다, 문화를 전승하다
   5) 토속/향토 음식
   6) 서민적이다
   7) 가치를 인정받다, 문화유산에 등재되다, 문화유산으로 지정되다

들어 보세요 1   p. 180

1 제주 해녀 문화
2 ①, ②
3 ②
4 더 많은 해산물을 얻고자 하는 인간의 욕망을 버리고 자신의 삶뿐 아니라 바다 생태계까지 지키고자 함.
5 ☑ 공동체 문화 형성   ☑ 바다의 생태계 보전
   ☐ 수산업 발전에 기여   ☑ 여성의 사회적 역할 제시

들어 보세요 2 p. 182

1. 강원도의 향토 음식
2. ☑ 담백하다 ☐ 간이 세다 ☑ 소박하다
   ☐ 비리다 ☑ 건강에 좋다
3. 감자, 메밀, 명태 — 영서 지방 (태백산맥) / 오징어, 옥수수, 해조류 — 영동 지방
4. ☐ 주장 강조하기 ☑ 속담 인용하기
   ☐ 청중 설득하기 ☑ 청중에게 질문하기

주제 어휘 p. 189

1. 2) 소멸되다 3) 방언/사투리
   4) 정취를 느끼다 5) 정서가 담겨 있다
   6) 의사소통이 안 되다 7) 말투가 다르다
   8) 정서를 대변하다

읽어 보세요 p. 190

1. ⓔ 영화로 본 한국의 지역 방언
2. 1) 'ㅗ' 모음으로 끝남.
   2) 맥락을 통해 이해해야 하는 표현이 많음.
   3) 받침을 확실하게 발음하지 않음, 모음 'ㅓ'와 'ㅡ'가 구분되지 않음.
3. 1) ○ 2) × 3) ○
4. ☐ 방언학자의 말을 인용하고 있다.
   ☑ 각 지역 사투리를 비교하고 있다.
   ☑ 영화 속 사투리의 예를 들고 있다.
   ☐ 방언을 보존해야 한다고 주장하고 있다.

7. 심리학의 이해

주제 어휘 p. 209

1. 1) 과학적으로 연구하는
   2) 자아를 탐색하는
   3) 마음을 헤아릴
2. 2) 절제하다, 억제하다
   3) 핑곗거리/구실을 만들다
   4) 남을 의식하다
   5) 반발심이 생기다
   6) 무의식적으로 행동하다

들어 보세요 1 p. 210

1. 자아 들여다보기
2. 1) 자기 열등화
   2) 외부적, 내부적으로 정당한 구실을 마련해 놓는 것
   3) 노력을 많이 하지 않을 가능성이 높음.
   4) 결과가 안 좋더라도 충격을 완화해 줄 수 있음.
2. 1) × 2) ○ 3) × 4) ○

들어 보세요 2 p. 211

듣기 2-1

1. 1) 리액턴스 효과
   2) 리액턴스 효과의 정의와 원인
   3) 리액턴스 효과가 활용되는 실제 사례
2. 선택의 제한에 대한 심리적 반발이 반대로 행동하게 만든다.
3. ☑ 한정판 출시 ☑ 마감 임박 문구
   ☐ 홈 쇼핑 세일 행사 ☐ 착한 소비 캠페인
   ☑ '투표하지 마' 캠페인 ☑ "이 노래 듣지 마." 가사
4. ③

듣기 2-2

1.
질문 1	질문: 리액턴스 효과로 인한 행동을 억제할 수 있는 방법 응답: 현재 행동이 자신이 추구하는 삶의 방향과 맞는지를 늘 성찰하는 것
질문 2	질문: 교육 분야에서 리액턴스 효과의 활용 응답: 좀 더 조사해 보고 추후 답변할 예정임.

주제 어휘 p. 219

1. 2) 가설을 세우다 3) 실험을 설계하다
   4) 실험을 진행하다 5) 가설을 검증하다
   6) 결론을 도출하다
2. 1) 책임을 미루다, 무임승차하다
   2) 착각에 빠지다, 혼동하다
   3) 동조하다, 분위기에 휩쓸리다, 집단의 행동을 따르다
   4) 배척하다/배척당하다

읽어 보세요 1 p. 221

1. 다른 사람에게 배척당하지 않고 인정받기 위해, 판단에 필요한 정보를 얻기 위해
2. 1) 집단 구성원의 수에 따라 개인이 집단을 따라 하는 비율이 어떻게 달라지는지 알아보기 위해
   2) 미국의 심리학자 스탠리 밀그램
   3) 뉴욕 번화가를 지나는 행인 1,424명
   4) 실험 진행자 한 명이 거리를 걷다가 갑자기 발걸음을 멈추고 하늘을 올려다보았다.

실험 진행자의 수를 두 명, 세 명, 다섯 명, 열 명, 열다섯 명으로 점차 늘려 가며 실험 진행자의 행동을 따라 하는 행인이 얼마나 있는지 관찰했다.

5) 한 명이 하늘을 올려다보고 있을 때, 가던 길을 멈추고 실험 진행자가 바라보는 곳을 올려다본 행인의 비율은 42%였다. 이는 실험 진행자가 세 명으로 늘어나자 60%, 다섯 명일 때 80%, 열다섯 명일 때 86%였다. 즉 집단의 크기가 커질수록 하늘을 바라보는 행동에 동조하는 사람의 수가 증가했다.

3 주위의 사람과 상황 때문에 자신의 의지와 다르게 판단하고서는 그 사실조차 알아차리지 못한 채 '나 자신의 의지로 판단했다'고 착각한 것은 아니었을지 돌아보자.

4 ③

읽어 보세요 2 p. 224

1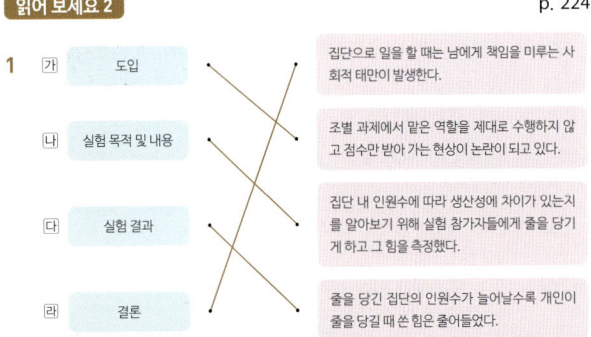

2 일을 혼자 할 때는 성패가 온전히 내 노력에 달려 있으므로 최선을 다하지만, 구성원이 많아질수록 책임을 미루어 힘을 빼 버리기 때문

3 책임감이 분산될 뿐더러 개인의 공헌도와 상관없이 같은 평가를 받게 되기 때문

4 쉬운 일이라도 협력해서 하면 훨씬 더 쉬워진다.

쓰기 p. 227

준비해 보세요

1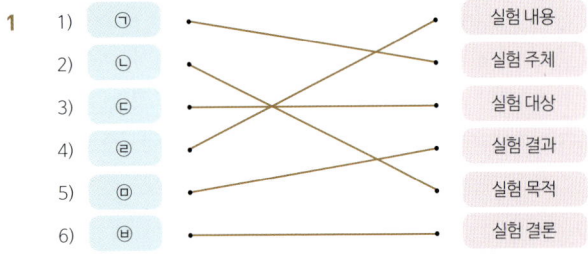

8. 한국의 경제 성장과 민주화

주제 어휘 p. 239

3 2) 부채를 갚다 3) 원조하다
4) 산업을 육성하다 5) 경기 둔화
6) 호황을 누리다 7) 도약기를 맞이하다
8) 위기를 맞다

들어 보세요 1 p. 241

1 역대 최대의 <u>무역량 및 수출 규모</u> 달성이 유력함.

2 한국의 무역 규모가 최초로 1조 달러를 돌파한 날이기 때문

3 ④

4 ②

5 내년에도 무역 규모가 2%가량 증가할 것으로 전망함.

들어 보세요 2 p. 242

1 한국인의 위기 극복과 한국의 경제 성장

2

3 땀 흘려 일한 국민의 노력이 기반이 되었다는 점

4 ③

주제 어휘 p. 249

2 1) 부정 선거를 저지른 2) 인권을 탄압하는
3) 저항하는 4) 시위를 벌이는
5) 언론을 통제하다

읽어 보세요 p. 251

1 대한민국의 민주화 과정

2 1) 4·19 혁명 2) 5·18 민주화 운동
3) 6·10 민주 항쟁

3 ④

4 2) 전두환 대통령이 간접 선거를 통해 다음 대통령을 선출하겠다고 발표함.
3) 시위가 시작되어 20일간 전국적으로 이어짐.
4) 한국인들이 정치, 사회, 문화적 자유를 누리게 됨.
5) 국민의 힘으로 군사 독재를 끝내고 평화적으로 정권을 교체할 수 있는 길을 열었음.

5 많은 역경을 극복하며 민주주의를 이룩하였다는 의미

쓰기 p. 255

준비해 보세요

1 1) 가 — 배경
   2) 나 — 전개
   3) 다 — 의의
   4) 라 — 결과

Glossary 어휘 색인

ㄱ

가공	65
가느다랗다	32
가뜩이나	20
가령	56
가발	242
가설을 검증하다	219
가설을 세우다	219
가슴이 뭉클하다	19
가슴이 벅차다	19
가슴이 찡하다	19
가시	32
가엽다	87
가짜 뉴스를 판별하다	125
가치를 인정받다	179
가치를 창출하다	147
가히	32
각계각층	253
각기	182
간결미	159
간결성	94
간결하다	94
간이 세다	183
간접 선거제	249
갈등을 극복하다	209
갈등이 내재되다	209
갈채	36
감미롭다	22
감성을 키우다	147
강경	253
강렬한 인상을 남기다	157
강타하다	242
개관하다	162
개론	210
개발 도상국	63
개성이 뚜렷하다	179
개헌	253
갯벌	179
거느리다	33
거세다	96
거센소리	96
거처하다	159
건과일	65
걷잡을 수 없다	20
걸림돌	134
검사	253
검열하다	252
게으름을 피우다	220
견고하다	159
견제하다	249
결론을 도출하다	219
결핍	22
결합하다	101
겸하다	96
경계를 허물다	113
경고하다	30
경공업	239
경기 둔화	240
경기 회복	240
경이롭다	157
경제사	243
고달프다	19
고도화	242
고문하다	250
고스란히	159
고안하다	101
고요하다	159
고원	179
고조되다	253
곡선	157
공감 능력이 저하되다	113
공감대를 형성하다	147

공공 예술	147	귀중하다	150
공급이 감소하다	53	규칙성	94
공급이 급감하다	53	규칙적이다	94
공급이 급증하다	53	그까짓	33
공급이 증가하다	53	그릇되다	211
공모하다	115	그물망	180
공사	59	그치다	118
공산주의	257	극대화하다	225
공생	37	근심	54
공식 문자	93	글자판	97
공업	239	금강산도 식후경이다	182
공영화하다	253	급성장	243
공익	68	기사를 작성하다	125
공정 거래	63	기상	159
공정 무역	63	기어코	211
공헌도	225	기업을 홍보하다	63
과오	210	기절	33
과학성	94	기조	242
과학적으로 연구하다	209	기준점	182
과학적이다	94	기준 환율	53
관아	159	기품이 있다	157
괄목할 만하다	242	기피하다	114
광경	150	기호	93
교감	37	길들이다	33
교양 수업	224	길쭉하다	157
교정	252	까마귀	159
구름다리	162	깨달음을 주다	29
구상하다	29	꺼리다	30
구실을 만들다	209	꺼칠하다	33
구어	87	꼬르륵	90
구절	253	꼴찌	36
구축하다	129	끌어내리다	253
구호를 외치다	253	끌어들이다	115
국가 신용도	242	끼다	182
국제통화기금	242	끼리끼리 문화	125
국한되다	241		
군더더기가 없다	157	ㄴ	
군사	252	낙서	212

낙후되다	148
난생처음	22
날카롭다	180
남북 관계	119
남북한	257
남을 의식하다	209
남획	180
낭만	252
내걸다	68
내다보다	32
내륙 지방	179
내림세를 보이다	53
내면을 들여다보다	147
내부적	210
냉해	54
널리다	32
넘나들다	22
네모나다	157
네모반듯하다	157
노동권	245
노동력을 착취하다	63
노릇	32
논	182
농민	54
농업	239
농축수산물	54
높임 표현이 발달하다	85
누그러뜨리다	22
눈물이 핑 돌다	19
눈시울이 뜨거워지다	19
눈을 뜨다	37
뉴스를 선별하다	125
늘어놓다	97

ㄷ

다그치다	20
다리가 후들거리다	19
다변화되다	241

다짐하다	24
단골	32
단임제	249
단짝	24
달러가 강세를 보이다	53
달러가 약세를 보이다	53
대내외적	252
대면 의사소통	113
대상을 높이다	87
대세	22
대인 기피증	114
대중과 소통하다	147
대청마루	159
대칭을 이루다	157
더더욱	32
도둑고양이	32
도배가 되다	130
도약기를 맞이하다	240
도톰하다	217
도화선이 되다	253
독성	65
독재 체제	250
독창성	94
독창적이다	94
독특한 어휘가 있다	189
독하다	33
돈독하다	22
돌이켜 보다	29
돌파하다	239
동경	162
동그랗다	157
동반	65
동사	85
동조하다	135, 220
된소리	97
두 손을 활짝 벌리다	33
드러나다	150
등굣길	24

디지털	113
따돌리다	223
딱하다	87
떠받치다	159
뚜렷이	182
뜰	159
띄어쓰기를 하다	85

ㅁ

마음을 치유하다	147
마음을 헤아리다	209
막을 내리다	22
만면	33
말려들다	211
말문이 막히다	39
말을 높이다	85
말을 놓다	85
말투	114
말투가 다르다	189
맛보다	39
맛을 돋우다	182
맞닿다	182
맞배지붕	159
맞서다	252
맞춤법이 까다롭다	85
맞춤형 뉴스	125
매개체가 되다	147
매력적	182
매상이 뛰다	68
매체를 활용하다	113
매출이 신장하다	63
맨몸으로	180
맹렬하다	130
머리 검은 동물	33
머무르다	118
메밀	182
메시지로 소통하다	113
메시지를 전달하다	125
명사	85
명시되다	253
모아쓰기	94
모양을 본뜨다	93, 94
모음	93
목구멍	96
목숨을 잃다	253
목적어	85
몸 둘 바를 모르다	19
묘미	191
무단결석	22
무력으로 진압하다	250
무심코	20
무심히	32
무역 규모	239
무역 수지	239
무의식적으로 행동하다	209
무임승차하다	220
무작정	20
무참하다	32
무침	182
묵묵히	242
문구	185
문단	99
문맥	87
문식성	130
문장 성분	87
문제아	22
문화를 보존하다	179
문화를 전승하다	179
문화유산에 등재되다	179
문화유산으로 지정되다	179
물가가 상승하다	53
물가가 안정되다	53
물가가 폭등하다	53
물가가 폭락하다	53
물가가 하락하다	53
물러나다	257

물회	182
미담	127
미디어를 이용하다	113
미처	215
미화원	32
민주주의	252

ㅂ

바깥주인	159
반발심이 생기다	209
반성하다	29
반세기	242
반원형	157
반지르르	33
반포하다	95
반향을 일으키다	133
받치다	162
발갛다	86
발단	256
발라내다	32
발상	191
발음 기관	96
발음이 다르다	189
발음이 어렵다	85
밥상 물가	54
밧줄	225
방과 후	65
방언	189
방향성	71
방향치	38
방황	22
밭	182
배척당하다	220
배척하다	220
배치	97
백분율	121
버겁게 느껴지다	19
번화가	222

범람하다	127
변명하다	209
변변하다	242
변화를 꾀하다	162
별개	115
별미	182
별반 다르지 않다	39
보전하다	64
복구하다	242
본격적	191
본론	184
본문	132
볼록	150
부검	253
부사	85
부사어	87
부정 선거를 저지르다	250
부채를 갚다	240
부합하다	130
분	182
분담하다	224
분산되다	225
분열	130
분위기에 휩쓸리다	220
분지	179
불공정하다	65
불그스름하다	86
불리하다	56
불안증	127
불우 이웃	68
불을 뿜다	33
비극	257
비단	224
비대면 의사소통	113
비리다	32
비린내	182
비상등	135
비언어적 요소	113

비웃다	30
비판적 사고	125
빈곤	64
빈둥대다	211
빈번하다	32
빛나다	22
빠져나가다	210
뻗어 나가다	133
뿌리내리다	65

ㅅ

사고 능력을 저하시키다	125
사고하다	29
사랑채	159
사법부	249
사상	133
사색에 잠기다	29
사선	162
사이사이	162
사익	68
사진을 공유하다	113
사투리	189
사회를 비판하다	147
사회상을 반영하다	147
사회적 관계를 맺다	113
사회적 책임을 다하다	63
산맥	179
산악 지대	179
산업을 육성하다	240
산자락	182
산후	33
삼각형	157
삼권 분립	249
삼면	182
상대방을 높이다	87
상대적	182
상민	150
상상력을 표현하다	147

상생하다	63
상승세를 보이다	53
상실감을 느끼다	19
상형 문자	93
새기다	159
새빨갛다	87
색채	87
샛노랗다	86
생계를 꾸리다	180
생동감	150
생성	134
생애	26
생태계	180
서민적이다	179
서비스업	239
서술어	85
서원	159
석탑	162
선 성장 후 분배 정책	240
선두 주자	65
선비	159
선술집	217
선조	162
선진국	63
선출하다	249
선하다	71
성명	253
성원	22
성조가 없다	189
성조가 있다	189
성찰하다	29
성취도	210
성패	225
세분되다	87
소멸되다	189
소박하다	157
소비를 유도하다	63
소외 계층	68

소통의 중심이 되다	113	승승장구하다	242
소행	32	시너지 효과	225
손을 내밀어 주다	19	시대상을 반영하다	147
솟아나다	39	시름이 깊다	54
송두리째	33	시무룩하다	19
쇠락	148	시비를 걸다	22
수거차	32	시뻘겋다	86
수공예품	65	시사하다	257
수급을 조정하다	54	시위를 벌이다	250
수동적으로 수용하다	125	시장을 개척하다	63
수산업	181, 239	시장 점유율	239
수소차	241	시정	253
수시로	100	식성	32
수식하다	99	식해	182
수심	180	신군부	252
수요가 감소하다	53	신뢰도가 향상되다	63
수요가 급감하다	53	신소재	65
수요가 급증하다	53	실시간 소통	113
수요가 증가하다	53	실연	21
수입액	239	실용성을 지니다	147
수입 품목	239	실적을 달성하다	239
수제비	182	실향민	215
수출액	239	실험을 설계하다	219
수출 품목	239	실험을 진행하다	219
수치	114	심금을 울리다	22
순간적	33	심장 마비	135
순박하다	192	심폐 소생술	135
순응하다	180	쌀쌀맞다	30
순탄하다	22	씻은 듯이 낫다	37
술안주	217		
숨결	159	ㅇ	
숨을 고르다	180	아날로그	113
숨이 턱 막힐 것 같다	19	아예	210
숭고하다	180	악센트가 없다	189
스릴이 있다	33	악센트가 있다	189
스치다	32	안쓰럽다	19
스펙	245	안전한 먹거리를 제공하다	63
슬며시	33	안주인	159

안채	159	역설적	114
암호	86	역으로	115
압도되다	157	역이용하다	210
압축하다	133	연구 문제를 설정하다	219
애틋하다	19	연락이 두절되다	224
애환	150	연연하다	20
애플리케이션을 활용하다	113	연행되다	252
앱을 활용하다	113	열망	253
양방향 소통	113	엿보다	150
양분되다	192	영락없이	32
양산하다	130	영상을 편집하다	113
양성	96	영상 통화를 선호하다	113
양심적	253	영악하다	33
양적	65	예사소리	97
양질	119	예상치	225
어금니	96	예술을 누리다	147
어깨를 토닥이다	19	예술을 향유하다	147
어순을 바꾸다	85	예스럽다	148
어업	180	예컨대	87
어처구니없다	33	오기를 부리다	30
어휘가 다양하다	85	오락	56, 71
억양이 독특하다	189	오롯이	222
억양이 세다	189	오름세를 보이다	53
억제하다	209	오해가 풀리다	29
언뜻	97	온돌방	159
언론사	127	완벽하다	157
언론을 통제하다	250	외부적	210
언어적 요소	113	외식업	54
언행	23	외신	242
얼룩지다	253	외양	165
얼핏	192	외화	56
업계	133	외환 시장	53
여간	32	우뚝	159
여당	253	우려를 표하다	134
여론을 형성하다	125	우선시되다	252
여미다	32	우수성	94
역경	253	우수하다	94
역부족	127	우스꽝스럽다	150

우여곡절	148
울먹이다	19
울상 짓다	56
웃음을 띠다	30
원곡	115
원두	65
원리를 적용하다	94
원조	65
원조를 받다	240
원조하다	240
원형	157
원화 가치가 상승하다	53
원화 가치가 하락하다	53
위기를 맞다	240
위로를 건네다	19
위화감	162
윗잇몸	96
유기농	65
유기 재배	65
유년	36
유력하다	241
유례없다	242
유익하다	212
유추하다	87
유통	65
유학자	159
윤리적 소비	63
으르렁	33
은근히	150
은폐하다	253
음성	96
음성적	101
음성 통화를 선호하다	113
음절	101
의도하다	38
의문문	192
의사소통이 안 되다	189
의성어가 풍부하다	85
의식을 반영하다	189
의식적으로 행동하다	209
의젓하다	150
의태어가 풍부하다	85
이념	257
이른바	68
이상향	180
이송하다	135
이어 주다	99
이윤을 남기다	63
이치	97
이탈	135
인격을 형성하다	209
인과 관계	59
인권을 존중하다	63
인권을 탄압하다	250
인식의 폭을 넓히다	29
인지도	68
일대일로 대응되다	94
일방향 소통	113
일상어	192
일컫다	65
임금	65
임명하다	249
임박	211
임업	239
입김	96
입력하다	94
입법부	249
입을 모으다	127

ㅈ

자기 암시	227
자본주의	257
자산	257
자신을 낮추다	87
자아를 탐색하다	209
자영업자	61

자유를 누리다	250	정당한 대가를 지불하다	63
자음	93	정면	159
자존감을 지키다	209	정변	252
자존심	33	정보를 교환하다	113
자칫	253	정보를 수집하다	125
작물	182	정사각형	157
작용하다	182	정서가 담겨 있다	189
잠수	180	정서를 대변하다	189
장기 집권	250	정서적	22
장단의 구별이 없다	189	정서적 안정을 얻다	147
장단의 구별이 있다	189	정육면체	157
장력	225	정점에 이르다	256
장치	225	정직성	159
장학	68	정취를 느끼다	189
재구성하다	100	제고하다	68
재화	56	제적하다	252
저개발국	63	제조하다	65
저력	242	제지	242
저성장	242	조개	182
저절로	97	조급하다	210
저조하다	180	조림	32
저항하다	250	조사	85
적의	33	조사가 붙다	85
적자를 기록하다	239	조선	242
적중하다	32	조형물	148
전각	162	조형미가 뛰어나다	157
전락하다	148	조화를 이루다	157
전면	191	족속	33
전면적	65	종결 어미	191
전문	132	종사자	54
전율을 느끼다	19	좇다	222
전적	68	주관적	166
전체적	87	주력하다	242
전투 경찰	252	주류	127
전환점	253	주를 이루다	182
절제하다	209	주머니가 얇아지다	54
정경 유착	252	주어	85
정권을 교체하다	250	주어를 생략하다	85

주역	191	집단의 행동을 따르다	220
주저앉다	20	징표	162
주제 의식	191	짚다	212
주체를 높이다	87	짤막하다	157
주체적	180	째	32
주춧돌	162	쩔쩔매다	150
준수하다	65	찍히다	65
줄줄이	242		
줏대 없다	222	**ㅊ**	
중공업	239	착각에 빠지다	220
중세	191	착한 소비	63
중임제	249	찬사를 보내다	130
즉각적인 소통	113	참전	257
지각하다	210	창조성	134
지갑을 열다	68	채취하다	180
지붕면	159	책임을 미루다	220
지속 가능성	162	처연하다	33
지역 공동체	148	처지다	150
지역민	191	척박하다	179
지역별	182	천연	68
지역을 활성화하다	147	철강	242
지적이 잇따르다	54	철폐	253
지침	135	철학	180
직사각형	157	첨단 산업	239
직선	157	첫발을 내디디다	22
직선제	253	청렴하다	159
직역하다	88	청중	182
직육면체	157	체계성	94
직접 선거제	249	체계적이다	94
진가	242	체류	118
진수	182	체벌	151
진작	20	체온계	24
진정시키다	33	초과	54
질의응답	213	초대석	22
질적	65	초래하다	130
질척대다	182	초석	159
짊어지다	180	초청하다	148
집계되다	118	촉진하다	211

촬영지	133
최저가	67
최적	225
추어탕	182
추후	212
축복	127
축산업	239
출생아	133
충동구매하다	209
취향을 파악하다	125
측은하다	87
촙촙하다	32
친애	33
친환경 원료를 사용하다	63
침략	257

ㅋ

콘텐츠를 생산하다	113
콘텐츠를 소비하다	113
콘텐츠를 재생산하다	113
크레파스	24

ㅌ

타도	253
탄광	148
탄생지	159
탐색하다	129
탐하다	32
탓으로 돌리다	209
태만	225
태세	33
터전	180
토대	210
토막 내다	217
토속 음식	179
통념	33
통로	32
통보	21

통폐합하다	253
통합	134
툇마루	32
투덜거리다	19
투입하다	119
투표하다	249
튀각	182
튀어나오다	114, 150
특산물	179
특정	115
틀에 가두다	130
틀을 깨다	180

ㅍ

파헤치다	32
퍼붓다	130
편파적으로 보도하다	125
편향된 사고	125
평지	179
폐기물	65
포괄적	118
포기	36
포를 뜨다	217
표기	101
표방하다	252
표음 문자	93
표의 문자	93
표정이 굳어지다	86
표제	132
푸근하다	191
풀어쓰기	94
품	159
품목	54
풍년	54
풍류	148
풍상	159
풍요	65
피험자	222

핑곗거리를 만들다	209

ㅎ

하락세를 보이다	53
학벌	245
학창 시절	210
한글을 창제하다	94
한 술 더 뜨다	32
한자어의 비율이 높다	85
한풀 꺾이다	32
합하다	96
해맑다	150
해산	33
해안 지방	179
해외 직구	56
해조류	182
해 질 녘	20
행동을 예측하다	209
행정부	249
행진하다	253
향토 음식	179
향토적이다	179
허리띠를 졸라매다	242
허영심	32
헌법을 개정하다	250
험준하다	179
헛뿌리	96
현대사	252
현실을 풍자하다	147
현지인	39
현지 통화	53
현황	72
협력하다	63
협정	257
형상	162
형용사	85
호기심을 자극하다	185
호헌	253

호황을 누리다	240
혹자	130
혼동하다	220
혼합하다	65
화젯거리	127
확정되다	253
환각	32
환경을 파괴하다	63
환대하다	33
환율 변동	53
환율이 급등하다	53
환율이 급락하다	53
환율이 상승하다	53
환율이 하락하다	53
환전하다	53
활기를 불어넣다	148
활용 양상이 달라지다	85
황폐하다	148
회고하다	29
회의적	128
회초리	150
획을 더하다	94
획일적 사고	125
후루룩	90
후원	127
훈훈하다	68
훌쩍 지나다	86
훌쩍이다	150
휘파람	180
휴전	257
흉물	148
흐드러지다	159
흑자를 기록하다	239
희로애락	150
희소성	211
힘겹다	19
힘입다	242

References 참고 자료

어휘 | 고려대한국어대사전
국립국어원 표준국어대사전(https://stdict.korean.go.kr/main/main.do)
우리말샘(https://opendict.korean.go.kr/main)
한국어기초사전(https://krdict.korean.go.kr/kor/mainAction)

2단원 | 56쪽 | 승지홍, 『카셀이 들려주는 환율 이야기』, 자음과모음, 2012.

| 64쪽 | 설동훈 외, 『고등학교 사회』, 미래엔, 2014.

왕지웅, 「'바나나부터 커피까지'… 공정무역 17년 어떻게 세상을 바꿨나」, 『연합뉴스』, 2020. 5. 16. (https://www.yna.co.kr/view/AKR20200515150700797)

| 68쪽 | 웹진 〈경제 다반사〉 기획팀, 『경제 다반사』, 레디셋고, 2012.

3단원 | 87쪽 | 조현용, 『한국어, 문화를 말하다』, 하우, 2017.

이삼형 외, 『고등학교 언어와 매체』, 지학사, 2019.

4단원 | 114쪽 | 김윤경, 「"말 실수 두려워 … 전화 대신 문자해요" 콜 포비아를 아시나요」, 『아시아경제』, 2019. 10. 17. (https://view.asiae.co.kr/article/2019101714461925772)

김소아, 「직장인 절반 '전화 공포증'… "옆에 있어도 메신저가 편해요"」, 『중앙일보』, 2020. 11. 2. (https://www.joongang.co.kr/article/23909223#home)

| 130쪽 | 이채민, 「필터버블, 개인 맞춤형 뉴스에 갇힌 세상」, 『경기도교육청청소년방송 미디어경청』, 2020. 9. 1. (https://www.goeonair.com/news/article.html?no=17715)

GCF Global, "How filter bubbles isolate you". (https://edu.gcfglobal.org/en/digital-media-literacy/what-is-fake-news/1/)

5단원 | 149쪽 | Gateshead Council, "The history of the Angel of the North". (https://www.gateshead.gov.uk/article/5303/The-history-of-the-Angel-of-the-North)

배연경, 「랜선으로 가는 서울여행 이화 벽화마을」, 『대한민국 행정안전부, 함께해요 소셜 기자단』, 2019. 10. 29. (https://blog.naver.com/mopaspr/222129970483)

| 150쪽 | 양정무, 「이야기가 있는 그림, 얀 스텐 마을학교 선생님 & 김홍도 서당」, 『한국교직원신문』, 2014. 3. 24.

신웅순, 「김홍도의 서당」, 『월간서예』, 2018. 1.

| 158쪽 | 한국민족문화대백과사전, "강릉 오죽헌". (https://encykorea.aks.ac.kr/Article/E0001111)

6단원 | 181쪽 | 제주특별자치도, 『제주해녀문화 가치를 읽다』, 제주특별자치도 (사)세계문화유산보존사업회, 2017.

제주특별자치도 해녀박물관, "제주 해녀". (https://artsandculture.google.com/story/zgVhw3W370wflQ)

김봉철, 「살아서나 죽어서나 그리던 곳 "이어도 우다"」, 『제민일보』, 2018. 3. 8. (http://www.jemin.com/news/articleView.html?idxno=503054)

| 183쪽 | 한국민족문화대백과사전, "향토음식". (https://encykorea.aks.ac.kr/Article/E0062997)

| 191쪽 | 정승철, 『방언의 발견』, 창비, 2018.

7단원 | 210쪽 | 유우키 유우, 『누구나 쉽고 재미있게 읽는 (만화) 처음 시작하는 심리학』, 홍성민 옮김, 우듬지, 2016.

| 211쪽 | 폴커 키츠·마누엘 루쉬, 『심리학 나 좀 구해줘』, 김희상 옮김, 갤리온, 2013.

정홍현·박지혜, 「희소성 메시지에 따른 청개구리 심리 효과: 풍요와 빈곤」, 『글로벌경영연구』 27권 2호, 2015, pp. 105-149.

| 222쪽 | CreativeTV Premier, "[생각의 역습] 11 사회적 동조는 본능에 포획된 착각" (유튜브 영상), 2018. 1. 18. (https://www.youtube.com/watch?v=8W2A78UUSIs)

구정화, 『청소년을 위한 사회학 에세이』, 해냄, 2012.

S. MILGRAM, L. BICKMAN, & L. BERKOWITZ, "Note on the Drawing Power of Crowds of Different Size", *Journal of Personality and Social Psychology* 13(2), 1969, pp. 79-82.

| 224쪽 | 이한영, 『너 이런 경제법칙 알아?』, 21세기북스, 2016.

곽호완 외, 『고등학교 심리학』, 세종특별자치시교육청, 2018.

8단원 | 243쪽 | YTN 사이언스 다큐S프라임, "한국인을 말하다", 2021. 1. 14. (https://science.ytn.co.kr/program/view.php?mcd=1213&key=202101142309129783)

대한민국 정책브리핑, "[국민과 함께한 위기극복] IMF 차입금 3년 앞당겨 상환". (https://www.korea.kr/news/policyNewsView.do?newsId=148738240)

김진영 외, 『고등학교 경제』, 미래엔, 2018.

| 252쪽 | 서중석, 『사진과 그림으로 보는 한국 현대사』, 웅진지식하우스, 2005.

전국역사교사모임, 『살아있는 한국사 교과서 2권』, 휴머니스트, 2002.

한철호 외, 『고등학교 한국사』, 미래엔, 2013.

집필진 Authors

장소원
Chang Sowon
- 서울대학교 국어국문학과 교수
  Seoul National University Professor at the Department of Korean Language & Literature
- 파리 5대학교 언어학 박사
  Ph.D. in Linguistics, University of Paris 5

이소영
Lee So Young
- 서울대학교 언어교육원 대우교수
  Seoul National University LEI Professor
- 이화여자대학교 교육공학 박사
  Ph.D. in Educational Technology, Ewha Womans University

김풀잎
Kim Pool Lib
- 서울대학교 언어교육원 대우전임강사
  Seoul National University LEI Full-time Instructor
- 서울대학교 교육학(한국어교육) 박사
  Ph.D. in Korean Language Education as a Foreign Language, Seoul National University

이영환
Lee Young Hwan
- 서울대학교 언어교육원 대우전임강사
  Seoul National University LEI Full-time Instructor
- 서울대학교 국어국문학 박사 수료
  Ph.D. Candidate in Korean Language & Literature, Seoul National University

번역 Translator

이수잔소명
Lee Susan Somyung
- 통번역가
  Translator & Interpreter
- 서울대학교 한국어교육학 석사
  M.A. in Korean Language Education as a Foreign Language, Seoul National University

감수 Editors

안경화
Ahn Kyunghwa
- 전 서울대학교 언어교육원 대우교수
  Former Seoul National University LEI Professor

최은규
Choi Eunkyu
- 전 서울대학교 언어교육원 대우교수
  Former Seoul National University LEI Professor

한재영
Han Jae Young
- 한신대학교 명예교수
  Hanshin University Honorary Professor

도와주신 분들 Contributing Staff

- 디자인 Design (주)이츠북스 ITSBOOKS
- 삽화 Illustration (주)예성크리에이티브 YESUNG Creative
- 녹음 Recording 미디어리더 Media Leader

서울대 한국어⁺
Student's Book 6A

초판 1쇄 발행 2023년 12월 30일
초판 2쇄 발행 2024년 6월 30일

지은이   서울대학교 언어교육원

펴낸곳   서울대학교출판문화원
주소   08826 서울 관악구 관악로 1
도서주문   02-889-4424, 02-880-7995
홈페이지   www.snupress.com
페이스북   @snupress1947
인스타그램   @snupress
이메일   snubook@snu.ac.kr
출판등록   제15-3호

ISBN 978-89-521-3207-9 04710
     978-89-521-3116-4 (세트)

ⓒ 서울대학교 언어교육원 · 2023

이 책과 음원은 저작권법에 의해서 보호를 받는 저작물이므로
무단 전재와 복제를 금합니다.

Written by Language Education Institute, Seoul National University
Published by Seoul National University Press

Copyright ⓒ 2023 by Language Education Institute, Seoul National University

All rights reserved. No part of this publication may be reproduced in any form
without the written permission from publisher.